W0366358

JEANNE D'ARC

Max Gallo
de l'Académie française

Jeanne d'Arc

Jeune fille de France brûlée vive

récit

XO
EDITIONS

© XO Éditions, Paris, 2011
ISBN : 978-2-84563-440-4

« Souvenons-nous toujours, Français, que la patrie chez nous est née
du cœur d'une femme, de sa tendresse et de ses larmes,
du sang qu'elle a donné pour nous. »

JULES MICHELET,
Introduction à *Jeanne d'Arc*, 1853.

« Ô Jeanne sans sépulcre et sans portrait, toi qui savais que la tombe
des héros est le cœur des vivants, peu importent tes vingt mille
statues, sans compter celles des églises : à tout ce pourquoi
la France fut aimée, tu as donné ton visage inconnu. »

ANDRÉ MALRAUX,
discours à Rouen, 1964.

PROLOGUE

Dans le cœur des vivants

C'est Jeanne, une jeune fille d'à peine dix-neuf ans.

À Rouen, ce matin du mercredi 30 mai 1431, elle est debout dans une charrette que tirent quatre chevaux.

Les frères dominicains Martin Ladvenu et Isembard de La Pierre, ainsi qu'un prêtre, messire Massieu, qui fait office d'huissier et de notaire, se tiennent près d'elle.

On la conduit du château de Rouen où elle est emprisonnée, enchaînée depuis cent soixante-dix-huit jours, jusqu'à la place du Vieux-Marché, au centre de la ville normande.

Malgré l'escorte de quatre-vingts hommes d'armes anglais qui ouvrent le chemin, usant du plat de leur lame et de la hampe de leur lance, la charrette avance lentement tant la foule est agglutinée.

Au rez-de-chaussée, les marchands ont fermé les épais volets de bois de leurs échoppes. Mais la foule a envahi les maisons, se pressant aux fenêtres, grimpant sur les toits. On se bouscule, on se penche, pour voir celle qui va être brûlée vive.

Elle sera attachée à un pieu placé tout en haut d'un échafaud construit en plâtre au centre de la place. Deux autres estrades ont été élevées. La première, où la condamnée doit être exposée et prêchée, s'appuie au pignon nord de la halle de la Boucherie qui ferme l'un des côtés de la place du Vieux-Marché. L'autre estrade, plus vaste, a été dressée sur le cimetière qui borde l'église Saint-Sauveur. Les juges, les prélats y siègent.

Mais on n'a d'yeux que pour l'échafaud, si haut, et pour le pieu à la base duquel le bourreau a déjà amoncelé le bois du bûcher. Un écriteau, cloué au sommet du pieu, porte ces mots :

« Jeanne qui s'est fait nommer la Pucelle, menteresse, pernicieuse, abuseresse du peuple, devineresse, superstitieuse, blasphémeresse de Dieu, présomptueuse, infidèle à la foi de Jésus-Christ, vanteresse, idolâtre, cruelle, dissolue, invocateresse de diables, apostate, schismatique et hérétique. »

La charrette pénètre sur la place. Un frisson parcourt la foule. Les cent soixante hommes d'armes anglais qui entourent l'échafaud et les estrades la contiennent. Des murmures, des cris s'élèvent. On veut s'approcher pour voir cette sorcière, cette fille du diable, cette hérétique dont le corps va, à la fin de la matinée, se tordre sous la morsure des flammes.

Mais la robe longue, trop ample, masque le corps de Jeanne. Les manches couvrent les mains qu'on imagine jointes, comme pour une prière, à moins qu'on ne lui ait lié les poignets.

Un capuchon enveloppe sa tête, cache ses cheveux noirs qu'on lui a rasés alors qu'elle les portait coupés en rond, comme ceux des hommes d'armes. Elle est d'une bonne taille – cinq pieds et quatre pouces. On l'imagine vigoureuse. N'a-t-elle pas porté armure et brandi le glaive ? Ses geôliers anglais du château de Rouen l'ont regardée avec concupiscence, mais ses compagnons d'avant qu'elle ne fût prisonnière ont confié : « En l'aidant à s'armer j'ai vu ses tétons et ses jambes nues mais je n'ai jamais éprouvé pour elle du désir charnel. » Un autre a ajouté : « Dans les camps j'ai dormi avec elle et quand elle s'habillait j'ai vu quelquefois ses seins qui étaient beaux, mais jamais je n'ai eu pour elle de l'envie. » Et un médecin qui l'a soignée alors qu'elle était malade a précisé : « Je l'ai palpée dans les reins, où elle était très étroite selon ce que j'ai pu voir. »

Mais chacun sait dans cette foule, que de cette jeune fille de dix-neuf ans, de son corps de pucelle, il ne restera dans quelques heures que des débris d'os et de la cendre.

La charrette s'immobilise au centre de la place du Vieux-Marché, entre les deux estrades et l'échafaud. Jeanne lève la tête, découvre le pieu, les fagots faits de menu bois et de branchages. Elle geint cependant que les deux frères dominicains et le prêtre huissier la font monter sur l'estrade afin qu'elle soit exposée à la foule qui gronde. Le docteur en théologie, maître Nicolas Midi, s'avance vers elle, commence à prêcher, et la foule, tout à coup devenue silencieuse, entend les paroles de l'Évangile de Jean : « Je suis la vigne et vous êtes les sarments... Qui se sépare de moi est promis à la mort. » Puis elle reconnaît une phrase de saint Paul : « Si un membre souffre, tous les membres souffrent. »

Maître Nicolas Midi cède la place à monseigneur Pierre Cauchon, évêque comte de Beauvais. Son visage creusé de rides profondes, il parle, au nom du vicaire inquisiteur, d'une voix menaçante. Ses poings ponctuent les mots qui deviennent des coups de hache.

« Nous décidons que toi, Jeanne, membre pourri dont nous voulons empêcher que l'infection ne se communique aux autres membres, tu dois être rejetée de l'unité de l'Église, tu dois être arrachée de son corps, tu dois être livrée à la puissance séculière, et nous te rejetons, nous t'arrachons, nous t'abandonnons, priant que cette même puissance séculière, en deçà de la mort et de la mutilation des membres, modère envers toi sa sentence. »

Jeanne s'affaisse, elle pleure, elle s'agenouille, elle implore qu'on lui pardonne le mal qu'elle a pu faire aux juges, aux Anglais. Que chacun veuille bien dire une messe pour le salut de son âme. Elle est une jeune fille de dix-neuf ans, que l'on va brûler vive. Et dans la foule nombreux sont ceux qui pleurent, alors que les Anglais rient, s'impatientent, crient, interpellent le prêtre Massieu, qui exhorte Jeanne à affronter la mort, le jugement de Dieu dans l'espérance du pardon.

« Quoi donc, prêtre, nous feras-tu dîner ici ? » lance un Anglais.

Quelqu'un crie que puisque Jeanne a été abandonnée par l'Église au bras séculier, il faut que le Conseil de la ville se réunisse, lui signifie sa sentence. Mais le bailli de Rouen, Raoul Le Bouteiller, d'un signe de la main invite les Anglais à se saisir de Jeanne devant lui.

« Menez, menez », dit le bailli.

Il se tourne vers le bourreau.

« Fais ton office », lui lance-t-il.

Deux sergents tirent Jeanne au bas de l'estrade, la coiffent d'une grande mitre de papier sur laquelle on a écrit :

« Hérétique, relapse, apostate, idolâtre. »

Le bourreau se saisit d'elle, qui murmure :

« Ah ! Rouen, Rouen, j'ai grand-peur que tu n'aies à souffrir de ma mort. »

Le bourreau l'entraîne vers l'échafaud. Le pieu est si haut placé qu'il a de la peine à attacher Jeanne. Elle implore les deux frères dominicains et le prêtre huissier.

Elle demande une croix. Un Anglais en confectionne une avec deux morceaux de bois. Elle embrasse ce crucifix, le place contre sa chair. Elle supplie le frère Isembard de La Pierre d'aller quérir une croix à l'église et de la tenir dressée devant elle afin qu'elle pût, tout au long de son supplice, la voir.

Le bourreau réussit enfin à l'attacher au pieu.

Elle invoque saint Michel et sainte Catherine.

Le bourreau met le feu au bûcher, les flammes s'élèvent, elle crie « Jésus », répétant ce nom plus de six fois et sa voix est si forte qu'elle emplit la place, et qu'on l'entend aussi demander de l'eau bénite.

Cruelle mort.

Car le bourreau, contrairement à l'habitude, ne l'étrangle pas pour lui épargner des souffrances. Le pieu est placé trop haut sur l'échafaud pour qu'il puisse l'atteindre au milieu des flammes. Il craint aussi la colère des Anglais s'il abrège le supplice, et il éprouve un grand trouble à l'idée des prodiges accomplis par cette pucelle : quelle diablerie peut-elle manigancer ?

Alors il laisse la chaleur des flammes et la fumée tuer Jeanne.

Une trop cruelle mort, juge-t-il pourtant.

Le bailli de Rouen, quand la tête de Jeanne tombe sur sa poitrine et que le corps s'affaisse, demande à ce que le bourreau écarte les flammes afin qu'on puisse voir qu'elle ne s'est point échappée à l'aide du diable ou autrement. Et il veut aussi qu'on soit assuré que Jeanne était bien une femme.

Le bourgeois de Paris qui tient le journal de ces années-là écrit :

« Et puis fut le feu tiré en arrière et la Pucelle fut vue de tout le peuple, toute nue, et tous les secrets qui doivent être en femme, pour ôter les doutes du peuple. Et quand ils l'eurent assez et à leur gré vue toute morte liée au pieu, le bourreau remit le feu grand sur sa pauvre charogne. »

Le bourreau alimente le feu durant plusieurs heures, jetant sur le bûcher de l'huile, du soufre et du charbon.

Le corps de cette jeune fille de dix-neuf ans se consume, ses membres deviennent des sarments noirs, la tête et le ventre éclatent, et la place du Vieux-Marché est tout empuantie par des odeurs de chair brûlée.

Mais, le feu éteint, le bourreau découvre dans les cendres, parmi les morceaux d'os, les entrailles et le cœur que les flammes n'ont pu réduire.

Il doit rallumer le feu.

En vain.

« Malgré l'huile, le soufre et le charbon qu'il avait appliqués contre les entrailles et le cœur de Jeanne, toutefois il n'avait pu aucunement consumer, ni mettre en cendres les entrailles et le cœur de quoi était autant étonné comme d'un miracle tout évident. »

« Et il lui fut dit de réunir les cendres et tout ce qui restait et de les jeter dans la Seine, ce qu'il fit. »

Le 8 juin 1431 les Anglais écrivent à l'empereur du Saint Empire romain germanique, aux rois, aux princes de toute la chrétienté :

« Voici sa mort, voici sa fin que nous avons jugé bon de vous révéler afin que vous puissiez connaître la chose avec certitude et informer autrui du décès de cette femme. »

Morte, Jeanne, jeune fille de France de dix-neuf ans, brûlée vive ?

Elle savait, écrit Malraux, « que la tombe des héros est le cœur des vivants ».

Offrons-lui le nôtre et elle revivra.

PREMIÈRE PARTIE

« Au pays où je suis née on m'appelait Jeannette, mais on m'appela Jeanne quand je vins en France [...] Je suis née en un village qu'on appelait Domrémy-Greux ; au lieu de Greux est la principale église. Mon père était nommé Jacques d'Arc et ma mère Isabeau ou Isabelle Romée. »

Jeanne, lors de son procès à Rouen,
février 1431.

1.

Moi, Guillaume de Monthuy, chevalier au service du seigneur Robert de Baudricourt, je n'oublierai jamais ma rencontre avec Jeanne.

C'était au début du mois de novembre 1415.

Depuis une dizaine de jours, Robert de Baudricourt et moi, nous chevauchions dans les forêts, ce manteau noir déchiré mais aux replis épais, qui sépare les terres d'Artois et de Picardie de celles de Lorraine et de Champagne.

Nous voulions rejoindre la châtellenie de Vaucouleurs, dont Robert de Baudricourt était capitaine royal, féal du roi de France, Charles VI, qu'on appelait le Fol.

Robert de Baudricourt était aussi bailli de Chaumont, protecteur et seigneur de Neufchâteau, de nombreux villages, qui dans ce pays de Bar, aux frontières des terres bourguignonnes, étaient restés fidèles au roi de France.

J'étais natif de ce pays des frontières. Je connaissais les villages de Domrémy-Greux, de Sermaize, de Vouthon. J'aimais les bords de la Meuse. Là, j'avais appris la guerre, vu les écorcheurs, les routiers anglais et bourguignons, brûler les récoltes et les villages, violer les femmes, tuer les hommes quel que fût leur âge. Je m'étais plusieurs fois réfugié dans le château de Vaucouleurs, et j'étais ainsi devenu l'écuyer de Robert de Baudricourt.

J'avais rejoint avec lui, à la mi-octobre 1415, l'armée du roi de France, et j'avais tremblé d'émotion et d'enthousiasme en découvrant ces milliers d'hommes – cinquante mille, répétait Baudricourt – qui, en rangs serrés, épaule contre épaule, se rassemblaient sur le plateau d'Azincourt.

Il pleuvait ce 24 octobre, jour de mes quinze ans, quand Baudricourt m'avait adoubé chevalier à la veille de la bataille.

J'avais imaginé que nous allions comme dans un tournoi loyal affronter les chevaliers anglais du roi Henri V, qui prétendait au trône de France et qui avait pour allié le duc de Bourgogne. Mais je n'avais vu qu'un massacre. Les archers anglais abattant les chevaux, alourdis par nos armures, englués dans la terre boueuse. Les égorgeurs anglais, pieds nus, la lance, le coutelas brandis, planter leur lame dans nos gorges.

J'avais entendu les râles, les cris des chevaliers : « Je me rends, je suis duc d'Alençon », et j'avais vu les égorgeurs se jeter à dix sur cette proie ne se souciant même pas de le capturer comme il était de règle, afin d'obtenir rançon, mais désireux de tuer, pour en finir avec la chevalerie française.

Et plus de sept mille de nos chevaliers furent ainsi à Azincourt traités comme du bétail sur un étal de boucher.

Robert de Baudricourt avait reçu une flèche dans la cuisse, et moi j'avais l'épaule fendue, mais nous avions réussi à fuir l'abattoir d'Azincourt, avançant à couvert, de préférence la nuit, les sabots de nos chevaux enveloppés d'herbe et de tissu. Les routiers, les écorcheurs anglais et bourguignons nous avaient traqués. Et au loin dans le crépuscule brumeux nous voyions s'élever les flammes des villages qu'ils incendiaient.

Puis la nuit n'a plus été que cette étoffe trempée, lourde et glacée, et nous avons longé la Meuse, notre rivière.

J'étais si las de chevaucher, si affaibli, si affamé, que j'avançais couché sur l'encolure, m'agrippant à ma monture pour ne pas être désarçonné, l'épaule si douloureuse qu'il me semblait que tout mon flanc gauche était entaillé, prêt à se détacher de moi, comme une partie morte.

Et je rêvais à mourir, et je pleurais sur les chevaliers égorgés par milliers, sur le royaume de France, si meurtri qu'il n'était plus qu'une proie sans défense, dont allaient s'emparer le duc de Bourgogne Jean sans Peur, et le roi d'Angleterre Henri V.

Que resterait-il au roi de France, le Fol ?

Son soutien et son neveu Charles d'Orléans avait été pris à Azincourt, son épouse Ysabeau de Bavière, était prête à se soumettre au roi d'Angleterre, et son fils le dauphin Charles n'était peut-être qu'un bâtard, qui ne serait jamais sacré Charles VII.

Et deux cents archers anglais avaient sur ordre du roi Henri V « tué et découpé têtes et visages » des meilleurs hommes de la noblesse française. Ainsi la boue du plateau d'Azincourt, gorgée du sang le plus pur de la chevalerie, devint la sépulture des princes, des comtes et des ducs, ceux d'Alençon et de Bar, du connétable et de l'amiral de France. Ils gisaient là, par milliers, parmi les chevaux morts. Et les détrousseurs anglais, les écorcheurs et les routiers les dépouillaient, se partageant leurs armes, leurs éperons, les pièces richement ouvragées des armures françaises.

Comment, alors que mon corps était pantelant, ne pas pleurer quand ces milliers de chevaliers égorgés me hantaient ?

J'avais cependant réussi à rester en selle, exhorté par la voix rude de Robert de Baudricourt qui chevauchait devant moi, s'ouvrant un passage parmi les buissons et les branches basses des arbres.

Et tout à coup, après avoir traversé le plateau boisé au centre duquel se dresse le château de Bourlémont, j'ai reconnu le Bois-Chesnu, proche du village de Domrémy-Greux, puis les autres hameaux, Maxey, Burey, et j'ai au loin aperçu le château de Vaucouleurs, au milieu de ses vastes prairies. Plus loin se trouvait Neufchâteau.

Enfin mon pays ! Nous avions échappé aux écorcheurs et aux égorgeurs.

Je me suis redressé. Nous étions au centre du village de Domrémy. Je reconnaissais la maison de pierre, comportant un étage, qui faisait face à l'église.

Là vivait un laboureur, Jacques d'Arc, originaire du village de Ceffonds, en Champagne. Il avait été doyen de Domrémy, représentant des habitants et leur défenseur dans les litiges qui les opposaient à leur seigneur.

Son épouse, Isabelle Romée, venait du village de Vouthon, situé à une lieue et demie de Domrémy, par-delà le Bois-Chesnu, là où, enfant, j'avais, imaginant que je brandissais un glaive, mené mes premiers jeux de guerre.

J'avais, comme écuyer du capitaine royal de Vaucouleurs, porté messages à Jacques d'Arc. Je savais que ce laboureur avait assez d'autorité et de bien pour prendre à loyer un château laissé à l'abandon, qui s'élevait dans la prairie, situé à la pointe d'une île, dans la rivière des Trois-Fontaines qui partageait Domrémy en deux. Là, dans ce château de l'île, on pouvait, quand les bandes anglaises ou bourguignonnes, les troupes de routiers approchaient, rassembler les troupeaux, et être ainsi à l'abri de ces Anglais, ces blasphémateurs, qui avaient sans cesse la bouche pleine de *Goddam* ! si bien qu'on avait surnommé ces pillards, ces ennemis, des « Godons ».

Et ainsi la châtellenie de Vaucouleurs était française, et toujours menacée, comme une redoute avancée en terre hostile.

Mais retrouver mon pays après cette chevauchée épuisante, et l'âme brisée par ce que j'avais vu et subi à Azincourt, me terrassa.

Je tombai de cheval, perdant conscience.

Lorsque je suis revenu à moi, j'ai découvert que j'étais couché sur le côté d'une vaste cheminée.

J'ai vu, attablé, Robert de Baudricourt, les bras repliés, ses paumes soutenant son visage. Debout près de lui se tenaient Jacques d'Arc et Isabelle Romée, son épouse. Autour d'eux, quatre enfants, dont plus tard je sus les noms : Catherine, Jacques, Jean, Pierre.

Est-ce de voir ainsi cette couvée, qui me rappelait mon enfance perdue – car mes frères et mes sœurs, puis mes parents avaient tous été emportés, et j'étais, Dieu en avait ainsi décidé, le seul survivant de ma lignée – est-ce l'épuisement ? J'ai sangloté, sans pouvoir retenir plaintes et gémissements.

J'ai senti tout à coup qu'on me caressait la main et, tournant la tête, j'ai vu, assise, près de ma couche, dans la cheminée, au bord du foyer, une petite fille, qui m'observait, le visage grave, un foulard enveloppant ses cheveux noirs, ses yeux si clairs que je n'avais pu soutenir leur éclat. J'avais baissé les paupières, commencé à prier, récitant : « Je vous salue Marie, Mère de grâce, le Seigneur est avec vous, vous êtes bénie entre toutes les femmes et Jésus le fruit de vos entrailles est béni. »

La petite fille avait serré avec sa main d'enfant deux de mes doigts, et il m'avait semblé qu'elle me redonnait la force de vivre et accompagnait ma prière.

J'ai rouvert les yeux. Elle m'a souri, murmuré quelques mots que je n'ai pas entendus, mais peut-être ne les avait-elle pas prononcés, se contentant de remuer les lèvres.

J'ai imaginé ou deviné qu'elle me disait : « Ne pleure pas. » Elle me rassurait, elle me consolait comme on le fait afin d'effacer la tristesse et le désespoir, alors qu'en ce mois de novembre 1415, elle n'était âgée que de trois ans.

Sa mère, Isabelle Romée, s'est avancée, a caressé mon front, humecté mes lèvres, puis s'est penchée vers sa fille, et j'ai entendu ce prénom de Jeanne, mais peut-être ma mémoire me trompe-t-elle, car plus tard, Jeanne dira :

« Au pays où je suis née on m'appelait Jeannette, mais on m'appela Jeanne quand je vins en France. »

C'est ainsi que je rencontrai pour la première fois Jeanne, celle qu'on nomma Pucelle de France, fille de Dieu, et que les Anglais brûlèrent vive, sur la place du Vieux-Marché à Rouen, le mercredi 30 mai 1431, vers midi.

2.

Je veux oublier le corps de Jeanne, dévoré par les flammes du bûcher, et par les regards de cette foule, rassemblée sur la place du Vieux-Marché de Rouen.

Ce corps que les juges ordonnent au bourreau de montrer nu.

Je prie pour ne me souvenir que de la petite fille de Jacques d'Arc et d'Isabelle Romée.

J'avais appris à les connaître.

Jacques d'Arc venait souvent au château de Vaucouleurs, afin de rencontrer au nom des habitants de Domrémy-Greux, dont il était le doyen et le procureur, Robert de Baudricourt, le capitaine royal.

Je me rendais souvent aussi à l'église du village, dédiée à saint Remi, et j'y côtoyais Jacques d'Arc, Isabelle Romée, et leurs enfants. On disait de la mère de Jeanne qu'elle était « Romée » , car on donnait ce patronyme à celles qui avaient accompli un grand pèlerinage à Rome, à Saint-Jacques de Compostelle ou au Puy-en-Velay.

Je me tenais souvent debout au dernier rang des fidèles, observant cette famille d'Arc, l'une des plus notables du village.

La mère de Jeanne avait dans sa lignée, qui avait ses racines dans le village de Vouthon, des cousins et des neveux couvreur, charpentier, curé, et l'un d'eux moine à l'abbaye de Cheminon, fille de l'ordre de Cîteaux. Des frères franciscains de Neufchâteau visitaient souvent la famille d'Arc. Tous, et naturellement les parrains et les marraines de Jeanne, étaient fidèles au roi de France, Armagnacs donc, comme tous les habitants de Domrémy, à l'exception d'un seul d'entre eux, que je surveillais, Gérardin d'Épinal, « Bourguignon », et dont on m'assura que Jeanne avait, plus tard, menacé de lui couper le cou. Comment imaginer, en ces temps-là, autour de l'an 1420, que cette petite fille d'une dizaine d'années, que je voyais guider le troupeau vers le château de l'île, afin de le mettre à l'abri des écorcheurs et des routiers, ou bien que j'apercevais accompagnant son père aux champs, ait pu un jour tenir de tels propos ? Elle n'était qu'une petite fille du village que rien ne distinguait. Elle se rendait dans l'une ou l'autre des maisons de ses amies Hauviette ou Mengette. Elle y emportait sa quenouille, elle filait. « Bonne, humble et douce fille », disait-on d'elle.

Je l'ai vue faire l'aumône, ouvrir la porte de sa maison aux pauvres. Elle était pieuse, s'agenouillait souvent dans les champs ou sur les chemins quand les cloches sonnaient. Elle ne manquait aucune messe.

Je l'ai vue quelquefois mêlée aux jeunes du village qui se rassemblaient autour d'un grand hêtre, situé non loin de Domrémy, au-delà du Bois-Chesnu.

On appelait ce hêtre l'arbre des dames ou l'arbre des fées.

Non loin de son tronc, irriguant ses racines, se trouvait une source dont on prétendait que l'eau apportait la santé, chassait les fièvres.

On allait à cet arbre et à cette source en pèlerinage, guidés par le prêtre, on chantait, on dansait autour de son tronc.

J'ai su aussi que Jeanne se rendait au village de Sermaize, en Champagne. Le curé de cette paroisse, Henri de Vouthon, était son oncle maternel.

Il fallait, pour atteindre Sermaize, parcourir quinze lieues de forêts et de landes. Jeanne faisait le voyage en croupe avec son frère sur la petite jument que possédait Jacques d'Arc.

J'ai croisé les deux jeunes gens, et je revois, comme si j'avais devant les yeux cette vision, Jeanne, foulard serré, châle sur les épaules, robe à la couleur rouge délavée tenant son frère par la taille.

J'avais cheminé près d'eux, les mettant en garde contre les bandes de routiers bourguignons – nous en avions compté jusqu'à trente ! – qui parcouraient la châtellenie de Vaucouleurs, mettant ce pays, qui restait fidèle au roi de France, à feu et à sang.

Les deux jeunes gens m'avaient assuré qu'ils connaissaient les dangers, qu'ils avançaient à l'abri de la forêt, par des sentiers connus seulement des paysans.

Et il est vrai que ceux-ci avaient appris à vivre, à survivre plutôt, malgré les menaces. On cachait le bétail pendant le jour et on le faisait paître la nuit. Un veilleur, à toute heure, se tenait sur le clocher ou la tour carrée du moustier. Chaque habitant, et le curé lui-même, devait prendre le guet.

À l'approche d'une bande d'écorcheurs, de routiers, de gens d'armes, tous violeurs et pillards, on lançait à toute volée les cloches, et qu'il fût nuit ou jour, on courait aux étables, on poussait pêle-mêle les troupeaux vers le château de l'île, que les bras de la rivière protégeaient et que les laboureurs, à l'initiative de Jacques d'Arc, avaient pris en location, afin d'y mettre leurs bêtes en sûreté.

C'est que Domrémy était sur la route qu'empruntaient les bandes de gens d'armes, mais aussi les courriers qui, faisant halte, souvent devant la maison de Jacques d'Arc, rapportaient les noires nouvelles du royaume de France.

J'accueillais ces messagers au château de Vaucouleurs et, debout derrière le capitaine royal, Robert de Baudricourt, je tentais de garder un visage impassible, comme mon seigneur, alors que j'étais – comme il l'était – désespéré par ce que nous apprenions.

La maladie du roi, Charles VI, s'aggravait. Depuis que, traversant par une chaude journée d'août la forêt du Mans, un homme nu-tête s'était précipité vers lui, saisissant les rênes du cheval et criant : « Roi, ne chevauche pas plus avant mais retourne car tu es trahi », le roi vivait dans la crainte. Il avait suffi, ce jour d'août, du bruit d'une lance heurtant le casque d'un chevalier de son escorte pour que Charles VI dégaine son glaive et essaie de tuer les chevaliers qui l'entouraient.

Il y avait eu dans cette folie des périodes de rémission, durant lesquelles le roi donnait l'apparence d'un retour à la raison. Mais le plus souvent il était prostré, et tout à coup il gesticulait, et ses yeux, comme me l'avait tant de fois raconté Robert de Baudricourt, « lui tournaient merveilleusement en la tête ». Et c'est cet homme hagard qui était roi de France !

Ses proches, son épouse, les ducs et les princes se disputaient sa succession, son héritage, ce domaine royal qui se nommait France.

L'Anglais qui possédait la Guyenne était à l'affût. Une rivalité impitoyable opposait les ducs d'Orléans – les Armagnacs – et les ducs de Bourgogne. Et l'Anglais recherchait l'alliance des Bourguignons pour tirer profit de cette guerre.

Jean sans Peur, duc de Bourgogne, avait fait poignarder, à Paris, le 23 novembre 1407, le duc Louis d'Orléans. Et le parti armagnac n'avait eu de cesse que de le venger. Le fils de Charles VI le Fol, le dauphin Charles, tentait de rétablir la paix entre Armagnacs et Bourguignons, sans y réussir. Le 7 septembre 1419, au pont de Montereau, ses partisans assassinèrent Jean sans Peur, avec qui devaient s'ouvrir des négociations.

La haine devint inexpiable. Les Bourguignons se précipitèrent dans l'alliance anglaise.

Ces « Godons », je les avais vus à Azincourt égorger la chevalerie française. Ils étaient les maîtres du jeu.

Au traité de Troyes en 1420, le roi d'Angleterre Henri V épousa une fille de Charles VI le Fol, et le fils issu de cette union serait roi d'Angleterre et roi de France.

Le fils de Charles VI, le dauphin Charles, était déshérité.

Malheur pour le royaume de France ! Le roi anglais en deviendrait le souverain.

Je me souviens de ces mois de l'année 1422, où nous avons appris la mort d'Henri V d'Angleterre et, quelques mois plus tard, de Charles VI le Fol. Le roi de France est un enfant de quelques mois, Henri VI d'Angleterre, et le régent, son oncle, le duc de Bedford.

Paris est entre les mains des Bourguignons. La Normandie est conquise par les Anglais.

Restent au dauphin Charles les terres du sud de la Loire. La clé de voûte de ce territoire est la ville d'Orléans, que les Anglais veulent assiéger.

Que peut faire Charles, petit roi de Bourges ou de Chinon ?

Que peuvent faire ceux qui, comme moi, comme Robert de Baudricourt capitaine de Vaucouleurs, comme tous ceux, tels les habitants de Domrémy, ont foi jurée au roi de France ?

Se soumettre ? Ils s'y refusent. Ils sont au roi de France. Ils rejettent la loi des Godons et des Bourguignons. Mais comment combattre ? Pour combattre il faut espérer. Et qui peut donner l'espoir alors que les écorcheurs et les routiers, les gens d'armes parcourent les terres de la châtellenie de Vaucouleurs, et que rien ni personne ne semble capable de renverser le cours sombre des choses et du temps ?

3.

Ce temps-là est des plus noirs que je me souvienne.

J'approchais de mes vingt-cinq années. J'étais vigoureux et agile. Je maniais avec dextérité le glaive des chevaliers, et l'armure et le bouclier me paraissaient légers. Il me semblait que j'étais rivé à ma selle et qu'aucun homme au monde, sinon mon seigneur, le capitaine royal de Vaucouleurs, Robert de Baudricourt, n'eût été capable de me désarçonner.

Mais, sous cette écorce, mon âme était malade, le désespoir me rongeait.

Robert de Baudricourt m'avait chargé de parcourir, avec quelques hommes d'armes, les villages, les champs, les pâturages, les forêts de la châtellenie de Vaucouleurs, afin de prévenir les paysans de l'approche de l'une de ces bandes de routiers et d'écorcheurs anglais et bourguignons qui ravageaient le pays, volant, violant, tuant, rançonnant, incendiant.

Je découvrais les cadavres au milieu des cendres de leurs masures. J'accompagnais les survivants lorsque, poussant leurs troupeaux, ils cherchaient refuge dans le château de l'île, dans ceux de Vaucouleurs ou de Neufchâteau.

La guerre et la peur étaient partout.

Plusieurs fois, j'ai aperçu Jeanne. Elle marchait le visage grave, guidant le troupeau qui rassemblait toutes les bêtes de Domrémy. Les cloches sonnaient à la volée annonçant que la troupe des routiers approchait. Jeanne se signait, continuait du même pas assuré, alors qu'autour d'elle les femmes et les enfants se mettaient à courir. D'autres fois je l'ai aperçue, agenouillée, priant, ou bien, les poings serrés, à hauteur de sa bouche, regardant s'avancer vers elle les jeunes gens de Domrémy, leurs visages ensanglantés, car ils s'étaient battus avec ceux de Maxey, un hameau bourguignon situé sur la rive droite de la Meuse, en face de Domrémy.

Personne n'échappait à la tourmente, à la colère et à la haine, au désir de vengeance.

L'époux de l'une des marraines de Jeanne, Thesselin de Vittel, avait été fait prisonnier par un parti de Bourguignons, jeté dans une fosse dans l'attente du versement d'une rançon qui dévorerait tout son bien.

Et le malheur pouvait surgir, à tout instant, en tous lieux, accompagnant ceux-là mêmes qui prétendaient nous apporter leur aide.

Le pays de Bar était ainsi parcouru par une bande de routiers, qui se réclamaient du dauphin Charles, de celui qu'ils nommaient déjà Charles VII. À leur tête se trouvait un homme d'armes gascon, Étienne de Vignolles, qu'on appelait La Hire tant ses colères étaient fréquentes et violentes.

Il saccageait le Barrois, pourchassé par les hommes du duc de Lorraine. Il s'était réfugié dans l'église fortifiée de Sermaize, bientôt assiégée par deux cents cavaliers et des canonniers lorrains, et les bombardes décimaient les paysans qui s'étaient ralliés à lui, et placés sous sa protection. Ainsi mourut le mari de l'une des cousines germaines de Jeanne. Mais qu'importait la vie d'un homme pour un routier, fût-il féal du dauphin Charles, et ennemi des Bourguignons et des

Anglais ? Comme je reprochais à La Hire de se conduire comme l'un de ces hommes d'armes qu'il combattait, il me toisa, ses yeux flamboyants de rage : « Si tu veux te garder de n'avoir jamais peur, me dit-il, si tu veux ne pas être vaincu, garde que tu sois toujours à frapper les premiers coups. »

Et lorsque Jacques d'Arc venait au château de Vaucouleurs supplier Robert de Baudricourt de chasser loin de la châtellenie les routiers de La Hire, armagnacs pourtant, je lui répétais avec assurance les propos du chef de bande. C'était ainsi qu'on faisait la guerre.

Jacques d'Arc se signait, me confiait qu'il priait avec sa fille Jeanne, afin de demander à Dieu d'aider le dauphin Charles à vaincre les Bourguignons et à chasser des terres françaises les Anglais, ces Godons, ces rapaces, qui trouvaient des appuis auprès des « Français reniés », ralliés à eux par intérêt.

J'étais frappé par sa détermination, l'émotion et aussi l'anxiété avec lesquelles il me rapportait les propos de Jeanne. Il semblait attendre de moi un avis, mais qu'aurais-je pu lui dire quand il me répétait que sa fille, exaltée, assurait qu'elle savait que Dieu donnerait aide et réconfort au dauphin de France ?

« Elle jure qu'elle le sait, murmurait Jacques d'Arc. L'aide de Dieu viendra. »

Je l'avais écouté. Je désirais partager cette certitude, croire à cette prophétie.

Car quelle autre aide que celle de Dieu pouvait attendre le dauphin Charles, dont nous voulions qu'il fût reconnu comme le roi de France, Charles VII ?

Or chaque jour apportait au bûcher, sur lequel était lié le royaume de Charles, son fagot de bois sec.

Le 19 novembre 1422, après la mort de Charles VI, le régent anglais Bedford, gouvernant au nom de Henri VI, enfant devenu roi d'Angleterre et en vertu du traité de Troyes roi de France, avait obtenu le soutien du Parlement et de l'Université de Paris, les deux alliés habituels de celui qui voulait être roi de France.

Ces augustes et puissantes assemblées « françaises » avaient reconnu Henri VI et déchu le dauphin Charles de ses droits à la couronne de France « pour l'occasion de l'horrible et détestable crime commis et perpétré en sa présence, sur le pont de Montereau le 7 septembre 1419, avec son consentement, commandement et aveu, sur la personne du duc de Bourgogne Jean sans Peur ».

Paris devenait bourguignon et anglais, et Robert de Baudricourt répétait que sans le dauphin Charles, reconnu roi, « Nous allons comme la nef sans gouvernail et le cheval sans frein ».

Il me semblait que Dieu – et je m'agrippais à cette espérance – voulait nous faire toucher le fond de l'abîme, afin de nous punir de nos faiblesses et de nos fautes, avant de nous tendre sa main secourable.

Mais ma croyance en cet avenir vacillait.

Robert de Baudricourt m'avait envoyé avec une poignée de chevaliers auprès du dauphin Charles qui rassemblait une armée sur la Loire pour s'opposer aux troupes anglaises de Bedford qui, après avoir conquis Rouen et la Normandie, se dirigeaient vers l'Anjou.

Ce 17 août 1424, je me trouvais ainsi dans le duché d'Alençon, sous les murs de Verneuil, rassuré par cette quinzaine de milliers de chevaliers français prêts à s'élancer.

Nous formions comme un seul corps sous une seule armure.

Et tout à coup j'ai pensé à ma première bataille, celle d'Azincourt, à ma première rencontre avec Jeanne, quand cet enfant de trois ans avait saisi mes doigts comme pour me consoler.

Et j'ai su en m'élançant que nous allions perdre cette bataille mais que nous combattrions encore.

Il en fut ainsi.

Bedford avait rangé ses troupes derrière une ceinture de pieux, et, chargeant, nous nous embrochâmes sur ces lames, cependant que les archers anglais nous achevaient.

Sept mille chevaliers – comme à Azincourt – périrent, représentant la moitié de l'armée.

Et je fis retraite vers Vaucouleurs, avec les deux survivants de ma petite troupe.

J'appris que les Anglais avaient mis le siège du Mont-Saint-Michel dont la garnison refusait de se rendre.

Que des hommes d'armes anglais, ayant à leur tête Thomas de Montaigu, comte de Salisbury, avaient débarqué à Calais, et qu'ils marchaient vers Orléans afin d'assiéger la ville, dont ils retenaient le seigneur Charles d'Orléans, prisonnier depuis Azincourt, plus de dix ans auparavant.

Ils rompaient ainsi avec toutes les règles de la chevalerie qui voulaient que l'on n'attaquât pas les biens d'un chevalier prisonnier, condamné à rançon.

Que pouvait-on attendre de ces Godons et des *Français reniés* ?

Mais peut-être Dieu voulait-il ouvrir les yeux des sujets du dauphin Charles, qui sans aller jusqu'à servir leurs nouveaux maîtres, anglais et bourguignons, tels les *Français reniés*, hésitaient à prendre les armes.

De retour à Vaucouleurs, je trouvais Robert de Baudricourt hésitant.

Il était fidèle du dauphin Charles, décidé à le demeurer. Il formait le vœu sincère de le voir sacrer roi de France, Charles VII, mais il ne pouvait oublier que la châtellenie de

Vaucouleurs était entourée de terres ennemies, et qu'il lui fallait, sans se soumettre, négocier des trêves, agir précautionneusement.

J'étais là quand il reçut un courrier qui arrivait de Normandie porteur d'une lettre de l'évêque de Lisieux, qui avait pris fait et cause pour le dauphin Charles, et qui subissait l'occupation anglaise.

« En plus des gens qui guerroient pour la cause française, écrivait l'évêque Thomas Basin, de ces gens qui agissent irrégulièrement et sans solde mais tenant garnison en des places fortes et des châteaux de l'obéissance du roi de France, il y en a d'autres sans nombre, gens désespérés, enfants perdus, qui abandonnent leurs champs et leurs maisons, non pour habiter les places fortes et les châteaux des Français mais pour se tapir comme des loups dans l'épaisseur des forêts. »

Les Anglais les nommaient brigands, les traquaient, condamnaient à mort ceux qui les aidaient, et les femmes convaincues de les avoir ravitaillés étaient enterrées vivantes au pied des gibets. Mais de nouveaux partisans se levaient.

Ceux-là étaient des adorateurs de la *Dame France*.

Je lisais le poète rhétoriqueur Alain Chartier, qui avait été conseiller de Charles VI le Fol, et se trouvait désormais aux côtés du dauphin Charles. Il exaltait la *Dame France*, et évoquait ses malheurs, ses beaux vêtements froissés et déchirés, sa couronne d'or prête à tomber. Elle s'adressait à ses enfants, Noblesse, Clergé, Tiers état, elle leur reprochait leur ingratitude, elle les incitait à « l'amour naturel du pays ».

Je scandais ces vers latins, l'émotion me prenait la gorge, j'avais les yeux brouillés par les larmes, et souvent, à la veillée, je récitais de longs passages de ce *Quadrilogue invectif*.

Robert de Baudricourt, les yeux clos, m'incitait d'un geste à poursuivre lorsque je m'interrompais.

Il entendait comme moi la voix de l'âme française.

DEUXIÈME PARTIE

« Elle a confessé que, alors qu'elle était âgée de treize ans, elle eut une voix venant de Dieu pour l'aider à se gouverner et la première fois elle eut grand-peur. Et cette voix vint quasi à midi, en été, dans le jardin de son père [...] Elle entendit la voix sur le côté droit, vers l'église et rarement elle l'entend sans qu'il y ait une grande clarté. Cette clarté est du même côté où elle entend la voix, mais il y a généralement une grande clarté. »

Jeanne lors de son procès à Rouen,
février 1431.

4.

Je n'ai entendu tout au long de ma vie que des voix humaines.

Mais quand Jeanne, la fille de Jacques d'Arc, celle que je voyais prier, conduire les troupeaux, filer et coudre les draps, celle que je croisais sur les sentiers qui par les forêts et les landes vont jusqu'à Sermaize, celle qui accrochait des guirlandes à l'arbre des fées, cette Jeanne dont tous les habitants de Domrémy disaient qu'elle était bonne et chaste, de comportement honnête et pieuse plus que toute autre jeune fille, quand Jeanne raconta que l'archange saint Michel, que sainte Marguerite et sainte Catherine s'étaient adressés à elle, je la crus.

Parce que je crois à Dieu le Père, au Fils et au Saint-Esprit, à la Vierge Marie et à la Résurrection.

« Un jour d'été, à l'heure de midi, dans le jardin de mon père, disait Jeanne, j'entendis à ma droite, vers l'église, une voix, et je vis une grande clarté. »

Elle ajoutait, jeune fille de treize ou quatorze ans :

« J'eus d'abord grand-peur. »

J'avais cet été-là, celui de l'an 1424 ou 1425, ma tête pleine de voix humaines.

J'entendais celle du poète rhétoriqueur Alain Chartier, et je pleurais en écoutant les malheurs de *Dame France*, et les plaintes de l'âme française.

J'entendais celles des chevaliers que les archers anglais avaient d'abord désarçonnés, en les frappant de leurs flèches qui perçaient les armures, et déchiraient les chairs, les poitrails, puis qu'ils s'apprêtaient à égorger, sur le plateau boueux d'Azincourt ou sous les murs de Verneuil, et ceux-là étaient morts il y a à peine quelques jours si c'était l'été 1424.

J'entendais la voix de ce chevalier. Il tentait de s'arracher à la boue, de vaincre la mort, et il m'interpellait :

« Guillaume de Monthuy, dis aux miens que j'ai combattu jusqu'à mon dernier sang pour mon roi de France, qu'ils se souviennent de moi, et relèvent le gant. »

Voilà ce que j'entendais en ces jours d'été, et le murmure de ces voix en moi ne cessait pas.

Mais Jeanne reprenait :

« La voix était accompagnée d'une grande clarté, elle m'avait dit : “Je viens de Dieu pour t'aider à te bien conduire. Jeannette, sois bonne et Dieu t'aidera.” »

Un autre jour la voix se fit encore entendre et répéta :

« Jeannette, sois bonne ! »

Quand la voix s'adressa à elle une troisième fois, Jeanne vit celui qui parlait. Elle reconnut l'ange des vitraux, le saint patron du duché de Bar, celui auquel on avait consacré une chapelle en Lorraine.

Il portait le heaume couronné, la cotte d'armes et l'écu. Il transperçait le démon de sa lance.

C'était l'archange saint Michel, le beau et fier chevalier. Il était prévôt du ciel, le gardien du paradis, le chef des milices célestes et l'ange du Jugement. Il pesait les âmes sur la balance.

Il était apparu autrefois à l'évêque d'Avranches et on avait construit à son commandement, sur un mont que la marée chaque jour isolait de la terre, une abbaye qui portait le nom de Saint-Michel.

L'on savait à Domrémy, et dans toutes les terres françaises, que les Anglais assiégeaient l'abbaye du Mont-Saint-Michel. Les deux cents chevaliers qui la défendaient refusaient de se rendre. Ils avaient armé une flottille de barques pontées qui pendant les nuits sans lune allaient chercher les vivres, ou bien faisaient la guerre de course. Les gens de Saint-Malo, les audacieux et braves Malouins, les aidaient et venaient de s'emparer, en ce printemps 1425, d'une flotte anglaise de dix-neuf navires. Et chacun avait rendu grâce à saint Michel, car cette victoire sur les Anglais avait semblé à tous miraculeuse.

Et Jeanne s'agenouillait dans l'église de Domrémy-Greux, devant la colonne à laquelle s'appuyait l'ange saint Michel.

Il lui avait dit :

« Sainte Marguerite et sainte Catherine viendront à toi. Agis par leurs conseils, car elles sont ordonnées pour te conduire et te conseiller en ce que tu auras à faire, et tu les croiras en ce qu'elles te diront. Et ces choses s'accompliront par le commandement de Notre-Seigneur. »

Jeanne connaissait l'une et l'autre sainte.

Elle avait vu des moines franciscains promener, à dos de mulet, sur les chemins qui conduisent à Domrémy, une châsse contenant les précieuses reliques de sainte Marguerite. Jeanne s'était agenouillée devant les restes sacrés de cette sainte qui assistait les femmes en couches, protégeait les paysans au labour, et qui était patronne des mégissiers et blanchisseurs de laine, et de celles qui filaient le lin.

On la voyait sur les vitraux de l'église, le pied écrasant la tête d'un dragon.

Olibrius, le gouverneur d'Antioche – où elle était née –, avait voulu la séduire, car elle était de grande beauté. Il l'avait menacée de déchirer son corps, mais elle était restée fidèle à Jésus-Christ. « Il s'est livré à la mort pour moi, et moi je désire mourir pour lui », avait-elle répondu cependant qu'on l'attachait sur un chevalet et qu'on commençait à la fouetter et à lacérer ses chairs avec des ongles de fer.

Elle continua de refuser de sacrifier aux idoles, et on brûla son corps avec des torches avant de la décapiter.

Et c'est cette sainte martyre dont Jeanne entendait la voix.

Et Jeanne entendait aussi sainte Catherine, née à Alexandrie, qui protégeait les jeunes filles, les servantes et les fileuses, et à laquelle était vouée l'église de Maxey, le village bourguignon sur la rive droite de la Meuse, face à Domrémy.

Et dans toute la vallée, on rimait en son honneur des oraisons :

« *Ave* très sainte Catherine
Vierge pucelle nette et fine. »

Sainte Catherine avait tenu tête à l'empereur païen Maxence. Elle avait triomphé des arguments de cinquante docteurs, savants dans les sciences des Égyptiens. Et elle avait pour cela reçu l'aide de saint Michel. Les savants s'étaient en l'écoutant convertis à la foi chrétienne et l'empereur Maxence avait dressé pour eux un immense bûcher au milieu de la ville d'Alexandrie. Et ils y avaient été précipités. Et Catherine avait accepté le martyre :

« Je désire offrir ma chair et mon sang à Jésus-Christ, avait-elle dit. Il est mon amant, mon pasteur et mon époux. »

Et du col tranché de sainte Catherine coula du lait au lieu de sang.

Elles vinrent, sainte Marguerite et sainte Catherine, comme l'avait promis saint Michel, parler à Jeanne.

Elles apparurent tous les jours, dans l'église de Domrémy, mais aussi sur les chemins, dans les forêts et dans les champs. Elles venaient plusieurs fois par jour, vêtues en reine, comme elles le sont sur les vitraux, douces et humbles. Elles pouvaient aussi se mêler aux jeunes gens du village, qui ignoraient leur présence.

« Mais moi je les vois », disait Jeanne.

Elle embrassait la terre, où leurs pieds s'étaient posés. Elle faisait vœu entre leurs mains de garder sa virginité tant qu'il plaisait à Dieu.

Je me souviens de ces mois-là. Les bandes de routiers, anglais, picards, bourguignons, parcouraient la châtellenie, plus massacreurs et incendiaires, voleurs et violeurs que jamais. Et à Vaucouleurs comme à Domrémy, à Neufchâteau comme dans le plus petit des villages, on murmurait que l'on ne pouvait vivre ainsi, le couteau d'un écorcheur sur la gorge des hommes et des bêtes.

L'on ajoutait qu'une prophétie annonçait que la France désolée par une femme – et l'on n'osait nommer la reine Isabeau de Bavière, l'épouse du roi fol Charles VI – serait rétablie dans sa gloire et sa richesse par une pucelle qui surgirait des marches du royaume, ici, aux confins de la Lorraine et de la Champagne, dans ce Barrois mouvant, où l'on était chaque jour et chaque nuit menacé, mais où, à Neufchâteau comme à Vaucouleurs, on refusait de devenir l'un de ces « Français reniés », serviteurs des Anglais.

J'ai entendu les voix humaines des prêtres, des moines franciscains ou cisterciens, répandre cette prophétie, eux qui accueillaient dans leurs églises et leurs abbayes les paysans fuyant les écorcheurs et les routiers, eux que la guerre appauvrissait, dont on pillait et brûlait les églises et les abbayes, en même temps que les maisons des paysans.

Et chaque jour la pieuse Jeanne s'agenouillait devant l'autel. Elle rendait visite à l'un de ses oncles, curé de Sermaize. Elle écoutait l'un de ses cousins, religieux en l'abbaye de Cheminon. Elle ne dansait plus autour de l'arbre des fées. Elle ne conduisait plus les troupeaux. Elle filait, tête baissée, recueillie. Elle se rendait en pèlerinage à la chapelle de Bermont. Elle se confessait, communiait, s'agenouillait, se prosternait de tout son long sur la pierre.

Et ses compagnes Hauviette, Mengette, et son père et sa mère s'inquiétaient de cette ferveur exaltée.

Le jour vint où sainte Marguerite et sainte Catherine lui dirent :

« Fille de Dieu, il faut que tu quittes ton village et que tu ailles en France. »

Elle répondit :

« Je suis une pauvre fille ne sachant ni chevaucher ni guerroyer. »

Et les saintes Marguerite et Catherine, d'une même voix, dirent alors :

« Prends l'étendard de par le Roi du Ciel, prends-le hardiment et Dieu t'aidera. »

Jeanne fermait les yeux, s'abîmait en prière, se rendait à l'église, chantait avec ferveur la complainte de saint Rémi, entonnée par tous les habitants de Domrémy.

Les voix humaines racontaient le miracle du sacre de Clovis à Reims.

Et ces voix devenaient divines.

Jeune fille de France brûlée vive

Elles appelaient à l'aide Jésus-Christ, qui devait sauver :

« Le très doux pays de France...
C'est France où sont les bons chrétiens
Ayez pitié de chrétienté
Beau Sire Dieu. »

Puis l'on chantait la gloire :

« Du bon archevêque Remi
Qui tant aime le sang royal
Qui tant a son conseil loyal
Qui tant aime Dieu et l'Église. »

Et Jeanne entendait les voix unies de sainte Marguerite et de sainte Catherine qui répétaient :

« Fille de Dieu, il faut que tu quittes ton village et que tu ailles en France. »

Et saint Michel archange ajoutait :

« Fille de Dieu, tu conduiras le Dauphin à Reims afin qu'il y reçoive son digne sacre. »

Moi, Guillaume de Monthuy, je n'ai entendu tout au long de ma vie que des voix humaines, je l'ai dit.

Mais je crois en Dieu le Père, au Fils et au Saint-Esprit.

Et je crois Jeanne parce qu'elle a marché vers le bûcher, prête, comme les saintes Marguerite et Catherine, à sacrifier sa vie plutôt que de renoncer à sa vérité.

5.

Jeanne connaissait mon nom et celui du capitaine royal de Vaucouleurs, Robert de Baudricourt.

Ce n'étaient pas des voix célestes qui les avaient prononcés, mais celles de son père et de nombreux habitants de Domrémy.

Jacques d'Arc s'était rendu plusieurs fois au château de Vaucouleurs pour y rencontrer Robert de Baudricourt, au nom du village dont il était le doyen et le procureur. Et j'avais remis en mains propres à Jacques d'Arc, chez lui, à Domrémy, les textes des décisions prises par Robert de Baudricourt.

Dans les jours qui avaient suivi le désastre d'Azincourt, on se souvient que c'est dans leur maison que, blessés et épuisés, Robert de Baudricourt et moi avions fait halte.

C'était au mois de novembre 1415. Jeanne était âgée de trois ans. Elle en avait seize, en ce mois de mai 1428, quand elle décida de suivre les commandements de Dieu tels que l'archange saint Michel et les saintes Marguerite et Catherine les lui communiquaient. Et il y avait aussi tous ces prêtres, messire Arnolin de Gondrecourt-le-Château, messire Dominique Jacob de Moutier-sur-Saulx, qui entendaient en confession et dans le secret lui chuchotaient ce que Dieu voulait pour la

Dame France, pour le dauphin Charles, et lui rappelaient cette prophétie qui évoquait l'action d'une pucelle, née sur les frontières du royaume de France, si désolé, si meurtri, et auquel elle rendrait gloire et richesse.

Elle connaissait un gentilhomme, mon aîné de dix années, Bertrand de Poulengy, qui fréquentait les clercs et avait un office dans la châtellenie de Vaucouleurs. Il se montrait ardent et fidèle féal du dauphin Charles. Et il priait pour que, choisi et guidé par Dieu, quelqu'un – et pourquoi pas cette prophétesse, cette pucelle ? – conduisît Charles jusqu'à Reims où il serait sacré roi de France, Charles VII.

Bertrand de Poulengy, comme moi, connaissait la maison de Jacques d'Arc et d'Isabelle Romée.

Il s'était rendu en pèlerinage à l'arbre aux fées. Il avait souvent parlé des malheurs de *Dame France*, et du capitaine royal Robert de Baudricourt.

Et un jour ces voix humaines furent effacées par la voix céleste de l'archange saint Michel, qui dit à Jeanne : « Fille de Dieu, tu iras vers le capitaine Robert de Baudricourt, en la ville de Vaucouleurs, afin qu'il te donne des gens pour te conduire auprès du gentil Dauphin. »

Jeanne obéit à cette voix, à celles des saintes qui, depuis plusieurs mois, lui parlaient de cette mission qu'elle aurait à accomplir.

Elle était restée longtemps obscure et mystérieuse et maintenant elle se dévoilait dans une grande clarté.

J'appris que Jeanne avait quitté Domrémy, pour se rendre au village de Burey-en-Vaulx situé sur la rive gauche de la Meuse, à deux lieues de Domrémy, mais seulement à une lieue de Vaucouleurs.

Là vivait le laboureur Durand Lassois, qui avait épousé la cousine germaine de Jeanne. Il habitait avec sa parenté, et Jeanne avait prétendu qu'elle se rendait chez Durand Lassois, pour aider sa cousine qui préparait ses couches. Jeanne savait que ni son père ni sa mère n'auraient favorisé sa mission, effrayés à l'idée de voir leur fille d'à peine seize ans s'engager sur une route inconnue, périlleuse, côtoyer des hommes d'armes, affronter les démons. Jacques d'Arc et Isabelle Romée rêvaient pour leur fille d'épousailles et de naissances et non de mission divine, de sainteté et de martyre.

Mais Jeanne obéissait aux voix célestes, à Messire Dieu, et elle voulait que Durand Lassois – qu'elle appelait son oncle – la conduisît à Vaucouleurs afin qu'elle y rencontre le capitaine Robert de Baudricourt, et que celui-ci lui fournisse son aide pour qu'elle accomplisse la mission dont messire Dieu l'avait chargée. Elle parlait de cette mission à Durand Lassois, et à un jeune gentilhomme, Geoffroy de Foug :

« N'a-t-il pas été su autrefois, disait-elle, qu'une femme ruinerait le royaume de France, et qu'une autre le rétablirait ? »

Elle ne disait pas : « Je serai cette femme, je le sais, messire Dieu m'a choisie », mais on l'entendait penser ces mots.

Et sa détermination était si grande que Durand Lassois céda et décida de la conduire à Vaucouleurs.

C'était le jour de l'Ascension de l'an 1428, peut-être le jeudi 13 mai.

Je l'ai vue entrer dans la grande salle du château de Vaucouleurs où je me trouvais, au côté de Robert de Baudricourt et près de moi se tenait Bertrand de Poulengy.

Il y avait autour du capitaine royal des écuyers et des gens d'armes et nous avons tous été saisis quand nous avons vu s'avancer d'un pas décidé cette jeune fille de seize ans, et derrière elle, hésitant, ce laboureur, Durand Lassois, qui marchait courbé comme pour que chacun sache qu'il était respectueux et soumis, et qu'il n'avait pas voulu cette visite, mais qu'il avait dû se soumettre à une volonté plus forte que la sienne.

Il hochait la tête, et semblait murmurer : « J'étais impuissant devant cette fille, ma cousine Jeanne, parce qu'elle dit qu'elle obéit à Messire Dieu. »

Elle n'était pourtant qu'une simple jeune fille, vêtue d'une pauvre robe rouge toute rapiécée, mais elle se dirigeait droit vers Robert de Baudricourt comme si elle le reconnaissait, et plus tard elle dira que les voix célestes l'avaient guidée. Elles auraient dit, désignant Baudricourt : « Le voilà. » Jeanne s'était arrêtée à quelques pas, en face de lui.

Je pus la dévisager, croiser son regard vif, impérieux :

« Je suis venue à vous, disait-elle à Robert de Baudricourt, pour que vous mandiez au Dauphin de se bien tenir et de ne pas assigner bataille à ses ennemis. »

Elle parlait d'une voix forte, s'adressant non seulement au capitaine royal mais aussi à tous ceux qui étaient dans la salle, comme si elle les haranguait :

« Avant la mi-carême, avait-elle continué, Messire donnera secours au Dauphin. »

Elle fit un pas en avant, embrassant d'un regard toute la salle, puis fixant le capitaine royal :

« De fait, le royaume n'appartient pas au Dauphin, dit-elle. Mais Messire veut que le Dauphin soit fait roi et qu'il ait le royaume en *commande*. Malgré ses ennemis, le Dauphin sera fait roi et c'est moi qui le conduirai à son sacre. »

Je m'étais tourné vers Bertrand de Poulengy. Il paraissait aussi effaré que je l'étais, car ce mot de *commande*, comment cette jeune fille qui ne savait point lire pouvait-elle le connaître ?

C'était un mot d'huissier, de notaire, de clerc, que l'on utilisait pour indiquer qu'on mettait un bénéfice – celui d'une cure, d'une abbaye – en dépôt.

C'était un mot de voix humaine.

Mais Robert de Baudricourt ne s'y arrêta pas.

« Qui est ce Messire ? », demanda-t-il.

— Le Roi du Ciel », avait répondu Jeanne.

Elle avait croisé les bras, la tête levée, comme si elle était le héraut de ce Messire Dieu, Roi du Ciel, dont elle portait le message et exprimait la volonté.

Ainsi elle paraissait plus grande, le visage rond, les formes de son corps bien sculptées.

Robert de Baudricourt s'était tourné vers nous et ses hommes d'armes qui se tenaient en retrait.

« Voilà une fille qui ferait une belle ribaude, dit-il en riant et qui serait du goût des gens d'armes, je le vois bien. »

Jeanne n'avait pas paru l'entendre, indifférente à ces propos d'homme de guerre.

Robert de Baudricourt avait tendu le bras vers Durand Lassois :

« Toi, reconduis-la à son père, et donne-lui de bonnes gifles. »

Je vis Lassois saisir le bras de Jeanne, la tirer en arrière, et elle s'était laissé conduire, ne quittant pas le capitaine royal des yeux.

Je sus qu'elle avait séjourné quelques jours dans la maison de Catherine et du charron Henri Le Royer qui habitait Vaucouleurs.

Elle n'avait semblé ni humiliée ni découragée par l'attitude de Robert de Baudricourt, parlant au contraire librement des ordres qu'elle avait reçus de Messire Dieu, et des messagers célestes, qui les lui avaient transmis.

Elle avait dit à nouveau qu'elle devait se rendre auprès du Dauphin et que celui-ci ne devait rien entreprendre tant qu'elle ne l'aurait pas rejoint.

Elle paraissait connaître une prophétie, autrefois répandue en Champagne, au début de la guerre qui avait opposé les Anglais du Prince Noir, fils du roi d'Angleterre, aux chevaliers français de Jean II le Bon. Un paysan avait prétendu avoir entendu une voix céleste lui dire : « Va avertir le roi de France Jean de ne combattre contre nul de ses ennemis. »

Jeanne avait employé les mêmes termes conseillant au dauphin Charles d'attendre sa venue auprès de lui.

J'avais été troublé par cette concordance. Les voix célestes faisaient-elles écho à celle d'autrefois ? Ou bien une voix humaine avait-elle rappelé à Jeanne l'ancienne prophétie ?

Jeanne avait quitté Vaucouleurs et regagné Burey-le-Vaulx, le village de Durand Lassois. De là elle était retournée dans la maison de Jacques d'Arc et d'Isabelle Romée, à Domrémy.

Et ceux qui l'avaient vue rapportaient qu'elle se tenait immobile, souvent agenouillée dans le jardin de son père, les yeux grands ouverts, le visage tourné vers le ciel.

6.

J'ai aussitôt pensé à Jeanne, quand j'ai appris, au mois de juin de l'an 1428, peu après qu'elle eut regagné la maison de ses parents à Domrémy, qu'Antoine de Vergy, gouverneur de Champagne, rassemblait un millier d'hommes d'armes.

Antoine de Vergy et son frère Jean étaient de ces « Français reniés » qui reconnaissaient l'autorité du roi d'Angleterre, l'enfant Henri VI, et obéissaient aux ordres du régent de France, Bedford, l'oncle d'Henri VI.

Des paysans qui s'étaient réfugiés à Vaucouleurs racontaient que cette petite troupe avait été rejointe par les hommes d'armes du capitaine de Beauvais, du comte de Neufchâtel et de Fribourg. Bedford voulait réduire à l'obéissance la châtellenie de Vaucouleurs demeurée fidèlement française.

L'armée d'Antoine de Vergy, avec ces chevaliers, ces archers, ces hommes d'armes, s'apprêtait à se mettre en route. Et déjà des villages de la châtellenie avaient été pillés, incendiés. Leurs habitants n'avaient dû leur salut qu'à leur fuite. Mais les bêtes avaient été volées, et bien des femmes et des filles violées. Quant aux masures et aux granges, elles brûlaient plus vite que des fagots de bois sec.

Tel allait être le sort de Domrémy et de Greux.

Je m'inquiétais de Jeanne. J'avais reçu les confidences de son père.

Jacques d'Arc, à l'occasion d'une visite à Robert de Baudricourt, m'avait fait part du trouble que lui et sa femme, Isabelle Romée, ressentaient devant le comportement de leur fille.

Elle était rêveuse, comme absente, semblant ne pas voir, ne pas entendre ceux qui l'entouraient, qu'il s'agisse de ses frères et sœur, de ses amies Hauviette et Mengette. Elle ne se rendait plus à l'arbre des fées. Elle se confessait et communiait souvent. Elle priait.

Et puis, tout à coup, elle parlait d'une voix exaltée, comme une prophétesse, disant à un jeune laboureur qu'elle avait connu à Burey-en-Vaulx : « Il y a entre Domrémy et Vaucouleurs une fille qui avant un an d'ici fera sacrer le roi de France. » Elle ne répondait pas aux questions qu'on lui posait et que suscitaient ses propos, semblant même ne pas les entendre.

Elle avait, d'un ton calme, dit à Gérardin d'Épinal, le seul partisan des Bourguignons que comptait le village de Domrémy, qu'elle eût aimé, je l'ai déjà rapporté, qu'on lui coupe la tête, alors qu'elle était la marraine de son fils. Puis plus bas elle avait ajouté :

« Compère si vous n'étiez bourguignon je vous dirais quelque chose » et elle avait laissé entendre qu'il y avait un secret entre elle et Messire Dieu.

Ses silences, ses confidences, ses attitudes avaient été remarqués par les villageois. On se moquait d'elle, on l'interpellait parce qu'on avait compris ce qu'elle avouait à demi-mot.

« Voilà celle qui relèvera la France et le sang royal, celle qui fera sacrer le Dauphin ».

Jacques d'Arc me dit qu'il avait rêvé, une nuit, de Jeanne s'enfuyant avec des hommes d'armes.

Il m'avait interrogé avec insistance, sans doute avait-il appris que sa fille avait rencontré le capitaine de Vaucouleurs, et que celui-ci avait eu envers elle des paroles lestes. Et Jacques d'Arc avait vu assez de ribaudes en croupe d'hommes d'armes, pour qu'il s'inquiétât d'une fille dont la tête semblait pleine de chevauchées.

Il s'était confié à ses fils.

« Si je croyais vraiment qu'advint à Jeannette cette chose que j'ai songée, si je devais la voir ribaude, je voudrais qu'elle fût noyée par vous et, si vous ne le faisiez, je la noierais moi-même », leur avait-il dit.

J'ai craint que ce malheur n'arrivât et je décidai de me rendre à Domrémy.

Mais, sur le chemin qui traverse les champs de blé et de seigle, je rencontrai les habitants du village, poussant leurs troupeaux. Ils me montrèrent les fumées qui s'élevaient au-dessus de la vallée de la Meuse, au-delà du Bois-Chesnu.

Les hommes d'armes d'Antoine de Vergy avaient commencé à brûler Domrémy. Les habitants n'avaient pas eu le temps de rassembler les bêtes et de fuir vers Neufchâteau, où ils avaient coutume de se rendre au marché et qui n'était qu'à deux lieues de Domrémy.

Je reconnus Jeanne, non pas tant à cause de sa robe rouge délavée et rapiécée, qu'à sa manière de marcher, devant le troupeau, altière, la tête relevée, avançant à grands pas.

Je ne voulus point entrer dans Neufchâteau qui appartenait au duc de Lorraine et se trouvait ainsi dans le camp bourguignon, mais je sus que Jeanne et les siens étaient hébergés dans une auberge tenue par une femme que l'on nommait La Rousse, qui, me dit-on, était du parti armagnac.

Alors, je compris pourquoi les « Bourguignons » parlaient de La Rousse comme d'une aubergiste qui accueillait des

« jeunes femmes sans retenue » et des gens de guerre. Et lorsque je les interrogeai sur Jeanne, ils grimacèrent. Jeanne, à les entendre, restait aux côtés de ces femmes à routiers.

Je voulus en avoir le cœur net.

L'homme que j'avais chargé de me renseigner me rapporta qu'au contraire, Jeanne était laborieuse, chaste et pieuse.

Elle conduisait les troupeaux aux champs, les chevaux à l'abreuvoir, aux prés et pâturages. On l'avait vue s'essayer à cheval.

Elle aidait aussi La Rousse au ménage. Et surtout elle faisait chaque jour ses dévotions dans le couvent des Cordeliers, et elle s'était confessée plusieurs fois au couvent des Clarisses, fils et filles de saint François. Peut-être fut-elle reçue dans le tiers ordre franciscain. Mais je doutais de cette affiliation à l'ordre mendiant, et d'abord parce que le temps de connaître la piété franciscaine lui avait manqué.

Elle s'était rendue à Toul, et il y avait vingt lieues depuis Neufchâteau en empruntant des chemins parcourus d'hommes d'armes, qui, croisant une femme, étaient comme des loups devant une brebis.

Jeanne devait comparaître devant le tribunal ecclésiastique de Toul, à la demande d'un jeune garçon de Domrémy qui prétendait qu'il avait reçu de Jeanne et de ses parents promesse de mariage.

Jeanne accepta le procès, nia qu'elle eût jamais promis mariage et soutînt qu'il n'y avait pas eu fiançailles. Jacques d'Arc et Isabelle Romée étaient d'un avis contraire, mais Jeanne s'obstina, fut contrainte de se rendre devant l'« official » qui la jugeait à deux ou trois reprises, affrontant le long trajet semé de dangers.

Et l'official lui donna raison.

Mais je mesurais à sa résolution et à la manière dont elle s'était dressée contre ses parents, osant affronter le jugement des villageois et les calomnies qu'ils répandaient – elle était l'amie des ribaudes, et tentée de devenir l'une d'elles, disait-on – qu'elle avait choisi une autre vie que celle dont rêvaient pour elle ses parents.

J'avais compris que cette jeune fille de seize ans pensait que Messire Dieu l'avait choisie pour accomplir un grand dessein. Et elle irait jusqu'au bout de ce chemin tracé par Dieu, quel que fût le sacrifice qu'il exigeât d'elle.

J'éprouvais pour Jeanne, de ces jours-là, admiration et compassion. Et dans chacune de mes prières il y eut une pensée pour elle.

7.

Quand je sus, à la fin du mois d'août 1428, que Jeanne avait, avec la plupart des habitants de Domrémy, quitté Neufchâteau pour regagner son village, je pus imaginer ce qu'elle ressentait.

Je m'étais rendu, quelques jours auparavant, à Domrémy, et j'avais été saisi par la colère et le désespoir.

La tour carrée du moustier avait été abattue, et le monastère avait été saccagé. La maison de Jacques d'Arc et d'Isabelle Romée n'était plus qu'un amas de pierres, et dans le verger, là où souvent Jeanne se tenait, les arbres avaient été déracinés comme si le pillage, l'incendie, la destruction de toutes les demeures n'avaient pas suffi aux hommes d'armes d'Antoine de Vergy, et qu'ils avaient voulu empêcher toute vie de renaître en ce lieu.

Je m'étais senti coupable, honteux, moi, Guillaume de Monthuy, chevalier, homme d'armes, fidèle au Dauphin de France, de n'avoir pu accorder protection aux habitants des hameaux et villages de la châtellenie de Vaucouleurs.

Nous, les chevaliers, les gens de guerre, nous n'avions sauvé Vaucouleurs de l'occupation par les routiers du gouverneur de Champagne, au service du régent Bedford, qu'en capitulant devant ces *Français reniés*, en obtenant seulement que Vaucouleurs ne leur soit remise qu'à terme.

C'est à cette condition que l'armée d'Antoine de Vergy s'était retirée des terres de la châtellenie, en laissant derrière elle ces ruines, ces animaux égorgés, ces chiens errants.

Et je craignais que ce ne fût là le sort réservé à tous les villages restés fidèles au Dauphin de France.

Car les courriers qui parvenaient à Vaucouleurs annonçaient que les Anglais de Thomas de Montaigu, comte de Salisbury, assiégeaient Orléans.

Ils construisaient des « bastilles » autour de la ville. Et, je l'ai dit, peu leur importait de ne pas respecter les règles de la guerre, qui exigeaient qu'on ne cherchât pas à s'emparer des biens d'un seigneur retenu prisonnier, et dont on exigeait rançon. Or, ils détenaient depuis Azincourt Charles d'Orléans et maintenant ils voulaient, ces Godons, prendre sa ville.

J'étais comme tant d'autres chevaliers de cette châtellenie, comme Bertrand de Poulengy, comme Jean de Metz, seigneur de Nouillompont, et chevalier au service du capitaine de Vaucouleurs, désireux de me battre pour empêcher que le roi d'Angleterre demeurât roi de France, pour chasser ses hommes d'armes et ceux du parti bourguignon des terres françaises.

Mais nous rongions nos poings, chevauchant dans les ruines des villages que nous n'avions pas su défendre.

Et nous nous emportions contre Isabeau de Bavière, l'épouse de feu Charles VI le Fol, qui avait livré le royaume de France à l'Anglais par le traité de Troyes.

Cette femme-là avait perdu et trahi le royaume. Une autre femme pourrait-elle l'arracher à l'abîme ?

Il y fallait l'aide de Dieu !

Cette autre femme serait-elle Jeanne ?

Elle disait autour d'elle comme si elle en avait reçu commandement des Cieux :

« Il faut que je quitte mon village et que j'aille en France. »

Je ne doutais pas qu'elle obtînt ce qu'elle voulait et dont elle laissait entendre que c'était l'ordre et le vœu de Dieu tels que ses envoyés les lui transmettaient.

Je fus cependant étonné que Jacques d'Arc, si inquiet des exaltations de sa fille, consentît à la laisser rejoindre sa cousine germaine, l'épouse de Durand Lassois, dans leur maison de Burey-en-Vaulx.

Durand Lassois prétexta que sa femme qui venait d'accoucher avait besoin de sa jeune cousine. Il me semble que si Jacques d'Arc accepta ce prétexte, c'est que lui aussi avait eu le sentiment que Jeanne était poussée par des forces, des puissances, qu'il était incapable de briser ou même de contenir.

Jeanne quitta donc Domrémy, et ce qu'on me dit de ce départ me prouva qu'elle pressentait qu'elle s'éloignait, sans doute pour toujours, des lieux de son enfance.

« Adieu Guillemette, je vais à Vaucouleurs », lança-t-elle à l'une de ses amies.

« Adieu Mengette, je te recommande à Dieu », disait-elle à une autre.

Elle ne resta que peu de jours dans la maison de Durand Lassois, obtenant de son oncle qu'il l'accompagnât à Vaucouleurs, où Catherine et Henri Le Royer, qui l'avaient hébergée lors de son premier séjour, l'accueillirent à nouveau dans leur maison située à quelques centaines de pas de l'une des portes du château de Vaucouleurs.

Et le 1er décembre 1428, je la vis entrer dans la grande salle du château, celle où elle avait pénétré pour la première fois au mois de mai, le jour de l'Ascension de Notre-Seigneur Jésus-Christ.

J'étais au côté de Robert de Baudricourt, et près de moi se tenaient Bertrand de Poulengy et Jean de Metz.

Jeanne portait la même robe rouge et rapiécée, mais sa voix, quand elle s'adressa au capitaine de Vaucouleurs, me parut encore plus assurée, et tout son corps exprimait volonté et certitude.

Elle nous fixait, Robert de Baudricourt et nous les chevaliers, mais sans paraître nous voir, tant son regard portait loin.

« Capitaine, dit-elle, sachez que Messire Dieu m'a plusieurs fois fait assavoir encore et commander que j'allasse vers le gentil Dauphin, qui doit être et est vrai roi de France, qu'il me donnât des gens d'armes et qu'alors je lèverais le siège d'Orléans et le mènerais sacrer à Reims. »

Je regardai autour de moi. Tous, à commencer par le capitaine de Vaucouleurs, Robert de Baudricourt, étaient stupéfaits.

Cette pucelle de seize ans, cette fille de laboureur qui ne savait point lire, parlait avec l'autorité et l'aisance d'un homme de commandement, seigneur, connétable, capitaine, grand clerc. Et Robert de Baudricourt l'écoutait avec attention.

« Une fois accomplies les choses que j'ai à faire de la part de Messire, disait-elle, je me marierai et j'aurai trois fils, dont le premier sera pape, le deuxième empereur, le troisième roi. »

Je ne pensais point avoir devant moi une fille à l'esprit égaré, mais une souveraine, qui serait la mère de trois fils de Dieu qui feraient régner la paix dans la chrétienté.

Robert de Baudricourt avait répondu :

« Puisqu'ils seront si grands personnages, tes fils, je voudrais bien t'en faire un. J'en vaudrais mieux ensuite. »

Jeanne ne rit pas et répondit d'une voix tranquille :

« Nenni gentil Robert, nenni. Il n'est pas temps, le Saint-Esprit y ouvrera. »

Et il m'avait semblé que chacun la croyait.

Comment d'ailleurs aurais-je pu douter de la sincérité de sa foi ? de ses bonnes mœurs ?

Elle filait la laine et le lin avec une sorte de recueillement, assise au côté de Catherine et elle ne quittait la maison de ses hôtes que pour se rendre soit à l'église paroissiale – et Catherine l'accompagnait le plus souvent – soit dans la chapelle Sainte-Marie de Vaucouleurs, située au sommet de la colline sur laquelle se dressait le château auquel la chapelle était attenante.

Là, Jeanne entendait la messe et priait.

Elle restait parfois sur le parvis, regardant le paysage qui s'étendait devant elle. Elle suivait des yeux la vallée de la Meuse, où elle avait vécu toute son enfance. Peut-être voulait-elle graver en elle ces coteaux et ces prairies, ces bouquets d'arbres qu'elle allait quitter.

Elle disait à tous ceux qu'elle rencontrait :

« Il faut que j'aille vers le gentil Dauphin. C'est la volonté de Messire Dieu, le Roi du Ciel, que j'aille vers le gentil Dauphin. C'est de la part du Roi du Ciel que je suis venue. Quand je devrais aller sur mes genoux, j'irais. »

Personne ne mettait en question sa résolution.

Elle confiait à Catherine Le Royer, qui en était troublée, et rapportait les propos de Jeanne :

« Ne savez-vous pas, lui avait dit Jeanne, que la France perdue par une femme serait sauvée par une pucelle des marches de Lorraine ? »

Et elle le répétait à Bertrand de Poulengy et à Jean de Metz, et sans doute se confiait-elle à Jean Fournier, le curé de Vaucouleurs, qui la recevait en confession.

Puis Jeanne descendait dans la crypte située au-dessous de la chapelle. Elle s'agenouillait devant un tableau ancien, représentant une image de la Vierge qu'on appelait Notre-Dame-de-la-Voûte. On assurait que cette Vierge faisait des miracles en faveur des pauvres.

Un jeune clerc – Jean Le Fumeux –, qui desservait la chapelle avant d'en devenir bien plus tard le chanoine, me raconta qu'il voyait souvent Jeanne, immobile, les mains jointes, la tête renversée, les yeux levés et remplis de larmes.

Il n'avait jamais observé sur le visage des fidèles, une telle expression de ravissement.

Il en avait été ébahi, et à Vaucouleurs tous ceux à qui Jeanne parlait ou qui simplement la croisaient montant à la chapelle, ou la voyaient abîmée en prière, comme en extase, éprouvaient le même étonnement.

8.

Et moi, Guillaume de Monthuy, chevalier de Robert de Baudricourt, j'étais comme entouré par un flot qui ne cessait de monter.

Il ne se passait pas heure du jour qu'un habitant de Vaucouleurs, et ce pouvait être un chevalier, un écuyer, un laboureur, un clerc, ne vînt me parler de Jeanne, me répétant ses propos, évoquant sa piété.

Beaucoup se déclaraient prêts à l'aider, puisque – on baissait la voix, on se signait – elle était au service de Messire Dieu et recevait ses ordres de Lui.

On s'étonnait que le capitaine royal de Vaucouleurs, fidèle au Dauphin de France, n'aidât point cette pucelle à accomplir sa mission.

Sa venue n'avait-elle pas été annoncée par des prophéties anciennes ?

J'écoutais, je baissais la tête, comme si j'avais déjà été recouvert par cette crue, cette rumeur qui submergeait Vaucouleurs.

Je comprenais l'impatience de Jean de Metz.

Il avait interpellé Jeanne devant l'une des portes du château. Elle marchait mains jointes, les yeux dans le ciel, indifférente, semblait-il, à ce qui l'entourait, se dirigeant sans doute vers la chapelle Sainte-Marie de Vaucouleurs, où elle prierait dans la crypte.

« Eh bien, ma mie, que faites-vous ici ? lui avait demandé Jean de Metz. Faut-il attendre que le roi Charles soit chassé du royaume et que nous soyons anglais ? »

Il avait ajouté que le temps pressait puisque l'on assurait que le fils du roi Charles, le dauphin Louis, à peine âgé de cinq ans, avait été fiancé à la fille du roi d'Écosse, Madame Marguerite, âgée de trois ans !

Jeanne s'était arrêtée, faisant face à Jean de Metz, petite paysanne en jupe rouge, mais regard flamboyant.

« Je suis venue ici, avait-elle dit, en territoire royal, afin de parler à sire Robert, pour qu'il me veuille conduire ou faire conduire au dauphin Charles. Mais le capitaine de Vaucouleurs n'a souci ni de moi ni de mes paroles. Pourtant, avant qu'arrive la mi-carême, il faut que je sois vers le dauphin Charles, dussé-je pour y aller user mes jambes jusqu'à mes genoux. »

On m'avait rapporté des propos semblables de Jeanne. Mais elle était bonne et savante fileuse. Elle tirait un fil, que l'on croyait semblable au précédent, mais elle le nouait de façon différente, tissant ainsi sa toile.

Elle avait ajouté :

« Il faut que je sois vers le dauphin Charles, car nul au monde, ni roi, ni duc, ni fille du roi d'Écosse ne peut recouvrer le royaume de France. Il n'y a de secours que de moi, quoique pour ma part j'eusse bien plus cher filer près de ma pauvre mère, vu que ce n'est pas là mon état, mais il faut que j'aille et je le ferai parce que Messire veut que je le fasse. »

Jean de Metz – c'est lui-même qui me l'avait raconté – avait demandé : « Qui est Messire ? », et Jeanne avait aussitôt rétorqué : « C'est Dieu. »

Jean de Metz ajoutait qu'il avait alors été comme poussé vers Jeanne : « J'ai promis à la Pucelle, expliqua-t-il, en mettant la main dans la sienne en signe de foi, que moi, Dieu aidant, je la conduirais vers le roi et je lui ai demandé quand elle voulait s'en aller, et elle m'a répondu : "À cette heure mieux que demain, et demain mieux qu'après." »

Je tremblais en écoutant Jean de Metz. En moi, une voix s'élevait, m'envahissant, répétant que j'étais prêt moi aussi à donner ma foi à cette Jeanne qui obéissait à Dieu, et voulait relever le roi de France.

Jean de Metz lui avait suggéré d'abandonner sa jupe rouge de paysanne, ses vêtements de femme, qui attireraient tous les écorcheurs qu'elle croiserait en chemin, de la troquer contre des habits d'homme, chausses, veste, capuchon. Les routiers paillards qui cherchaient une proie l'ignoreraient.

« Je prendrai volontiers habit d'homme », avait-elle dit.

Et sa réponse ne me parut pas inspirée par le démon qui souvent s'insinue dans l'âme et le corps des femmes.

Lorsque je rapportai à Robert de Baudricourt les propos de Jeanne et de Jean de Metz, je mesurai, à son attitude, ses hésitations. La tête penchée, les yeux mi-clos, l'expression ennuyée qui dessinait autour de sa bouche une ride profonde révélaient sa perplexité.

Il se leva brusquement, me demanda d'aller quérir le prêtre Jean Fournier sur-le-champ, car, grommela-t-il, il voulait en avoir le cœur net.

Je sus plus tard – mais je n'en fus pas témoin – qu'il se rendit, avec messire Fournier, chez Catherine Le Royer. Jeanne filait en compagnie de son hôtesse. Elle parut surprise en voyant son confesseur revêtir l'étole, brandir le crucifix, prier, prononcer des formules propres à chasser le démon. Si elle avait été « endiablée », Jeanne eût dû s'enfuir, tomber en pâmoison, ou se contorsionner, le temps que le démon quittât son corps.

Rien de cela ne se produisit. Jeanne s'agenouilla devant le prêtre, pria, ne parut en rien inquiète et aucune puanteur, aucun étrange animal ne s'échappa de son corps.

Jean Fournier conclut que Jeanne était pure, qu'aucun diable ne l'habitait, que l'exorcisme qu'il venait de pratiquer dans sa forme la plus légère venait de le prouver.

Puis Robert de Baudricourt et le prêtre se retirèrent, et Catherine Le Royer raconta que Jeanne s'était plainte d'avoir été soupçonnée. Elle s'était montrée sévère à l'égard du prêtre : « C'était mal fait à lui, car m'ayant entendue en confession, il me pouvait connaître. »

Je comprenais les ressentiments de Jeanne, mais aussi la prudence de Robert de Baudricourt.

Cependant lorsque le capitaine de Vaucouleurs fut persuadé, après l'exorcisme, de l'innocence et de la piété de la Pucelle qui déclarait obéir aux commandements de Dieu, il écrivit au dauphin Charles lui annonçant la présence en la châtellenie de Vaucouleurs d'une prophétesse, qui désirait relever le royaume de France, et qui voulait fait part de sa mission au roi de France.

Il annonçait au dauphin Charles que les chevaliers Jean de Metz, Bertrand de Poulengy, accompagneraient la Pucelle si le roi acceptait de la recevoir.

J'indiquai à Robert de Baudricourt, que, moi, Guillaume de Monthuy, je souhaitais me joindre à cette escorte de la prophétesse. Il accepta.

Mais il fallait attendre la réponse du dauphin Charles, et la route entre Vaucouleurs et Chinon, Gien, Poitiers, Tours – là où résidait le plus souvent le Dauphin – était longue.

J'appris un matin que Jeanne, accompagnée de son oncle Durand Lassois, et d'un habitant de Vaucouleurs, Jacques Alain, avait quitté Vaucouleurs tant son impatience était grande. Elle montait un vieux cheval que ses deux compagnons avaient acheté pour elle.

Elle chevaucha une lieue, mais quand elle arriva à la chapelle Saint-Nicolas, qui s'élève dans la vallée de Septfonds, au milieu du grand bois de Saulcy, elle se ravisa.

Ses voix lui avaient-elles conseillé de renoncer ? Elle dit simplement :

« Ce n'est pas ainsi qu'il convient de partir. »

Je les croisai tous trois alors qu'ils rentraient dans la cité de Vaucouleurs.

9.

C'était l'an 1429, et jamais mois d'hiver ne me parurent plus longs. Les nuits s'étiraient, le brouillard glacé s'accrochait aux arbres et aux rives de la Meuse. Il me semblait que tous les habitants de Vaucouleurs attendaient la réponse que le dauphin Charles devait faire à la lettre que lui avait adressée Robert de Baudricourt.

Chaque jour je guettais, espérant voir surgir devant la poterne du château un messager royal, porteur d'une nouvelle qui changerait ma vie, puisque, si le souverain de France acceptait de recevoir Jeanne la Pucelle, je ferais partie, avec Jean de Metz, Bertrand de Poulengy, et deux de leurs serviteurs, Julien pour Poulengy, et Jean de Honnecourt pour Jean de Metz, de l'escorte qui accompagnerait Jeanne jusqu'à la résidence du roi, dans ces pays de Loire et de Poitou. Un archer, Richard, devait se joindre à nous.

Ce n'est qu'à la mi-janvier, qu'enfin, au mitan d'une journée, apparut, sortant des forêts qui entourent Vaucouleurs, le messager royal.

Il se nommait Colet de Vienne et, comme je le conduisais jusqu'à Robert de Baudricourt, il me décrivit les chemins qu'il avait empruntés, évitant les ponts, surveillés par des hommes d'armes anglais ou bourguignons, passant les rivières à gué, choisissant les bois les plus épais, où il était sûr, en cette saison hostile, de ne rencontrer que des loups, moins cruels que les routiers et les écorcheurs.

« Je guiderai la prophétesse, votre Pucelle, par ces chemins-là, mais une femme est un appât que flairent à distance les hommes d'armes », dit Colet de Vienne.

C'est ainsi qu'il m'apprit, avant même que Baudricourt n'ait lu la lettre de Charles de France, que celui-ci demandait à Robert de Baudricourt de lui envoyer la Pucelle à Chinon.

Et Colet de Vienne serait avec nous du voyage.

Nous nous apprêtâmes à quitter Vaucouleurs les jours suivants, quand tout à coup, Robert de Baudricourt exigea que Jeanne se rendît à Nancy avant de partir pour Chinon, auprès du duc de Lorraine, Charles II. Ce partisan des Anglais, dévoré par la maladie, espérait être miraculeusement guéri par Jeanne.

Elle accepta, devinant que Baudricourt ne cèderait pas.

Il était lié au duc de Bar, gendre de Charles II de Lorraine. Et ce duc de Bar était René d'Anjou, dont la sœur Marie d'Anjou était l'épouse du Dauphin de France. La mère de René et de Marie, Yolande de Sicile et d'Aragon, belle-mère du dauphin Charles, était une femme influente. Peut-être avait-elle pesé dans la décision prise par Charles de France d'accueillir Jeanne à Chinon. Nous partîmes donc, Jean de Metz, moi et Durand Lassois vers Nancy qui se trouvait à vingt-quatre lieues de Vaucouleurs.

J'observais Jeanne tout au long de cette interminable chevauchée, qui repoussait le départ pour Chinon.

Jeanne paraissait subir ce contretemps sans impatience, s'arrêtait pour faire ses dévotions à la chapelle de Saint-Nicolas-du-Port dans la vallée de la Meurthe. J'admirais sa maîtrise.

Elle chevauchait un vieux cheval rétif, des averses de grêle fouettaient son visage et son corps, et elle semblait avoir la résistance vigoureuse d'un homme d'armes ! Et la perspicacité d'un clerc savant.

Il lui fallait recevoir l'appui de René d'Anjou, duc de Bar, ami de Robert de Baudricourt, partisan du dauphin Charles, mais soucieux de rester en bons termes avec le parti anglais et bourguignon, auquel était allié le duc de Lorraine. C'était pourtant ce duc de Lorraine, Charles II, que Jeanne devait guérir !

Le vieux duc avait chassé sa femme légitime et vivait avec une certaine Alison du May, fille de prêtre, et mère de cinq bâtards.

Jeanne écouta les plaintes du vieil homme, déclara qu'elle n'était pas guérisseuse, mais ajouta qu'elle savait que Charles II de Lorraine ne trouverait le salut qu'en chassant sa concubine Alison du May et en redonnant sa place à son épouse légitime.

Et comme le duc de Lorraine se dérobait, elle dit – j'étais présent et j'atteste donc ce propos, qui me révéla que Jeanne la Pucelle était aussi une femme habile :

« Donnez-moi votre gendre, le duc du Bar, avec des gens d'armes pour me conduire auprès du dauphin Charles. En récompense, je prierai Dieu pour le rétablissement de votre santé. »

Le duc de Lorraine se récria. Il ne donnerait au parti armagnac ni son gendre le duc de Bar ni hommes d'armes.

Mais il voulait que l'on prie pour lui et il offrit à Jeanne quatre francs et un cheval noir.

Nous reprîmes la route de Vaucouleurs et, après l'avoir parcourue dans le brouillard qui nous dissimulait aux routiers dont nous entendions souvent les chansons et devinions les ripailles, nous arrivâmes aux portes de la cité de Vaucouleurs le 13 février de l'an 1429.

10.

Nous quittâmes Vaucouleurs pour Chinon, le 23 février de l'an 1429.

J'avais appris que le lendemain de notre retour de Nancy, Jeanne avait dicté une lettre à ses parents et sans doute est-ce l'un de ces prêtres qui l'entendaient en confession qui l'écrivit pour elle, puisqu'elle ne savait ni lire ni écrire.

Plus tard, bien plus tard, c'est Jean, l'un des frères de Jeanne, qui me dit que dans cette missive elle demandait pardon à son père et à sa mère de les avoir quittés pour accomplir cette mission auprès du dauphin Charles, à laquelle elle ne pouvait se dérober puisque c'était Messire Dieu qui la lui avait confiée.

Jacques d'Arc, qui avait un jour déclaré qu'il préférerait tuer sa fille que de la voir chevaucher au milieu d'hommes d'armes, accorda son pardon, et le frère de Jeanne m'expliqua que son père avait reçu la visite de prêtres qui l'avaient persuadé que sa fille Jeanne était une jeune fille pieuse et chaste, qui apporterait honneur, gloire et profit à sa famille, en devenant la servante de Dieu.

Comment d'ailleurs un père, bon chrétien, eût-il pu condamner sa fille alors même que les habitants de Vaucouleurs et le capitaine royal de la place la célébraient, et parlaient d'elle comme d'une sainte prophétesse ?

Certains de ces habitants s'étaient ligués pour lui acheter des vêtements d'homme, un justaucorps auquel étaient attachées, par des aiguillettes, des chausses. Elle avait reçu des souliers, des éperons, un harnais de guerre comme si chacun pressentait qu'elle irait au combat, tel un homme d'armes. Elle avait fait tailler ses cheveux en rond, à la manière des jeunes garçons. Et Robert de Baudricourt lui avait offert une épée.

Car le voyage s'annonçait périlleux. La campagne et les chemins étaient parcourus, comme ils ne l'avaient jamais été, par des bandes de pillards, hommes d'armes en débauche, qui brûlaient, volaient et violaient. Ils ne respectaient ni les églises, ni les abbayes, ni les moustiers.

J'évoquais ces dangers, le péril qu'il y avait à s'aventurer à quelques-uns – nous étions autour de Jeanne huit hommes, le frère de Jeanne, Jean d'Arc, s'était joint à nous et les bandes comptaient des dizaines de routiers aguerris – , alors que nous avions deux serviteurs, courageux, prêts à se battre, mais comment auraient-ils pu résister à des hommes dont le métier était de tuer ?

Tous ceux qui, ce 23 février 1429, nous avaient accompagnés jusqu'à la porte de France avaient la mine triste de proches qui voient leurs amis ou leurs parents marcher vers la mort.

Jeanne au contraire paraissait sereine, presque insouciante. Lorsque je lui avais fait part des périls qui nous guettaient, elle m'avait répondu :

« En nom Dieu ! Menez-moi vers le gentil Dauphin et ne faites doute que vous ni moi n'aurons nul mal et nul empêchement. »

Catherine et Henri Le Royer, ses hôtes, l'interpellaient :

« Comment pourrez-vous faire un tel voyage quand il y a de tous côtés des gens de guerre ? »

Elle regardait chacun de nous, pendant que nous prêtions serment à Robert de Baudricourt, jurant de respecter, de protéger, de sûrement conduire cette Pucelle qu'il nous confiait. Puis Jeanne s'adressait à la petite foule qui se pressait autour de nous.

« Je ne crains point les gens de guerre, avait-elle dit, j'ai mon chemin tout aplani. S'il se trouve des hommes d'armes, Messire Dieu saura bien me frayer la route pour aller à messire le Dauphin. Je suis venue pour cela. »

Elle s'était signée et tous nous avions fait de même. Puis Robert de Baudricourt avait lancé, à Jeanne :

« Va et advienne que pourra. »

TROISIÈME PARTIE

« Dans la cité d'Orléans alors assiégée par les Anglais, des nouvelles et des rumeurs parvinrent [...] suivant lesquelles une certaine jeune fille qu'on appelait communément la Pucelle, venait de passer Gien et prétendait aller vers le noble Dauphin, afin de faire lever le siège d'Orléans et de conduire le Dauphin à Reims. »

Jean, le Bâtard d'Orléans, comte de Dunois.

11.

Je ne me souviens pas d'avoir vu le soleil briller durant les onze jours que dura notre chevauchée de Vaucouleurs à Chinon, où se trouvait celui que Jeanne appelait le « gentil Dauphin ».

La brume noyait les prairies et les forêts. Il ne pleuvait pas et cependant l'eau suintait du ciel et de la terre.

Colet de Vienne, messager royal, connaissait tous les chemins. Il savait éviter les ponts tenus par les routiers anglais, picards ou bourguignons, et nous devions traverser les rivières à gué, nous enfonçant jusqu'à mi-corps dans l'eau glacée.

J'ai découvert que la France était le royaume des fleuves, dont Colet de Vienne, mais aussi Bertrand de Poulengy et Jean de Metz murmuraient les noms : Marne, Aube, Yonne, Loing, Cher, Indre, Vienne, et l'ample, l'immense Loire.

Nous cheminions souvent la nuit, les sabots des chevaux enveloppés de linge et cela me rappelait ma chevauchée en compagnie de Robert de Baudricourt au lendemain du massacre d'Azincourt. J'avais alors rencontré pour la première fois Jeanne, petite fille de trois ans.

Elle était maintenant cette femme d'armes, droite en selle, vêtue comme un homme, rassurant Jean de Metz, qui l'interrogeait avec inquiétude :

« Ferez-vous bien ce que vous dites ? » demandait-il.

Elle répondait :

« N'ayez crainte. Ce que je fais, je le fais par commandement. Mes frères du paradis et Messire Dieu m'ont dit qu'il fallait que j'allasse en guerre pour recouvrer le royaume de France. »

Rien ne paraissait pouvoir l'apeurer et cependant certains dans notre petite troupe feignaient de vouloir prendre le parti des Anglais ou d'être tentés de revenir sur leurs pas.

Ou bien ils affirmaient avoir entendu les voix de routiers et d'écorcheurs. Ils racontaient comment ces hommes d'armes traitaient leurs prisonniers, les jetant dans un trou creusé à cet effet où ils les laissaient pourrir jusqu'à ce qu'on ait payé rançon et, si personne ne la versait, ils les abandonnaient, sans eau, sans vivres, dans ce qui devenait leur tombeau.

Il fallait donc fuir, revenir sur nos pas. Nos compagnons cherchaient ainsi à effrayer Jeanne qui paraissait les croire mais ne se troublait pas.

« Gardez-vous de fuir, disait-elle, en nom Dieu ils ne vous feront pas de mal. Ne craignez rien vous verrez comme à Chinon le gentil Dauphin nous fera bon visage. »

Nous fîmes notre première halte à l'abbaye de Saint-Urbain à Joinville, sur la rive droite de la Marne. L'abbé était Arnoult d'Aulnoy, parent de Robert de Baudricourt.

Il nous ouvrit un corps de logis réservé aux étrangers.

J'ai évité d'observer Jeanne, cette première nuit-là, et cependant en dépit de ma volonté j'ai regardé cette jeune fille qui ne se déshabillait point, gardant ses chausses liées à son justaucorps. Elle se coucha entre Bertrand de Poulengy et

Jean de Metz. Et d'autres nuits elle s'allongea près de moi. Mais je peux dire, comme me l'ont confié plus tard Bertrand de Poulengy et Jean de Metz, que je ne ressentis jamais de désir ni de mouvement charnel pour elle à cause de la bonté et de la piété qui émanaient d'elle.

C'eût été sacrilège de désirer et œuvre de démon que de toucher une pucelle qui semblait n'avoir pour souci que d'entendre la messe. Elle la suivit le 24 février au matin avant de quitter l'abbaye de Saint-Urbain.

Puis elle se remit en selle et nous franchîmes le pont sur la Marne. Nous avions déjà parcouru sans être attaqués soixante-quinze lieues en pays hostile, il nous en restait cent vingt-cinq avant d'atteindre la ville de Gien sur la Loire, en pays français.

Nous traversâmes l'Aube près de Bar-sur-Aube, la Seine près de Bar-sur-Seine, l'Yonne devant Auxerre.

Jeanne s'arrêta et, malgré nos avis, décida d'entendre la messe en la grande église Saint-Étienne.

Elle s'y agenouilla, le visage transfiguré, comme illuminé par cette grande clarté dont elle avait dit qu'elle surgissait quand les voix célestes s'adressaient à elle.

Peut-être ses « frères du paradis », ainsi qu'elle les nommait, s'adressaient-ils à elle, ici à Auxerre, dans cette église Saint-Étienne.

Lorsque, la messe achevée, nous nous retrouvâmes autour d'elle, elle dit seulement, mais d'une voix si claire et si forte que j'en fus ému :

« Ne craignez rien. »

Puis nous chevauchâmes jusqu'à Gien.

12.

Gien, c'était ville française, sur la rive droite du grand fleuve royal, cette Loire qui faisait frontière entre le pays armagnac, du gentil Dauphin de France, au sud, et au nord le pays conquis par l'Anglais.

En aval, toujours sur la rive droite de la Loire, Orléans était la clé de voûte de cet édifice. Et le régent Bedford et ses capitaines – les frères Pole, comte de Suffolk, William Glasdale, John Talbot, et toute la fleur de la chevalerie anglaise – s'efforçaient de la desceller. Si Orléans assiégé tombait, c'en était fini pour longtemps du royaume de France. La voûte et toutes ses colonnes – le pays angevin, la Touraine, le pays poitevin, et leurs joyaux, Angers, Tours, Chinon – s'effondreraient.

Il y avait péril, et Jeanne commanda de ne point s'attarder à Gien, parce qu'elle devait rencontrer au plus vite, le gentil Dauphin, afin de délivrer Orléans, puis de conduire Charles de France, jusqu'à Reims, afin qu'il y fût sacré Charles VII.

Je l'écoutais. J'étais enflammé par ses paroles et par un amour pour elle, divin, à ce que je crois.

Nous avons donc quitté Gien, nous enfonçant dans ce pays de France, où le brouillard moins dense laissait apparaître les pentes du verdoyant duché de Berry, puis cette Touraine, apaisée et ordonnée, sous une pluie légère et douce.

Jeanne se dirigeait comme si elle avait déjà parcouru ces chemins qui, gravissant les collines boisées, conduisaient au sanctuaire de sainte Catherine, au cœur du pays de Fierbois.

Les voix célestes et d'abord celle de sainte Catherine lui avaient-elles parlé de ce lieu de pèlerinage, où chaque année des milliers de fidèles venaient remercier la sainte de leur avoir donné la victoire, ou bien de les avoir libérés de leur prison, et d'autres s'agenouillaient entre ces murs où étaient accrochés des armes, des harnois, des cordes, des chaînes ?

L'on assurait que Charles Martel, vainqueur des Sarrasins à Poitiers, était venu déposer son glaive dans l'oratoire de sainte Catherine, la glorieuse, la guérisseuse, la libératrice, et la martyre.

Je vis Jeanne qui priait à genoux, dans l'oratoire.

Elle regardait autour d'elle ces murs couverts d'armes et de harnois de guerre. Et peut-être, les clercs qui, à Vaucouleurs, à Domrémy, la confessaient avait-ils évoqué ce sanctuaire de sainte Catherine en Fierbois.

Elle entendit ce jour-là deux messes dans l'oratoire du sanctuaire et communia.

Depuis que nous avions quitté Vaucouleurs, je l'avais toujours vue calme et maîtresse d'elle-même, ne laissant jamais apparaître la moindre ride de doute et d'inquiétude, mais dans ce sanctuaire elle me parut plus apaisée encore, plus sûre d'elle-même, comme si d'être parvenue miraculeusement à son but confirmait qu'elle était bien guidée par la volonté de Dieu. Elle n'avait plus à se hâter. Et j'ai partagé ses certitudes et la plénitude de sa foi.

Peu avant midi, ce jour-là qui devait être parmi les premiers du mois de mars de l'an 1429, elle me fit mander afin que je la rejoigne dans une petite pièce attenante à l'oratoire.

Je trouvais Jeanne, bras croisés, fièrement campée, les yeux mi-clos, la tête levée, écoutant un moine franciscain qui lisait une lettre.

Je compris que Jeanne venait de la dicter.

Elle était adressée au gentil Dauphin. Jeanne demandait à être reçue par lui à Chinon. Elle avait, disait-elle, parcouru plus de cent cinquante lieues sous la protection de Dieu, et elle savait beaucoup de choses bonnes pour lui, qu'elle avait mission de lui transmettre.

Elle fit sceller la lettre et, se tournant vers moi, me la tendit.

Je devais rejoindre Chinon, à bride abattue, annoncer sa venue.

Je serrai la lettre contre ma poitrine, la glissai sous mon justaucorps, m'inclinai devant Jeanne la Pucelle que je voyais nimbée d'une grande clarté.

13.

À Chinon, je vis d'abord, dominant la ville, une masse grise enveloppée de brouillard. Peu à peu j'ai distingué des murs crénelés, des donjons et des tours, des courtines, des barbacanes, des meurtrières. En m'approchant, je découvris que cet ensemble était composé de trois châteaux, séparés l'un de l'autre par des douves, des barrières, des poternes, des herses. Le gentil dauphin Charles habitait le château du milieu où avait vécu Saint Louis.

Je fus saisi par l'impression de puissance qui naissait de ces constructions, ajoutées l'une à l'autre.

J'avais imaginé le dauphin Charles, démuni, abandonné de tous. Mais parcourant les ruelles de Chinon, puis les salles du château royal, j'avais été frappé par la foule affairée et bruyante, bigarrée, qui se pressait entre les échoppes et dans les couloirs. J'ai côtoyé des hommes d'armes écossais, auvergnats, dauphinois ; d'autres venaient du Lyonnais, de la Touraine et de l'Anjou. Tous espéraient s'enrôler dans l'armée du roi de France. Tous voulaient chasser l'Anglais de son royaume.

Les hommes d'Église, moines franciscains et dominicains, évêques, étaient aussi nombreux que les hommes d'armes.

Je remarquai aussi de jeunes écuyers, hâves, armés d'un vieux glaive, et sans doute s'agissait-il des fils orphelins des chevaliers tombés à Azincourt et à Verneuil.

Puis je vis le roi, pressé par une Cour nombreuse et bavarde. Il était las, hésitant, les gestes incertains, se retournant fréquemment comme s'il craignait d'être suivi, menacé.

Peut-être ce onzième enfant d'Isabeau de Bavière était-il atteint du mal mental qui avait égaré l'esprit de son père, Charles VI le Fol ?

Lorsque, après m'être incliné, je lui tendis la lettre de Jeanne, il me scruta d'un regard soupçonneux.

Il me dit qu'il avait reçu de nombreuses missives de Robert de Baudricourt qui l'incitaient à recevoir cette Pucelle qui entendait des voix célestes.

J'écoutais les commentaires de ceux qui l'entouraient.

Son conseiller chambellan, monseigneur de La Trémouille, prêchait la prudence, la défiance à l'égard de ces exaltées, plus sorcières que saintes, qui prétendaient être en relation personnelle avec les anges et Dieu lui-même.

Le chancelier Regnault de Chartres, archevêque de Reims, assurait au contraire qu'il fallait écouter cette prophétesse. C'était là le devoir du roi. Son grand-père Charles V et son père Charles VI avaient reçu des femmes qui prétendaient avoir des visions et les avaient écoutées.

C'était devoir des rois d'entendre les prophéties, et celui des saints de parler aux rois.

Et si l'on découvrait qu'il s'agissait non de saintes mais de sorcières, de menteresses, on pouvait les livrer au tribunal de l'Inquisition qui les condamnait à être brûlées vives.

Ainsi en avait-il été fait pour une femme venue des marches de Lorraine, Catherine Sauve, menteresse et menée au bûcher, à Montpellier en 1417.

Et de nombreuses autres avaient connu le même sort !

Que risquait-on à interroger cette Jeanne, Pucelle de Domrémy, à écouter les bonnes nouvelles qu'elle devait révéler ?

Le dauphin Charles me questionna et je lui dis ce que j'avais vu de Jeanne tout au long de notre chevauchée et ce que je savais d'elle depuis le mois de novembre 1415, au lendemain de la bataille d'Azincourt.

À l'évocation du désastre de sa chevalerie, le visage de Charles se crispa et j'eus l'impression que tout son corps tremblait. Et je ne l'ai vu ainsi bouleversé, que lorsque monseigneur de La Trémouille évoqua l'assassinat sur le pont de Montereau, en septembre 1419, du duc de Bourgogne Jean sans Peur en présence du gentil Dauphin, qu'on accusait encore d'avoir manigancé ce guet-apens.

Il me dit :

« Cette Pucelle promet de délivrer Orléans, est-ce vrai ?

— Elle en a fait devant moi le serment.

— Il faut l'entendre », insista Regnault de Chartres.

Le Dauphin baissa la tête, et s'éloigna de sa démarche hésitante, cependant que Regnault de Chartres – dont les trois frères étaient morts à Azincourt – répétait qu'il ne fallait rien négliger de ce qui pouvait sauver Orléans.

Les Anglais voulaient prendre la ville à tout prix. Leur Parlement avait, en 1428, voté des subsides afin de solder des troupes chargées d'assiéger Orléans.

Or la ville de quinze mille habitants était défendue par un mur qui comptait trente-quatre tours. Elle possédait des bombardes et des couleuvrines. Les capitaines, La Hire, Poton de Xaintrailles, redoutables hommes d'armes, et Jean, Bâtard d'Orléans – qu'on nommait aussi comte de Dunois – étaient résolus à défendre la ville. Et les notables n'avaient pas hésité, en 1428, à détruire les faubourgs d'Orléans, afin que les Anglais ne puissent y loger, s'y retrancher, bâtir des « bastilles » afin d'encercler la ville.

Les défenseurs d'Orléans avaient en outre tué d'un coup de bombarde Thomas de Montaigu, comte de Salisbury et du Perche, le meilleur chef de guerre des Anglais.

Mais les Anglais avaient envoyé des renforts, réussi, le samedi 12 février 1429, à battre les Armagnacs, qui voulaient s'opposer à l'arrivée d'un convoi de vivres destinés aux assiégeants. Le capitaine La Hire, Dunois le Bâtard d'Orléans n'avaient pu empêcher la déroute française, au cours de ce qui s'appela la « journée des harengs », les charrettes anglaises étant chargées de tonneaux de poisson en saumure…

Les Anglais avaient même conquis le pont de pierre qui permettait de passer de la rive droite de la Loire, où était construit Orléans, à la rive gauche. Ils avaient occupé les bastilles Saint-Antoine et des Tourelles, construites par les Orléanais afin de défendre ce pont.

Je mesurais à ce récit les inquiétudes des proches du Dauphin, des chefs de guerre et de tous ceux qui refusaient de rallier les Godons et leur roi Henri VI devenu aussi roi de France.

Ceux-là désiraient que le Dauphin ne négligeât aucun secours, et cette Pucelle était peut-être porteuse d'espoir.

Le dauphin Charles devait donc la recevoir, l'interroger, l'écouter.

J'étais sûr qu'il le ferait, précautionneusement, à pas comptés, car tel était son caractère, prudent et calculateur.

QUATRIÈME PARTIE

« Le gentil dauphin Charles n'aura secours si ce n'est de moi [...] Je durerai un an, guère plus. »

Jeanne,
mars 1429.

14.

J'attendis Jeanne devant la porte de Chinon et quand je la vis apparaître, ce 6 mars 1429, peu avant midi, mon cœur se souleva de joie.

Elle chevauchait, au pas, droite sur sa selle, les bras tendus tenant court ses rênes, un sourire figeant son visage, avançant à la tête de sa petite escorte, comme si elle entrait en conquérante dans la ville.

Je chevauchais à sa hauteur, et quand je lui fis part de ce que j'avais découvert du caractère du gentil dauphin Charles, elle me répondit, sans même me regarder :

« Il n'aura secours si ce n'est de moi. »

Et tout à coup, je la vis baisser la tête, comme accablée sous le poids d'une force contre laquelle elle ne pouvait rien et d'une voix changée, altérée et soumise, elle me dit :

« Je durerai un an, guère plus. »

J'eus froid, comme si une bourrasque de vent aigre m'avait enveloppé.

Je ne sus que lui répondre mais, comme je balbutiais, elle redevint sereine, interrogeant joyeusement Colet de Vienne, qui la conduisait à une hostellerie dont il disait qu'elle était tenue par une femme de bonne renommée.

J'y accompagnais Colet et Jeanne.

Les broches ne tournaient point dans la cheminée de la grande salle, et on y sentait le hareng grillé plutôt que le quartier de sanglier ou de chevreuil rôti. Point de poularde, mais de la saumure. Et je sus que durant les deux jours que Jeanne passa en ce lieu, elle vécut en recluse, le plus souvent agenouillée en prière et, respectant le jeûne, se rendait à l'église pour y suivre les messes, et s'y confessait. Il me sembla à ses yeux rougis qu'elle avait pleuré et je m'inquiétais pour elle, me souvenant des mots qu'elle avait prononcés à son entrée dans Chinon :

« Je durerai un an, guère plus. »

Je pensais à Jésus crucifié, aux voix célestes qui peut-être avaient annoncé à Jeanne un destin de sainte martyre.

Je la voyais entourée d'hommes d'Église, qui la harcelaient de questions.

« Pourquoi était-elle venue ? » demandaient-ils.

Et durant deux jours ils semblèrent ne pas entendre ses réponses.

Elle disait d'une voix calme qu'elle avait reçu mandat du Roi des Cieux, de lever le siège d'Orléans, d'abord, puis de conduire le roi à Reims pour son sacre et son couronnement.

Je savais par Colet de Vienne qui, messager royal, était admis dans l'entourage du Dauphin, que ce dernier hésitait encore à recevoir Jeanne. Il était dévot, entendait trois messes chaque jour, et se confessait et communiait à chacune d'elles. Il écoutait deux clercs de son entourage, Jean Girard, président du parlement de Grenoble, et Pierre l'Hermite, de l'abbaye Saint-Martin de Tours. Et ceux-là consultaient l'archevêque d'Embrun, Jacques Gelu, qui avait été conseiller royal.

Mais le Dauphin interrogeait aussi ses astrologues, écoutait les prophéties qu'on lui rapportait. Et certaines lui annonçaient : « Votre victoire sera dans le conseil d'une vierge... » Et si certains des clercs qui avaient interrogé Jeanne lui conseillaient de se défier de cette « menteresse », d'autres affirmaient qu'elle était bonne fille, dévote, sobre et pieuse, et puisqu'elle se disait envoyée de Dieu, le roi devait l'entendre.

Ce n'est que le deuxième jour que le gentil Dauphin demanda à ce qu'on lui amenât cette « Pucelle », mais, j'en suis sûr, sans être encore décidé à la recevoir.

C'était à la nuit tombante.

J'étais au côté de Jeanne la Pucelle. Nous avons d'abord chevauché dans les ruelles, mais au bas de la pente raide qui, par la Vieille-Porte, conduisait au château, nous sommes descendus de cheval, Jeanne posant son pied sur la margelle d'un puits.

Nous avons gravi la pente et, guidés par Colet de Vienne, entourés de gens d'Église et de gens d'armes, nous avons gagné la grande salle du château où se tenait la Cour.

J'étais chevalier, elle était fille de labour mais ni elle ni moi n'avions vu, de notre vie, cinquante torches illuminer une aussi grande pièce, éclairer les solives peintes, et tous ces visages de tout âge, ces fourrures, ces chausses moulantes, ces pieds pointus dans les poulaines.

Dans cette cohue, trois cents seigneurs armés formaient une masse mouvante, chacun d'eux bousculant son voisin afin d'approcher du roi, que je ne voyais pas, comme s'il avait voulu, à notre arrivée, se cacher dans la foule, éviter de rencontrer Jeanne, à moins qu'il ne voulût savoir si elle était capable, guidée par Dieu, d'aller jusqu'à lui.

J'observais Jeanne, imaginant qu'elle hésitait à pénétrer dans cette salle, à se frayer un chemin parmi ces chevaliers, à la recherche de ce gentil Dauphin qui se dérobait.

C'était ce que je ressentais, mais je la vis, décidée, robuste, le justaucorps serrant ses seins qu'on devinait dodus. Mais elle était habillée comme un homme, les cheveux noirs coupés en rond.

Elle s'avança vers les chevaliers, qui s'écartaient devant elle, et elle s'arrêta devant un homme, le chapeau enfoncé jusqu'aux sourcils, vêtu d'un vieux pourpoint, les yeux petits, le visage disgracieux, les jambes décharnées.

Était-ce le Dauphin ? J'hésitais à le reconnaître.

Quand Jeanne lui fit une sorte de révérence, je compris que cet homme qui ne payait pas de mine était Charles, que le sacre de Reims ferait roi de France.

« Dieu vous donne bonne vie, gentil Dauphin », dit Jeanne.

Autour de lui se tenaient des envoyés d'Orléans, messire Jamet du Tillay et le seigneur Archambaud de Villars, ainsi que le sire Raoul de Gaucourt, gouverneur de la ville. Le messager royal Colet me montra le sire de La Trémouille et l'archevêque de Reims, Regnault de Chartres.

Le roi s'enquit d'une voix douce du nom de Jeanne, de ce qu'elle voulait :

« Gentil Dauphin, j'ai nom Jeanne la Pucelle et vous mande le Roi des Cieux par moi, que vous serez sacré et couronné à Reims et serez le lieutenant du Roi des Cieux qui est le roi de France. »

Le roi lui prit le bras, l'entraîna, et ils parlèrent longtemps à voix basse.

Je sus plus tard par le confesseur de Jeanne, le frère Jean Pasquerel, qu'elle avait répété au roi :

« Je redis de la part de Messire, que tu es vrai héritier de France et fils de roi. Il m'a envoyé vers toi pour te conduire à Reims, pour y être couronné et consacré si tu le veux. »

Ce gentil Dauphin doutait-il de la pureté de son sang ? Craignait-il de n'être qu'un bâtard, le fils de l'un des amants de sa mère Isabeau de Bavière ? Des Anglais et des Bourguignons l'avaient prétendu. Jeanne le rassurait.

Et j'entendis Charles dire au sire de Gaucourt :

« Elle m'a dit qu'elle m'était envoyée de par Dieu pour m'aider à recouvrer mon royaume. »

Elle avait dû convaincre le roi et son conseil puisque le sire de Gaucourt – d'ordre du roi Charles, dit-il – lui assigna un logement dans une tour du château de Coudray, à l'ouest du château du milieu qui était occupé par le roi.

Jeanne fut confiée aux bons soins du majordome du roi, Guillaume Bellier, et un page, Louis de Coutes, qu'on appelait Minguet, fut chargé de la servir.

Je ressentis de la peine et de l'inquiétude à ne plus pouvoir demeurer près d'elle et j'en fus réduit à interroger le jeune page de quinze ans. Il me parla d'abondance comme s'il voulait partager ses sentiments, raconter ce qu'il voyait.

« Je suis continuellement avec elle pendant le jour, me dit-il. La nuit, elle rejoint les femmes. Des hommes de haut rang viennent converser dans la journée avec elle. Je ne sais ce qu'ils se disent.

« Lorsque je suis seul avec Jeanne, elle s'agenouille et sans doute elle prie, cependant je n'ai pu entendre ce qu'elle disait. Mais je l'ai vue pleurer quelquefois. »

Que pouvait-elle craindre ?

On faisait de plus en plus état, à Chinon, d'anciennes prophéties qui annonçaient toutes – assurait-on – la venue d'une

Pucelle « vêtue de vêtements d'hommes qui relèvera le Roy portant les fleurs de lys qui est couché et chassera ses ennemis maudits, qui maintenant sont dans la cité d'Orléans... ».

Certes j'appris que Jacques Gelu, l'archevêque d'Embrun, ancien conseiller du Dauphin, avait recommandé la prudence à l'égard de cette Pucelle. Elle venait d'un pays que dominaient Bourguignons et Lorrains ; elle n'était qu'une bergère, aisée à séduire et à tromper ; et c'était une fille, or les démons aiment à s'introduire dans le corps des femmes.

Mais d'autres, ainsi le duc d'Alençon que les Anglais venaient de libérer après une captivité de cinq ans, étaient émerveillés par la Pucelle.

Et Jeanne semblait ravie de côtoyer ce « beau duc », dont le père avait été tué à Azincourt et j'avais été témoin de sa mort.

Elle disait au jeune d'Alençon : « Vous, soyez le très bien venu. Plus on sera ensemble du sang du roi de France, mieux cela sera. »

Elle se tournait vers le Dauphin, dont d'Alençon était le cousin :

« Vous devrez faire don de votre royaume au Roi des Cieux, après quoi le Roi des Cieux fera pour vous ce qu'il a fait pour vos prédécesseurs, il vous remettra en l'État de vos pères. »

D'Alençon s'enthousiasmait, et celui que Jeanne n'appelait plus que son « beau duc », découvrant qu'elle maniait la lance comme un homme d'armes, lui faisait don d'un cheval puis la conduisait à l'abbaye Saint-Florent-lès-Saumur où habitaient sa mère et sa femme.

« Jeannette, lui dit l'épouse, je crains beaucoup pour mon mari. Il sort à peine du cachot, et il a fallu dépenser tant d'argent pour sa rançon que je le prierais bien volontiers de rester au logis, alors qu'il veut te suivre en guerre.

— Madame, soyez sans crainte, répondit Jeanne, je vous le rendrai sain et en tel ou meilleur état qu'il n'est. »

Elle était sûre d'elle, acceptant sans hésiter d'être interrogée, examinée, corps et âme, par des hommes d'Église, docteurs et maîtres en théologie, et par les femmes qui s'assureraient qu'elle était bien vierge puisqu'elle prétendait avoir fait vœu de chasteté.

On lui donna une escorte et elle chevaucha sans se soucier du lieu où on la conduisait. Je l'ignorais aussi. Lorsqu'elle s'en préoccupa et qu'on lui répondit qu'on se rendait à Poitiers, on était déjà à mi-chemin.

Elle se tourna vers moi.

« En nom Dieu, dit-elle, je sais que j'y aurai bien à faire. Mais Messire m'aidera. »

Elle flatta son cheval, se penchant sur l'encolure.

« Or, allons de par Dieu », dit-elle.

15.

Jeanne, tout au long de cette chevauchée d'une journée entre Chinon et Poitiers, n'a pas cessé de remuer les lèvres.

Je me tenais à ses côtés, ne la quittant pas des yeux, et parfois nos chevaux se frôlaient.

Elle avançait, visage levé, indifférente à ma présence et à celle de l'escorte, ignorant les courtes averses qui voilaient le ciel tourmenté en ce début du mois de mars de l'an 1429.

Priait-elle ? Répondait-elle à ces saintes, à ces anges qui s'adressaient à elle, au nom de Messire Dieu ?

J'imaginais qu'ils la rassuraient, et de la voir ainsi si sereine, si absente, comme si elle était persuadée de ne courir aucun risque, m'apaisait. Mais je savais qu'à Poitiers, devenue la vraie capitale de la France hostile aux Anglais et aux Bourguignons, on allait la questionner longuement et je m'irritais de cette nouvelle épreuve après celle subie à Chinon.

On nous attendait à la porte de la ville, et on nous conduisit jusqu'à l'hôtel de la Rose où résidait maître Jean Rabuteau, avocat général du roi pour les affaires criminelles.

Durant notre parcours dans les rues de Poitiers, la foule s'était pressée autour de Jeanne qui souriait, se penchait pour saluer.

On tendait les mains vers elle, on se signait, on appelait la grâce de Dieu sur « Jeanne la Pucelle ».

Il y avait tant de joie et d'espérance dans ces voix que j'en fus ému, et l'attitude courtoise mais sévère de maître Rabuteau me déplut.

Je m'en ouvris à Jean de Metz, à Bertrand de Poulengy et à Colet de Vienne. Ce dernier m'assura que ces maîtres en théologie, ces moines bénédictins ou dominicains, ces membres du Parlement qui avaient fui Paris, ces évêques, ces conseillers du roi, étaient tous du parti armagnac, qu'ils avaient été dépouillés de leurs terres par les Anglais, qu'ils désiraient la victoire du dauphin Charles, parce qu'ils avaient lié leur destin au sien.

Ils écouteraient Jeanne, prêts à croire en elle, et s'ils ne découvraient ni menterie, ni diablerie, ni sorcellerie, ils inciteraient le Dauphin à l'aider puisqu'elle était venue jusqu'ici pour relever le royaume, et que c'était Dieu qui avait guidé ses pas.

Ils savaient que le Dauphin ne l'avait pas repoussée, que le duc d'Alençon faisait partout son éloge, que Raoul de Gaucourt, gouverneur d'Orléans, et Regnault de Chartres, archevêque de Reims, ainsi que les capitaines La Hire, le Bâtard d'Orléans, ou Poton de Xaintrailles, espéraient en elle.

Ils avaient lu les missives de Robert de Baudricourt, comme les prophéties annonçant la venue d'une Pucelle.

Tout cela plaidait en faveur de Jeanne.

Mais je n'avais pas ri quand Colet de Vienne avait ajouté :

« Encore faut-il qu'elle soit pucelle, et les femmes en décideront. »

Je m'étais indigné. À Chinon déjà, des dames s'étaient assurées que Jeanne était bien femme et vierge, pourquoi fallait-il recommencer ?

« Vierge, il faut qu'on le constate, avait repris Colet de Vienne. On dit que Yolande d'Aragon, reine de Sicile, belle-mère du Dauphin, que l'épouse du sire de Gaucourt, et d'autres, qui appartiennent à la suite de la reine de Sicile visiteront Jeanne, avec soin. Et si elle l'est, pucelle, Yolande d'Aragon en sera ravie ! Elle a des terres à reprendre aux Anglais ! Une pucelle qui conduit à la victoire ne peut que lui plaire ! »

En dépit des propos rassurants de Colet de Vienne, je ne pus, tant que durèrent ces examens, trouver le repos.

Or l'enquête des clercs et des conseillers du roi se prolongea jusqu'aux derniers jours de mars 1429.

Les docteurs et les maîtres en théologie, les moines, les parlementaires se rendaient par petits groupes à l'hôtel de la Rose.

J'avais découvert que Jeanne, qui leur répondait calmement, prudemment, comme si elle avait été elle aussi un clerc aguerri, maître de son savoir, ne pouvait cacher dès qu'ils étaient partis son inquiétude, sa lassitude et même son désespoir.

Elle se relevait la nuit pour prier, et elle passait des heures dans le petit oratoire de l'hôtel. Les voix célestes venaient-elles la rassurer ?

Sainte Catherine lui rappelait-elle qu'elle-même avait dû affronter à Alexandrie cinquante savants docteurs, chargés de la convaincre, et que c'était elle qui les avait confondus et conduits à se convertir ?

Quoi qu'il en soit, je retrouvais Jeanne chaque matin rassérénée, et prête à répondre aux questions.

« Pourquoi êtes-vous venue ? lui demandait un moine. Le roi veut savoir ce qui vous a poussée à l'aller trouver. »

J'avais eu envie de crier : « Ne le savez-vous pas déjà ? Ignorez-vous qu'à Chinon la Pucelle a rencontré le roi, et lui a dit quelle était sa mission ? »

J'admirais Jeanne qui répondait d'une voix claire, avec gravité et humilité, et je l'écoutais comme si j'avais voulu l'entendre une nouvelle fois dire :

« Comme je gardais les animaux, une voix m'apparut. La voix me dit : “Dieu a grande pitié du peuple de France.” Ayant ouï ces paroles, je me mis à pleurer. Alors la voix me dit : “Va à Vaucouleurs. Tu trouveras là un capitaine qui te conduira sûrement en France, près du roi. Sois sans crainte.” J'ai fait ce qui m'était dit et je suis arrivée au roi sans nul empêchement. »

Un frère prêcheur dominicain dont le nom me revient, Guillaume Aimery, l'interrogea à son tour :

« D'après vos dires, la voix vous apprit que Dieu veut tirer le peuple de France de la calamité où il est. Mais si Dieu veut délivrer le peuple de France, il n'est pas nécessaire d'avoir des gens d'armes. »

J'ai aimé qu'elle répondît avec vivacité et impatience :

« En nom Dieu, les gens d'armes batailleront, et Dieu donnera victoirc. »

Ce jour-là, elle ne réussit point à cacher l'irritation que lui causaient les clercs, les savants maîtres en théologie. Elle montra qu'elle ne goûtait pas leurs arguties.

Elle s'approcha des gens d'armes qui se trouvaient dans l'hôtel de la Rosc. Commc un capitaine elle frappa l'épaule d'un jeune écuyer.

« Je voudrais bien avoir plusieurs hommes d'aussi bonne volonté », dit-elle.

Puis elle se retira.

Plus tard, je la vis, agenouillée silencieusement, son visage exprimant l'accablement. Lorsqu'elle se redressa après une longue prière et qu'elle m'aperçut, elle vint vers moi, me fixa, puis, à mi-voix, parlant plus pour elle-même que pour moi, elle dit qu'elle n'était pas venue pour être interrogée par ces clercs, auxquels elle ne pouvait tout dire de ce que ses voix lui confiaient.

Puis elle m'invita d'un mouvement ample de la main à la suivre, dans la pièce où déjà se trouvaient les clercs qui attendaient pour l'interroger. Et comme, sentencieusement, l'un d'eux disait : « Nous sommes envoyés vers vous de la part du roi… » elle l'interrompit :

« Je crois bien que vous êtes encore envoyés pour m'interroger, mais je ne sais ni A ni B. »

Les clercs s'étonnaient, marquaient leur réprobation, marmonnaient : « Pourquoi donc venez-vous ? » Elle se leva, le visage sévère, et d'une voix forte elle martela :

« Je viens de la part du Roi des Cieux pour faire lever le siège d'Orléans et conduire le Roi à Reims pour son couronnement et son sacre. »

Elle tendit le bras vers maître Jean Erault, savant théologien, professeur.

« Avez-vous du papier et de l'encre ? demanda la Pucelle. Écrivez ce que je vais vous dire.

« Vous, William Pole comte de Suffolk, et vous, Glasdale, je vous somme de par le Roi des Cieux que vous en alliez en Angleterre. »

Les Anglais, dont l'un, le comte de Suffolk, était avec John Talbot à la tête des troupes anglaises, peut-être trois mille hommes qui assiégeaient Orléans, et l'autre, Glasdale, était capitaine aux Tourelles – la bastille qui sur la rive droite surveillait le passage de la Loire –, elle les avait nommés à la française – *La Poule*, *Clasdas* – mais les clercs comme tous les habitants d'Orléans et les capitaines les connaissaient. Et maître Erault s'exécuta, relut le texte à Jeanne la Pucelle qui commanda qu'on le fît parvenir aux Anglais.

Elle imposait à tous ces clercs son autorité, et peu importait qu'ils fussent comme ce frère dominicain, Seguin de Seguin, docteur en théologie, professeur, lorsqu'il demandait : « Quelle langue parlent vos voix ? » elle lui répondait : « Une meilleure que la vôtre. »

Quand l'un de ces moines s'étonnait qu'elle continuât de désigner Charles VII, Dauphin et non roi, elle haussait encore le ton, impérieuse :

« Je ne l'appellerai pas roi tant qu'il n'aura pas été sacré et couronné à Reims. C'est dans cette cité que j'entends le mener. »

J'ai senti qu'elle l'avait emporté et qu'elle ne se laisserait pas intimider.

« Croyez-vous en Dieu ? osait lui demander Seguin de Seguin.

— Oui et mieux que vous ! »

Et quand le dominicain affirma qu'on ne pourrait la croire que si Dieu faisait « quelques signes », et ajouta : « Nous ne saurions conseiller au roi de vous confier sur votre seule parole des gens d'armes et de les mettre ainsi en péril », elle s'indigna :

« En nom Dieu, je ne suis pas venue à Poitiers pour faire signes. Mais menez-moi à Orléans et je vous montrerai signes pourquoi je suis envoyée. Qu'on me donne des hommes en si grand nombre qu'on le jugera bon et j'irai à Orléans. »

Elle avait martelé chaque mot, frappant le sol du talon, ajoutant :

« Les Anglais seront tous chassés et détruits. Le siège d'Orléans sera levé et la ville affranchie de ses ennemis après que j'en aurai fait sommation de par le Roi du Ciel. Le roi sera sacré à Reims, la ville de Paris remise en l'obéissance du roi, et le duc d'Orléans reviendra d'Angleterre. »

Ces clercs, après trois semaines d'examens, se déclarèrent édifiés.

Ils savaient que, à Orléans, les habitants avaient recouvré foi en apprenant qu'une Pucelle promettait qu'« Orléans serait secouru et le siège levé » et que le duc d'Orléans, prisonnier depuis Azincourt, depuis quatorze ans, retrouverait la liberté et sa ville.

Restait aux femmes – la dame de Gaucourt, et des suivantes de Yolande d'Aragon, reine de Sicile et belle-mère de Charles – qu'elles s'assurent que le corps de Jeanne était celui d'une vierge.

Si elle ne l'était pas, tout en elle était mensonge.

Je ne m'inquiétais point ; Jeanne était allée vers ces femmes souriante et rassurée.

Et elle fut trouvée « vierge, sans apparence de corruption ni trace de violence ».

Les clercs purent conclure, et j'entendis lecture de leur avis au roi :

« En ladite Pucelle on ne trouve point de mal et rien que bien, humilité, virginité, dévotion, honnêteté, simplesse, et de sa naissance et de sa vie plusieurs choses merveilleuses sont dites comme vraies... On ne doit point l'empêcher d'aller à Orléans avec ses gens d'armes ; mais la doit faire conduire honnêtement en espérant en Dieu, car avoir crainte d'elle ou la rejeter sans apparence de mal serait répugner au Saint-Esprit... »

Moi, qui l'avais rencontrée alors qu'elle n'était qu'une enfant, je découvris que l'on tressait autour de sa vie des légendes rapportant des faits dont je n'avais jamais eu connaissance.

Elle était en amitié, disait-on, avec les oiseaux qui venaient picorer dans sa paume et avec les loups qui n'attaquaient pas son troupeau.

J'écoutais et souvent je me laissais bercer par ces récits, peut-être vrais puisque Jeanne avait accompli ce qui paraissait impossible : rencontrer le gentil Dauphin. Et elle allait gagner Tours où, d'ordre de Charles VII, on l'armerait afin qu'elle pût, en faisant lever le siège d'Orléans, donner ce signe qu'on attendait d'elle.

Je ne doutais pas de la Pucelle.

Et je chevauchais près d'elle quand elle entra dans la ville de Tours.

16.

C'est à Tours, en ces premiers jours d'avril 1429, que je vis le miracle s'accomplir et Jeanne la Pucelle devenir femme d'armes et capitaine de guerre.

Nous logions en l'hôtel d'une dame angevine, Éléonore de Paul. Elle était l'épouse de Jean du Puy qui avait été conseiller de la reine de Sicile, Yolande d'Aragon, celle-ci devenue mère de Marie d'Aragon, épouse du gentil dauphin Charles et donc reine de France.

On traitait Jeanne avec respect et affection. Et devant les portes de l'hôtel, la foule se pressait, clamant le nom de Jeanne la Pucelle qui allait relever le royaume de France, chasser les Godons, et éloigner les écorcheurs, les routiers, qui, quels qu'ils fussent, français ou anglais, rançonnaient et pillaient. Les bourgeois et manants qui acclamaient Jeanne attendaient d'elle que l'ordre enfin s'établisse, à Tours et dans tout le royaume de France.

À peine étions-nous arrivés à Tours qu'un frère mendiant de l'ordre des Augustins se présenta. Il avait le visage émacié du moine qui vit d'aumônes. Ses yeux profondément enfoncés dans les orbites avaient la fixité de ceux qui percent l'avenir.

Il expliqua qu'il revenait de pèlerinage, au Puy-en-Velay, et qu'il avait rencontré là-bas Isabelle Romée, la mère de la Pucelle, qu'ils avaient prié côte à côte, en compagnie de jeunes écuyers qui avaient fait le voyage avec Jeanne, de Vaucouleurs à Chinon.

Il bénit Jeanne qui lui prit les mains, et humblement dit qu'elle était heureuse de le rencontrer, et qu'elle se confesserait à lui, dès demain.

Et c'est ainsi que le bon frère Jean Pasquerel devint l'aumônier de Jeanne la Pucelle et ne la quitta plus.

Mais il ne nous accompagna point quand nous nous rendîmes chez le maître armurier qui devait, d'ordre du dauphin Charles, forger aux mesures de la Pucelle une armure blanche, donc simple mais de pur et bon métal.

Elle eut un heaume et une cuirasse en quatre pièces avec épaulières, bras, coudières, avant-bras, gantelets, cuissots, genouillères. L'armure était ample de poitrine et mince de taille, de large enflure sur les hanches.

Un drapier vint, pour tailler sur la Pucelle une huque, casaque de drap d'or, soie et argent, que les capitaines passaient par-dessus la cuirasse, et qui, houppelande ouverte, flottait autour d'eux quand ils chevauchaient !

Le cheval, un destrier, fut offert par Charles VII et il fallut aussi vêtir pour le combat cette monture. Il reçut harnais de guerre, chanfrein pour protéger sa tête, et selle de bois à pommeau évasé.

Il manquait l'épée.

Et j'entendis Jeanne refuser celle que lui présentait l'armurier royal.

Elle dit qu'elle voulait une épée qui se trouvait derrière ou devant l'autel de la chapelle dédiée à sainte Catherine, en Fierbois. Elle dicta une lettre pour les deux prêtres qui gouvernaient la chapelle et un courrier s'élança, portant cette missive. Et dès le lendemain soir, il rentra accompagné d'un armurier portant cette épée, sacrée puisqu'elle provenait de la chapelle de Catherine, en Fierbois.

J'entendis aussitôt murmurer qu'il s'agissait de l'épée de Charles Martel, vainqueur des Infidèles, déposée en la chapelle parmi tant d'autres armes de chevaliers qui voulaient remercier sainte Catherine. Et je savais que la sainte était l'une des voix célestes qui parlaient à la Pucelle.

C'était une épée marquée de cinq croix sur la lame, à laquelle les prêtres de la chapelle de Fierbois avaient donné un fourreau en velours vermeil, semé de fleurs de lis. Et les prêtres de Tours offrirent un second fourreau de drap noir, et Jeanne en fit faire un troisième de cuir très fort.

Elle brandit la lame nue, montra les cinq croix, dit que c'était l'épée qu'elle avait vue en songe. Et que c'était message du Roi des Cieux.

On pria, on remercia, on se persuada que c'était gage de victoire, signe du Ciel.

J'appris par un routier qui avait quitté les bandes anglaises pour s'enrôler derrière Jeanne, que les Godons, sachant que la Pucelle avait reçu une épée marquée de croix, y avaient vu la preuve que la Pucelle était sorcière, qu'elle avait des pouvoirs diaboliques !

Le routier se signa. Les Anglais ont peur de la Pucelle, dit-il. Et il les avait quittés pour rejoindre Jeanne, que Dieu guidait et protégeait.

Tous espéraient en Jeanne.

Ceux qui avaient réussi à quitter Orléans se pressaient autour d'elle et, quand la Pucelle était en prière, ils s'agenouillaient devant l'entrée de l'oratoire.

Ils attendaient d'elle qu'elle rejoigne la ville assiégée dont les habitants pensaient que les capitaines, les nobles, les chevaliers et les seigneurs les trahissaient.

Tous ces hommes d'armes s'étaient enfuis lâchement, pensait-on à Orléans, lors de cette « journée des harengs » du 12 février 1429, quand, attaquant le convoi de ravitaillement anglais, ils avaient été mis en déroute par les archers de John Talbot.

Ils avaient fui jusqu'à Chinon, et le premier à quitter le champ de bataille avait été le comte de Clermont, de sang royal ! Alors, que vienne la Pucelle, que le roi lui confie cette armée dont on assurait qu'elle se rassemblait à Blois, avec un convoi de vivres !

Que la Pucelle rejoigne Orléans, et qu'elle fasse lever le siège, puisqu'elle était l'envoyée de Messire Dieu !

Je doutais que le roi confie un commandement à Jeanne.

Ses capitaines aguerris, prudents, n'auraient pas accepté que cette femme novice en art de la guerre les dirige.

Mais qui pouvait contraindre Jeanne à se plier à des ordres humains alors que son conseil était composé des voix célestes ?

Elle me dit qu'elle avait eu mandement de sainte Catherine et de sainte Marguerite pour faire un étendard.

« Prends l'étendard de par le Roi du Ciel », lui avaient-elles dit. Et l'étendard de grosse toile blanche frangée de soie montrait Notre-Seigneur, assis sur son trône, bénissant de sa main droite levée, la gauche tenant la boule du monde. Deux anges l'entouraient, portant des fleurs de lis. Et Jeanne avait fait écrire, sur champ des mêmes fleurs françaises et royales, « Jésus Maria ».

Elle avait aussi fait peindre ses armoiries, une colombe d'argent tenant en son bec une banderole où on lisait : « De par le Roi du Ciel ».

Elle choisit en outre de faire faire un petit étendard, un pennon sur lequel était l'image de Notre-Dame recevant le salut de l'ange.

Jeanne portait le grand étendard et moi le pennon quand nous quittâmes Tours pour Blois, où se rassemblaient, par la volonté du roi, l'armée et le convoi de vivres destinés à Orléans.

Elle chevauchait en tête de notre petite troupe, composée d'écuyers, de quelques routiers et de frères des ordres mendiants.

J'étais à son flanc.

La foule se pressait tout au long des ruelles.

Elle acclamait Jeanne, femme d'armes, capitaine de guerre. Tous les étendards, hormis le sien, avaient été perdus par des seigneurs et des capitaines fuyards.

La Pucelle n'était qu'une fille de laboureur, mais choisie par Dieu.

Son étendard était celui de l'espérance.

17.

Sous les murs de la ville de Blois, quand nous y arrivâmes, hommes et bêtes grouillaient.

Je me tournai vers Jeanne, que j'avais imaginée surprise comme moi par ce rassemblement de milliers d'hommes d'armes – peut-être dix mille –, de leurs chevaux harnachés pour la guerre, et des centaines de vaches, de moutons, de brebis, de pourceaux, destinés à la population d'Orléans. Et au milieu d'eux, des charrettes chargées d'armes, de barriques de vin et de tonneaux de poudre.

Les marchands allaient et venaient parmi les routiers, les archers, les arbalétriers. Les plus riches d'entre eux interpellaient les capitaines. Certains de ces chefs de guerre, le maréchal de Boussac, les capitaines La Hire et Poton de Xaintrailles, arrivaient d'Orléans et y retourneraient avec le convoi qu'ils protégeaient. D'autres comme le sire Gilles de Rais, de la lignée des ducs de Bretagne, arrivaient de leurs fiefs, avec des compagnies d'hommes d'armes.

Tous ces hommes attendaient avant de s'ébranler qu'on les payât et les marchands ne livreraient leurs victuailles, leur poudre et leurs bêtes que s'ils recevaient du roi de bonnes espèces sonnantes et trébuchantes.

En même temps que nous, arrivaient à Blois Regnault de Chartres, archevêque de Reims, chancelier de France, et le sire de Gaucourt, gouverneur d'Orléans. La reine de Sicile, Yolande d'Aragon elle-même, et le « beau duc » d'Alençon avaient rejoint la ville.

Rien de tout cela n'avait paru surprendre Jeanne la Pucelle.

On entourait notre petite troupe, on voulait toucher l'armure, le destrier de Jeanne, son étendard, mais elle continuait d'avancer, comme si tout ce qu'elle voyait n'avait rien d'inattendu.

Elle n'affichait aucune morgue, souriait aux hommes d'armes qui l'interpellaient, mais tout dans son maintien, son regard, montrait qu'elle voyait au-delà du moment que nous vivions.

Elle ne parut même pas étonnée quand se présentèrent à elle ses deux frères Pierre et Jean d'Arc, résolus à demeurer à ses côtés, et à servir le roi de France.

Puis s'avança le cousin germain de Jeanne, Nicolas Vouthon, religieux en l'abbaye de Cheminon, et lui aussi voulait soutenir l'action de Jeanne.

Elle leur sourit, mais elle parut aussitôt les oublier, demandant qu'on lui relise la lettre aux Anglais qu'elle avait dictée, et dans laquelle elle développait les quelques lignes qu'elle avait déjà adressées aux Godons.

Cette lettre serait proclamation, et dernière sommation, appel à la foi des Anglais, soumis eux aussi, comme l'était chaque chrétien, au Roi du Ciel.

Elle s'adressait au roi Henri VI d'Angleterre, à son régent en France Bedford, et aux trois chefs de guerre qui conduisaient le siège d'Orléans, William Pole, comte de Suffolk, John Talbot, et Thomas, sire de Scales.

« Faites raison au Roi du Ciel, avait-elle dicté.

« Rendez à la Pucelle qui est ici envoyée de par Dieu, le Roi du Ciel, les clefs de toutes les bonnes villes que vous avez prises et violées en France.

« Elle est ici venue de par Dieu pour proclamer le sang royal. »

« Elle est toute prête de faire paix si vous lui voulez faire raison, pourvu que France vous rendiez et payiez pour l'avoir tenue…

« Allez-vous-en en votre pays…

« Je suis chef de guerre et en quelque lieu que j'atteindrai vos gens en France, je les ferai en aller qu'ils le veuillent ou ne le veuillent, et s'ils ne veulent obéir, je les ferai occire.

« Je suis envoyée de par Dieu, le Roi du Ciel, corps pour corps, pour vous bouter hors de toute la France.

« […] Vous duc de Bedford, la Pucelle requiert que vous ne fassiez plus détruire.

« Si vous lui faites raison, vous pourrez venir en sa compagnie où les Français feront le plus beau fait qui oncques fut fait. Et faites réponse si vous voulez faire paix en la cité d'Orléans, et si ainsi ne le faites, de vos biens grands dommages qu'il vous souvienne brièvement.

« Écrit cette semaine sainte. »

Cette lettre aux Anglais, de simplement m'en souvenir, me fait trembler.

Jeanne l'avait écoutée, bras croisés, yeux clos, visage tourné vers le ciel, puis elle s'était signée, s'était assurée que la lettre commençait bien par l'évocation du Seigneur « Jésus Maria ».

Elle s'était signée à nouveau, demandant que l'un des deux hérauts d'armes – Guyenne et Ambleville, que le roi venait de désigner pour qu'ils accompagnent Jeanne – porte cette lettre au grand camp anglais de Saint-Laurent-des-Orgerils, situé sur la rive droite de la Loire, au couchant d'Orléans.

Là, dans cette pièce maîtresse de la ceinture de bastilles élevées par les Anglais pour encercler Orléans, se trouvaient John Talbot, et le gros des troupes anglaises.

Mais le temps n'était plus aux missives !

Les Anglais avaient retenu le héraut Guyenne, l'accusant de s'être mis au service d'une sorcière. Et cela valait bûcher !

Je voyais les charrettes s'ébranler. Et on en compta six cents, chargées de vivres et de munitions. Puis on poussa les quatre cents têtes de bétail.

Le roi avait versé l'argent. L'armée et le convoi pouvaient se mettre en route.

Jeanne avait dit dans sa lettre :

« En quelque lieu que nous vous trouverons, nous frapperons dedans. »

18.

Je n'oublierai jamais le jour de notre départ de Blois, ce mercredi 27 avril 1429.

L'armée et les six cents charrettes du convoi formaient une longue traînée colorée qui avançait lentement, au pas des bœufs, entre les collines.

Elle franchissait le pont de Blois et passait ainsi sur la rive gauche de la Loire puis remontait le cours du fleuve, vers Orléans, située sur la rive droite. L'horizon s'était ouvert : nous étions dans la plaine de Sologne.

La Pucelle et sa petite troupe chevauchaient en tête, parmi les moines et les prêtres qui ouvraient la marche et chantaient le *Veni Creator Spiritus*.

Je ne quittais Jeanne des yeux que pour me retourner, voir notre armée et le convoi. Puis je revenais à Jeanne, femme d'armes, capitaine de guerre dans son armure blanche.

Près d'elle marchaient son chapelain, le moine Jean Pasquerel, les deux pages Louis de Coutes et Raymond, ses frères Pierre et Jean, son héraut Ambleville, le second, Guyenne, était prisonnier des Anglais. Il y avait les écuyers Jean de Metz et Bertrand de Poulengy. Et près d'eux chevauchait un autre écuyer, Jean d'Aulon, désigné par le roi « pour la garde et conduite d'elle ». Puis venaient les valets, les hommes d'armes.

Et j'étais auprès de Jeanne.

Elle aimait parler aux hommes d'armes et je n'ai vu dans leur regard que respect et pudeur, et chez la plupart d'entre eux vénération. Je n'y ai jamais vu briller le désir charnel, la convoitise et la concupiscence.

Jeanne avait veillé à ce que les « ribaudes » qui faisaient voleter leurs jupons près des soldats fussent chassées, comme femmes de mauvaise vie.

Elle avait exhorté tous les soldats à se confesser, et seuls ceux qui l'avaient fait pouvaient se joindre aux prêtres que Jeanne rassemblait deux fois par jour. Nous chantions des cantiques, des hymnes à sainte Marie. Elle avait fait tailler et coudre pour les prêtres et les moines une bannière qui serait le signe de ralliement de tous ceux qui voulaient se rassembler pour prier et chanter.

C'était une bannière blanche, portant Jésus en croix, entre Notre-Dame et saint Jean.

Elle voulait une armée sainte, et ne se souciait que de la mission que messire Dieu lui avait confiée.

Et j'étais inquiet de la voir ainsi, chevauchant à la tête d'une troupe d'hommes en armes, de leurs capitaines, et ne se souciant pas de notre route.

J'avais assisté à des conciliabules entre les capitaines qui s'interrogeaient sur la route que devait prendre l'armée en quittant Blois.

On pouvait suivre la rive droite de la Loire et longer ainsi la Beauce en remontant vers Orléans. Or c'est là que se trouvaient les bastilles anglaises, et d'abord celle de Saint-Laurent-des-Orgerils. L'on risquait aussi de rencontrer une armée anglaise qui, assurait-on, venait renforcer les troupes qui tenaient le siège d'Orléans. Ou bien l'on passait le pont de Blois et l'on remontait la rive gauche en longeant la Sologne, fidèle au roi Charles.

Mais il faudrait au bout de la marche faire traverser la Loire au convoi et à l'armée afin de rejoindre Orléans sur la rive droite. C'est cet itinéraire-là que nous suivions.

J'avais essayé de le dire à Jeanne, mais je n'avais pu retenir son attention.

Elle avait répété qu'elle écoutait le conseil de ses voix célestes, qui voulaient qu'on boute les Anglais hors de France. Et le signe attendu serait la levée du siège d'Orléans. Ne l'avait-elle pas écrit aux Anglais ?

Elle n'avait ni doute ni inquiétude.

Que pouvaient mes paroles et mes questions ? Elles se brisaient contre sa foi.

Au soleil couchant, nous fîmes halte.

On dormirait dans les champs.

Jeanne la Pucelle refusa de quitter son armure.

CINQUIÈME PARTIE

« Qui m'aime me suive. »

Jeanne la Pucelle à Orléans,
le samedi 7 mai 1429.

19.

La brume, ce matin du jeudi 28 avril 1429, sur la rive gauche de la Loire, était si dense que je devinais plus que je ne voyais Jeanne.

Je me suis approché, et ce n'est qu'à un pas que j'ai pu distinguer son visage. La nuit humide l'avait creusé. Elle avait de la peine à se tenir debout, à lever le bras, comme si son armure trop pesante s'était rétrécie dans cette obscurité gorgée d'eau, celle qui ruisselait des étangs de Sologne et celle qui venait du fleuve.

Tout à coup, d'abord sur la Loire, puis sur la rive, la brume s'était déchirée et le soleil, tendre et mordoré, était apparu. Alors j'ai vu que s'avançaient vers Jeanne les moines, les prêtres, les gens d'armes.

Le chapelain de Jeanne, le frère Pasquerel, dressait l'autel, et commençait à dire la messe. Et Jeanne s'agenouillait au milieu des soldats. Elle communiait et de nombreux hommes d'armes l'imitaient, avalaient la chair du Christ.

Nous nous sommes remis en route, et Jeanne me disait : « Je veux aller là où sont Talbot et les Anglais. »

Je baissai la tête, je n'osai lui avouer que nous chevauchions sur la rive gauche, laissant sur l'autre rive, déjà loin derrière nous dans sa bastille de Saint-Laurent-des-Orgerils, John Talbot et le gros de l'armée anglaise.

Les capitaines, dans leur souci de faire parvenir le convoi à Orléans, avaient esquivé la bataille. Et Jeanne ne le savait pas.

Mais quand elle vit, au soir de ce jeudi 28 avril, les clochers d'Orléans, les tours de Saint-Paul et de Saint-Pierre-Empont, je lus sur son visage étonnement et colère.

Ainsi Orléans était sur l'autre rive et nous avions donc cheminé sur la rive gauche.

Elle descendit de cheval. Elle frappa du talon, elle répéta : « Je veux aller là où sont Talbot et les Anglais. »

J'entendis sire Gilles de Rais et sire Loré lui dire que les Anglais étaient aussi sur la rive gauche. Ils tenaient la bastille des Augustins, et celle des Tourelles, commandant ainsi le pont de pierre qui permettait d'atteindre Orléans. Ils en avaient détruit deux arches.

Elle paraissait ne pas entendre, toute à sa colère, refusant les raisons qu'on avançait : des chalands destinés à transporter les marchandises du convoi se rassembleraient à Chécy, village de la rive droite, traverseraient le fleuve. On les chargerait et ils navigueraient, cachés par les îles, au fil du courant et du vent jusqu'à Orléans.

Lorsque Jeanne aperçut ce capitaine qui arrivait d'Orléans – et je reconnus le Bâtard d'Orléans – elle s'avança vers lui :

« Est-ce vous qui êtes le Bâtard d'Orléans ? demanda-t-elle.

— C'est moi, réjoui de votre venue. »

Elle fit un pas vers lui, croisant les bras, et j'avais remarqué que ce geste lui venait quand elle donnait un ordre, qu'elle se conduisait en capitaine de guerre.

« Est-ce vous qui avez donné conseil que je vinsse ici, par ce côté de la rivière, et que je ne vinsse pas droit là où sont Talbot et les Anglais ? »

Le Bâtard d'Orléans n'avait pas baissé la tête.

« Moi et de plus sages ont donné ce conseil, croyant faire pour le mieux et le plus sûrement.

— En nom Dieu ! cria Jeanne. Le conseil de Messire est plus sage et plus sûr que le vôtre. Vous avez cru me tromper et vous vous êtes trompés vous-mêmes car je vous apporte un meilleur secours qu'il n'en vînt jamais à chevalier ou à cité. C'est le secours du Roi des Cieux, lequel secours procède de Dieu Lui-même qui non vraiment pour l'amour de moi, mais à la requête de Saint Louis et de saint Charlemagne, a eu pitié de la ville d'Orléans et n'a pas voulu souffrir que les ennemis eussent à la fois le corps du duc d'Orléans, leur prisonnier, et sa ville. »

Elle avait parlé avec colère et presque violence, puis elle avait, comme un chef de guerre, interrogé le Bâtard d'Orléans et il lui rendait compte, lui le combattant de tant de batailles, comme si Jeanne lui avait imposé son autorité.

Les chalands qui devaient transporter les marchandises n'avaient pas encore pu joindre Chécy, le village en amont d'Orléans. Le vent soufflait précisément d'amont et leur interdisait de naviguer à contre-courant.

Jeanne avait écouté et, avec assurance, elle dit :

« Attendez un peu, car au nom de Dieu tout entrera dans la ville. »

Et le vent tourna et je vis le visage couturé du Bâtard d'Orléans transfiguré par l'étonnement, la surprise.

Ce capitaine-là, j'en étais sûr à compter de ce moment, serait le fidèle compagnon d'armes de Jeanne.

Les chalands arrivèrent à Chécy et il leur suffirait de traverser le fleuve pour venir rive gauche à la rencontre du convoi, qui les attendait dans le port du Boucher.

Je vis Jeanne hésiter en entendant le sire Gilles de Rais et le sire Loré annoncer que l'armée avait accompli sa tâche, qu'elle allait retourner à Blois.

Jeanne expliqua qu'elle ne voulait pas se séparer de ses hommes d'armes qui s'étaient réconciliés avec Dieu.

Mais le Bâtard d'Orléans insistait pour qu'elle entre dans Orléans avec lui. Tous les habitants l'attendaient. Elle était leur espérance. Ils ne croyaient qu'en elle, soupçonnant tous ces capitaines de guerre de trahison.

Jeanne s'était mise à prier, tête baissée, puis elle avait dit :

« Quant à ce qui est d'entrer dans la ville, il me ferait mal de laisser mes gens et ne le dois faire. Ils sont tous confessés et en leur compagnie je ne craindrais pas toute la puissance des Anglais. »

J'écoutais les sires Gilles de Rais et Loré qui, ralliés au Bâtard d'Orléans, disaient à Jeanne qu'elle devait se rendre à Orléans.

« Nous vous promettons de retourner bientôt vers vous », répétèrent-ils.

Je me joignais à eux, et au frère Jean Pasquerel, à La Hire et au maréchal de Boussac, à Pierre et Jean d'Arc, les frères de la Pucelle.

Tous nous la suppliâmes de traverser la Loire, d'apporter aux assiégés d'Orléans le réconfort de l'espérance.

Les habitants croyaient en elle. Ils savaient qu'elle avait reçu de Messire Dieu mission de lever le siège.

Elle pria longtemps, si recueillie, si recroquevillée, qu'elle m'avait donné l'impression de ne pas nous entendre, de vivre ces instants ailleurs que parmi nous.

Tout à coup, elle se redressa, et partit au pas sans nous regarder vers le port du Boucher, où se trouvaient quelques barques. J'ai pensé que les voix célestes lui avaient conseillé de traverser le fleuve, de gagner la rive droite, et d'entrer à Orléans, comme l'avait souhaité le Bâtard d'Orléans.

Elle sauta de cheval, monta dans une barque et je la suivis.

20.

Sur les quais du port de Chécy on attendait Jeanne la Pucelle.

La nuit était percée par le flamboiement de dizaines de torches. Elles éclairaient les chalands qui, demain, s'en iraient rive gauche embarquer les marchandises du convoi et les têtes de bétail. Puis ils descendraient, naviguant entre l'Ile-aux-Bœufs et l'Ile-aux-Toiles jusqu'à la Tour Neuve, et aux fossés qui bordaient la porte de Bourgogne, ouvrant sur la rue de l'Ormerie-Sauveur, la voie qui allait du levant au couchant d'Orléans.

La foule sur les quais de Chécy priait, entourait Jeanne que l'on conduisait au manoir de Reuilly, la demeure d'un riche bourgeois de Chécy.

C'est là qu'elle passa la nuit.

Elle fut courte.

Dès l'aube de ce vendredi 29 avril 1429, je fus réveillé par des centaines d'habitants d'Orléans qui se pressaient devant le manoir.

Ils avaient, apprenant que Jeanne la Pucelle avait rejoint Chécy, décidé de se rendre dans ce gros village, dont je découvris, quand la brume se leva, qu'il comptait deux églises, un hôtel-Dieu et une léproserie.

Les Orléanais criaient le nom de Jeanne. Cet « ange de Dieu », disaient-ils, qui les avaient protégés lorsqu'ils avaient quitté Orléans, longeant les bastilles anglaises, marchant sous la menace de leurs archers.

Mais pas une flèche d'arc ou d'arbalète, pas un boulet ne s'était abattu sur eux.

Grâces soient rendues à la Pucelle, ange de Dieu !

Ils invoquèrent ainsi Dieu et Jeanne la Pucelle tout au long de cette journée du 29 avril. Ils prièrent et, dès qu'elle apparaissait, certains s'agenouillaient, d'autres sollicitaient sa bénédiction, et la plupart cherchaient à la toucher.

De temps à autre, des cris s'élevaient.

On exhortait Jeanne à ne plus attendre, à rejoindre Orléans. Elle semblait acquiescer mais les capitaines exigeaient qu'elle n'entre dans la ville qu'à la nuit tombée et même s'ils prétendaient qu'il fallait protéger Jeanne d'une embuscade anglaise, je compris qu'ils craignaient l'enthousiasme des Orléanais et les désordres qui pouvaient en naître.

Si bien que de conciliabules en atermoiements, on ne quitta Chécy qu'à six heures du soir, ce vendredi 29 avril 1429.

Et comme les capitaines s'inquiétaient des dangers de cette chevauchée, sous le regard des guetteurs anglais, je l'entendis leur dire :

« Ne craignez rien, il ne vous arrivera aucun mal. »

Nous franchîmes peu avant le milieu de la nuit et le terme de cette journée du vendredi 29 avril 1429 la porte de Bourgogne.

Les rues étaient des fleuves d'hommes et de femmes, d'enfants, de porteurs de torches.

Je chevauchais derrière Jeanne, droite et raide dans son armure blanche et montant un cheval blanc.

Devant elle, les écuyers portaient son étendard et son pennon, et à sa gauche avançait le Bâtard d'Orléans, armé et monté très richement.

J'étais aux côtés de Pierre et Jean d'Arc, du maréchal de Boussac, de Jean de Metz et de Bertrand de Poulengy, de Jean d'Aulon, puis venaient les gens d'armes, et toute cette foule d'Orléanais qui s'étaient rendus à Chécy et qui souvent entonnaient des cantiques à la gloire de la Pucelle, ange de Dieu.

C'était toujours le même désir de s'approcher d'elle, de sa monture, de les toucher. Et dans cette cohue, une torche mit le feu au pennon de Jeanne.

Il y eut tumulte, cris, mais avant que l'un des hommes d'armes ne se précipitât, Jeanne avait éperonné son cheval, vigoureusement, le forçant à se retourner, à s'approcher du pennon, dont elle s'empara et, en quelques gestes rapides, elle éteignit le feu.

On cria de joie. On dit qu'elle était aussi agile et habile que si elle avait participé comme un capitaine à de nombreuses guerres.

On clama que c'était un signe, afin que l'on sût que Dieu protégeait la Pucelle, et lui avait donné les qualités d'un homme d'armes alors qu'elle n'était que cette jeune fille, qui maintenant entrait dans l'hôtel de Jacques Boucher, le trésorier du duc d'Orléans.

Je suis reconnaissant à cet homme de courage pour sa fidélité à son seigneur Charles, duc d'Orléans, pour la manière dont il accueillit la Pucelle et ses plus proches compagnons, dont je fus.

Il avait d'abord conduit Jeanne à l'église Sainte-Croix où elle avait rendu grâces à Dieu de lui avoir permis d'accomplir sans dommage ce voyage commencé à Domrémy. Et Jacques Boucher avait prié agenouillé au côté de Jeanne.

Puis il nous reçut dans sa riche et vaste demeure, située au couchant de la ville, près de la porte Renard – opposée à la porte de Bourgogne au levant d'Orléans – dans la rue des Talmeliers.

C'était l'un des quartiers d'Orléans les plus menacés. Les Anglais attaquaient souvent la porte Renard, bombardaient les maisons voisines. Ils avaient élevé face à la porte Renard plusieurs bastilles, dont celle de Saint-Laurent-des-Orgerils. Jacques Boucher était chargé de défendre cette porte et ce quartier.

Il avait expliqué cela à Jeanne qui lui avait répondu que, avec la protection de Messire Dieu, elle lèverait bientôt le siège d'Orléans, et la ville serait ainsi libérée. Puis elle mènerait le dauphin Charles à Reims, où il serait sacré roi de France.

Jacques Boucher se signa, puis nous offrit, sur ses deniers, le gîte et le couvert.

Jeanne dormit avec l'épouse et la fille de Jacques Boucher, et moi, dans le lit de notre hôte. C'était manière généreuse de respecter la coutume de l'hospitalité des gens de bien.

Il prit soin de nos hommes d'armes et de nos chevaux.

Cette nuit-là, je ne dormis pas, écoutant la rumeur qui montait de la rue.

La foule priait et je mêlais mon murmure à ces voix innombrables.

21.

J'ai vu, à l'aube de ce samedi 30 avril 1429, Jeanne qui priait, agenouillée dans l'oratoire de l'hôtel de Jacques Boucher.

Elle paraissait ne pas entendre les cris des milices d'Orléans rassemblées dans la rue et sur la petite place, à quelques pas de la porte Renard.

Peut-être les voix célestes qui parlaient à Jeanne recouvraient-elles celles de ces bourgeois d'Orléans qui, armés de haches, de lances et de glaives, une cotte de mailles passée sur leurs amples vêtements de velours, avaient hurlé toute la nuit, répétant qu'ils voulaient aller au combat contre les Anglais.

Ils refusaient d'attendre, disaient-ils. Ils demandaient à la Pucelle de France de se mettre à leur tête, de les conduire à l'assaut de ces bastilles anglaises construites autour de la ville, à seulement quatre cents toises – à peine huit cents pas donc – des murs d'enceinte. Et puisque Dieu avait choisi de donner mission à la Pucelle de libérer Orléans, de relever le royaume français, et de faire sacrer à Reims le gentil Dauphin, qu'attendait-on pour sortir de la ville, attaquer les bastilles, briser le siège !

J'ai laissé Jeanne enfouie dans ses prières, je suis sorti de l'hôtel.

Le Bâtard d'Orléans tentait de convaincre les miliciens qu'il était sage d'attendre l'arrivée de l'armée du roi Charles, qui devait revenir de Blois, avec à sa tête les sires Gilles de Rais et Loré.

La foule l'a interrompu. Elle criait sa défiance envers ces capitaines, ces chevaliers qui, le 22 février, s'étaient enfuis, lors de cette « journée des harengs », lorsqu'ils avaient été incapables de s'emparer de ce convoi anglais.

Trahison ! Trahison !

Les miliciens ont bousculé le Bâtard d'Orléans, et ont crié qu'ils allaient attaquer la bastille anglaise qui fermait la route de Paris. Et ces Godons avaient osé appeler cette bastille Paris, et ils avaient nommé les autres Rouen, ou Londres, Saint-Loup ou Saint-Jean, La Croix-Boissée ou Saint-Laurent-des-Orgerils, et ils contrôlaient avec elles toutes les routes, comme un nœud coulant de bonne corde étrangle le pendu !

Brisons le siège, attaquons la bastille Paris !

J'ai suivi les milices bientôt rejointes par les routiers gascons du capitaine La Hire. Ils ont fait ouvrir la porte Bernier au nord de la ville et ils ont couru jusqu'aux postes avancés de la bastille anglaise. Ils ont franchi les palissades, chassé les archers anglais, entassé des fagots pour mettre le feu aux barrières.

J'ai cru qu'ils l'avaient emporté, puis il y a eu ce cri rageur : « Saint Georges ! Saint Georges ! » et les Anglais ont surgi de toutes parts, contraignant les miliciens et les routiers de La Hire à fuir jusqu'au mur d'enceinte, à rentrer dans la ville, traînant leurs morts et leurs blessés.

Je suis retourné à l'hôtel de Jacques Boucher.

J'y ai entendu Jeanne houspiller le Bâtard d'Orléans, lui

reprocher de n'avoir pas soutenu l'assaut des milices, et de ne pas l'avoir avertie, elle, des combats qui commençaient.

Elle allait envoyer un messager aux hommes de Talbot, du comte de Suffolk et du seigneur de Scales. Ambleville porterait cette ultime sommation, demanderait qu'on libère le héraut Guyenne que les Godons avaient emprisonné, au mépris de toutes les règles de la guerre qui interdisent de retenir un messager.

J'accompagnais Ambleville jusqu'à la porte Renard, puis je le suivis des yeux alors qu'il chevauchait bravement, vers la bastille Saint-Laurent-des-Orgerils.

Il revint au milieu de l'après-midi, parlant d'une voix hachée, racontant que les Anglais l'avaient insulté, l'accusant d'être au service d'une sorcière, qui usait de maléfices, et avait commerce avec le démon.

Ils n'avaient point voulu relâcher Guyenne.

« Les Anglais, dit Ambleville, gardent mon compagnon pour le brûler. »

Entendant ces mots, nous nous signâmes. Mais Jeanne bondit :

« En nom Dieu, dit-elle, ils ne lui feront pas de mal. »

La nuit tombait.

La Pucelle se fit conduire jusqu'aux remparts, près de la porte Renard. Du haut de l'enceinte, elle cria aux Anglais qu'ils se retirent au nom de Dieu, qu'autrement elle les expulserait, les occirait, car elle était, de par Dieu, chef de guerre. J'entendis les ricanements anglais. Les injures que lançaient leurs alliés normands, *Français reniés*, étaient les plus rageuses. Ils hurlaient que jamais ils ne se rendraient à une femme.

Et, disaient-ils, ceux qui sont au côté de Jeanne ne sont que des maquereaux mécréants !

Jeanne s'emporta, indignée que ces chrétiens pussent refuser d'obéir à celle qui accomplissait la Mission que lui avait dictée les envoyés de messire Dieu.

Nous traversâmes la ville et, par la rue des Hostelleries, nous gagnâmes la porte du Pont.

La Pucelle la fit ouvrir. Devant nous s'élançait le pont de pierre dont les Anglais avaient détruit deux arches au-delà desquelles ils avaient bâti le fort des Tourelles, et la bastille des Augustins.

Jeanne s'avança jusqu'à l'extrémité du pont, au-delà de la petite île qu'on appelait Belle-Croix.

On pouvait se faire entendre du fort des Tourelles.

La voix de Jeanne déchira la nuit :

« Rendez-vous de par Dieu, cria-t-elle, vos vies seront sauves ! »

On l'injuria, puis le silence se fit et une voix forte s'éleva, se nomma. C'était celle du capitaine William Glasdale.

Il injuria Jeanne la sorcière, la maléfique, qui usait du démon pour combattre des chrétiens.

Il y eut un long échange de menaces, les Godons acclamant leur capitaine.

Puis tout à coup, dans un creux de silence, la voix de Glasdale se fit entendre encore plus forte :

« Vachère, cria-t-il, si nous te tenons jamais, nous te ferons brûler ! »

22.

Les paroles du capitaine William Glasdale jetées telles des flammèches dans le grand vent de la haine me brûlent, comme le bûcher qu'elles promettent à Jeanne.

Elle est la Pucelle, ange de Dieu, pour tous ceux qui, en cette aube du dimanche 1er mai 1429, se pressent, plus nombreux encore qu'hier devant l'hôtel de Jacques Boucher.

Mais Jeanne est la sorcière en proie au démon, l'envoyée du diable, pour ces Anglais et ces *Français reniés* qui, ajoutant leurs voix à celles des Godons, lui ont promis qu'elle serait, si elle était prise, brûlée vive.

J'en ai tremblé, ce dimanche 1er mai, alors que l'on craignait que dans leur volonté de voir et de toucher Jeanne la Pucelle, le peuple ne force les portes de l'hôtel de Jacques Boucher.

Ceux-là voulaient, malgré leur échec devant la bastille Paris, que Jeanne les mène à l'attaque des Anglais.

Jamais je n'avais vu tant d'hommes et aussi de femmes en proie au désir de guerre.

Les hommes d'armes qui tentaient de parler raison et sagesse, répétant que monseigneur Jean le Bâtard d'Orléans était parti avec une escorte à la rencontre de l'armée royale qui avait quitté Blois, étaient interrompus par des volées de cris, d'injures.

J'ai craint que Jeanne ne cédât à cette foule, ne se plaçât à sa tête et ne courût sus aux Anglais, sans attendre le retour de Jean, le Bâtard d'Orléans.

Je l'ai observée au moment où elle apparaissait devant les Orléanais.

Elle était si digne, si droite dans son armure blanche, que les cris cessèrent, que les mains se tendirent vers elle, comme pour la supplier.

Elle dit d'une voix calme, insistant sur chaque mot, que dimanche était jour de prière et non de guerre.

Elle monta lentement en selle, et demanda à la foule de l'accompagner dans ce pèlerinage aux lieux saints de la ville, qui préparerait la victoire.

Tous la suivirent.

Les rues étaient pleines de gens qui ne se rassasiaient pas de la voir, d'effleurer son cheval blanc du bout de leurs doigts.

J'étais parmi les quelques chevaliers et écuyers qui l'escortaient et je m'émerveillais de la voir monter son destrier comme eût pu le faire un homme d'armes familier des choses de la guerre depuis sa jeunesse.

En voyant ces hommes et ces femmes qui la suivaient, qui priaient avec elle, je louais Jeanne d'avoir eu la sagesse de ne pas conduire cette foule exaltée et désarmée au combat, mais à la prière.

Les procurateurs de la ville avaient fait dresser des tables, devant l'hôtel de Jacques Boucher, et ils convièrent Jeanne à boire le vin qu'ils lui offraient, au nom de tout le peuple d'Orléans, pour l'honorer.

Le lendemain, lundi 2 mai de l'an 1429, elle sortit de la ville, et avec quelques chevaliers nous l'accompagnâmes.

Elle voulait voir chacune des bastilles anglaises, longer les fossés qu'avaient creusés les Godons.

Des cris fusèrent contre elle, jetés par les Anglais, mais aucune flèche ne fut lancée.

Lorsque nous rentrâmes, nous nous rendîmes à la cathédrale où nous entendîmes les vêpres.

C'est peut-être ce jour-là, lundi 2 mai, à moins que ce ne fût le mardi 3 mai, que j'entendis le chantre de la cathédrale, maître Jean Macon, interroger la Pucelle, d'un ton sévère et inquiet :

« Ma fille, êtes-vous venue pour lever le siège ? »

La Pucelle fit un pas vers le chantre, le dévisagea longuement comme si elle voulait se persuader que cet homme au dos rond, au visage lourd, avait bien pu prononcer ces mots, alors que tous à Orléans, et même dans les provinces éloignées restées françaises, connaissaient la mission de Jeanne.

J'avais pu m'en assurer, quelques instants auparavant, quand dans la procession que conduisait la Pucelle jusqu'à la cathédrale pour honorer la sainte Croix, j'avais entendu cent fois parmi les fidèles, dont certains avaient rejoint Orléans, après un long voyage et malgré les Anglais, répéter que la Pucelle de France avait reçu mission de faire lever le siège d'Orléans.

« En nom Dieu, oui », dit enfin Jeanne.

Je la devinais irritée que l'on pût encore douter d'elle.

« Ma fille, reprit le chantre, les Anglais sont forts et bien fortifiés, et ce sera une grande affaire que de les mettre dehors. »

Je savais que certains à Orléans et d'abord les hommes de guerre doutaient de la possibilité de chasser les Anglais, de rompre le siège.

Et s'ils avaient accepté la présence de Jeanne, c'était parce qu'ils n'espéraient plus qu'en un miracle.

Jeanne posa la main sur l'épaule du chantre.

« Il n'est rien d'impossible à la puissance de Dieu », dit-elle.

23.

C'étaient les premiers jours du mois de mai de l'an 1429.

Je sortais à l'aube de l'hôtel de Jacques Boucher.

J'allais et venais parmi les groupes d'Orléanais, les uns en armes, les autres prêts à suivre les combattants. Tous étaient partagés – et je l'étais aussi, je le confesse – entre l'espoir et l'inquiétude.

Je levai les yeux. Le ciel était d'un bleu limpide. Seule une légère vapeur s'effilochait au-dessus de la Loire. Mais le brouillard, la brume et la pluie n'étaient même plus des souvenirs.

Dans deux jours, le jeudi 5 mai, on célébrerait la grande victoire de Dieu, son ascension au ciel.

Et tous nous attendions que ce miracle, cette preuve de la puissance infinie de Dieu, soit aussi jour de triomphe sur les Anglais, contraints d'abandonner leurs bastilles, que nous apercevions depuis les remparts, provocantes, humiliantes, enracinées comme des boutons purulents dans la chair du royaume de France.

Mais l'inquiétude nous tenaillait, voilant notre espérance.

Quand donc arriverait l'armée royale, dont le sire Gilles de Rais et le maréchal Boussac avaient pris la tête ?

On murmurait que le chancelier de France, Regnault de Chartres, archevêque de Reims, avait reçu ordre du Dauphin de la dissoudre !

C'était mensonge, fausse nouvelle, et cependant elle me troublait, et je prêtais l'oreille à ceux qui répétaient que les capitaines et les chevaliers avaient trahi ou qu'ils avaient pris langue avec les Anglais, avec le duc de Bourgogne, et qu'on espérait en vain la venue de l'armée royale !

On oubliait ce ciel pur, cette douceur de l'air. Le brouillard, la bourrasque emplissaient nos têtes.

Et puis les portes de l'hôtel s'ouvraient et Jeanne apparaissait, armée, sûre d'elle, et elle disait :

« Le maréchal viendra et je sais bien qu'il ne lui arrivera aucun mal. »

Et l'espérance balayait l'inquiétude, comme le vent qui dissipait la vapeur grise au-dessus de la Loire.

Des routiers arrivaient venant de Gien, de Montargis et de Château-Regnard.

Des courriers sautaient de cheval devant l'hôtel, annonçaient que le sire de Rais, le maréchal Boussac et Jean le Bâtard d'Orléans longeaient avec leurs hommes d'armes la Beauce, la forêt d'Orléans, qu'ils étaient ainsi restés sur la rive droite, passant près de la bastille de Saint-Laurent-des-Orgerils, mais les archers de John Talbot n'avaient tiré aucune flèche !

On ajoutait qu'un convoi de vivres, d'armes et de poudre avançait sur la rive gauche, et que l'armée royale empêcherait Talbot d'attaquer le convoi. Les marchandises arriveraient par chalands à la bonne ville d'Orléans.

Je partageais l'enthousiasme qui embrasait la foule. Je sautai en selle, et je chevauchai aux côtés de la Pucelle, des capitaines, de La Hire et de cinq cents hommes d'armes qui s'en allaient à la rencontre du maréchal Boussac et de Gilles de Rais.

Les prêtres chantant leurs psaumes nous accompagnaient. Nous traversions les lignes anglaises sans être menacés ou attaqués !

Le chapelain de la Pucelle, le frère Jean Pasquerel, tenait haut la bannière des prêtres.

Nous sommes rentrés à Orléans alors que la nuit de ce mardi 3 mai était déjà tombée.

Jean le Bâtard d'Orléans nous apprit qu'une armée anglaise, commandée par sir John Fastolf, marchait vers la ville.

Nous étions assis autour de la table du dîner, dans l'hôtel de Jacques Boucher.

« Fastolf doit venir bientôt, reprit le Bâtard d'Orléans, il va renforcer et ravitailler les Anglais qui font le siège. »

Jeanne se leva, et dit joyeusement, en riant :

« Bâtard, Bâtard, en nom de Dieu, je te commande que sitôt que tu sauras la venue de Fastolf, tu me le fasses savoir. Car s'il passe sans que je le sache, je te promets que je te ferai ôter la tête ! »

Elle voulait affronter l'Anglais et sa bonne et vigoureuse résolution me mit la joie au cœur. On ne pouvait être vaincu si l'on suivait la Pucelle, chef de guerre habité par Dieu.

Mais, cette nuit-là, du mardi au mercredi 4 mai de l'an 1429, nous ne savions pas que les capitaines avaient déjà attaqué la bastille Saint-Loup, sur les rives de la Loire, en amont d'Orléans. Et qu'ils s'étaient bien gardés de prévenir la Pucelle.

Il s'agissait pour eux d'empêcher l'Anglais de s'en prendre au convoi de vivres, de blé, de munitions qui devait emprunter le fleuve.

L'attaque contre Saint-Loup était un leurre. Et ils avaient craint que Jeanne et les milices d'Orléans qui la suivaient ne viennent brouiller leurs cartes.

J'étais couché au côté de l'intendant Jean d'Aulon, dans la grande chambre de l'hôtel. Jeanne dormait avec l'hôtesse, dame Boucher, à quelques pas.

Et tout à coup elle était là, à nous secouer, à crier :

« En nom Dieu ! Mon conseil m'a dit que j'aille contre les Anglais… »

Ses voix célestes l'avaient avertie mais, disait Jeanne, elles ne lui avaient pas dit si elle devait se porter contre les bastilles ou contre l'armée de Fastolf !

« Qu'on m'arme, qu'on m'arme ! », criait-elle.

Jean d'Aulon et moi nous y employâmes quand, tout à coup, une rumeur emplit la nuit.

On hurlait dans la rue que l'on se battait à la bastille Saint-Loup, et que les Anglais faisaient beaucoup de mal aux Français !

Jean d'Aulon se précipita pour se faire armer, je restai près de Jeanne qui répétait :

« Le sang de nos gens coule, où sont ceux qui me doivent armer ? »

Je la suivis dans la rue, où nous trouvâmes le frère Jean Pasquerel, et le page Louis de Coutes.

Elle prit aux épaules ce dernier.

« Hé, sanglant garçon, vous ne me disiez pas que le sang de France fut répandu !... En nom Dieu, en nom Dieu, nos gens ont fort à faire. »

On lui amena son cheval. J'achevai de m'armer cependant que dame Boucher et sa fille armaient la Pucelle.

Le page Louis de Coutes lui donna son étendard.

Elle piqua si fort des éperons que son cheval hennit, se dressa et s'élança au galop.

Je la suivis par les rues qui menaient à la porte de Bourgogne.

Elle allait si grand train que les sabots de son destrier faisaient jaillir le feu des pavés de la grand-rue.

24.

J'ai poursuivi, de la porte Renard à la porte de Bourgogne, du couchant de la ville à son levant, Jeanne la Pucelle, dont l'armure blanche étincelait dans le jeune soleil de ce mercredi 4 mai 1429.

Derrière moi galopaient l'intendant Jean d'Aulon et le page Louis de Coutes. Les Orléanais s'écartaient sur notre passage, se collaient aux façades des maisons, puis nous suivaient en courant.

À la porte de Bourgogne, nous avons rejoint Jeanne. Elle était penchée, interrogeant un blessé que les hommes d'armes transportaient. Ils expliquaient à la Pucelle que c'était un Français blessé devant la bastille Saint-Loup où les combats continuaient, acharnés.

Jeanne se tourna vers moi :

« Je n'ai jamais vu sang de Français que mes cheveux ne se dressent sur ma tête », dit-elle.

Elle enfonça ses éperons dans les flancs de son cheval et s'élança hors de la porte de Bourgogne, puis s'engagea dans les champs en direction de la bastille Saint-Loup.

Je la suivis avec Jean d'Aulon et le page Louis de Coutes.

Des blés verts surgissaient des hommes d'armes qui, après avoir donné l'assaut à la bastille Saint-Loup, avaient reculé puisque, expliquèrent-ils à Jeanne, ils n'avaient pas pour but de conquérir la place anglaise, mais d'empêcher les Godons de descendre vers le fleuve où les chalands chargés des marchandises du convoi naviguaient au fil du courant vers Orléans.

Jeanne leva son étendard, l'agita, et ils se rassemblèrent autour d'elle, arrivant en courant, lance ou glaive levés. Elle prit la tête de ce qui en quelques instants était devenu une compagnie d'hommes d'armes déterminés à suivre la Pucelle là où elle choisirait de les conduire.

J'étais au côté de la Pucelle quand elle atteignit les palissades de la bastille Saint-Loup.

Elle s'arrêta au bord du fossé, étendard levé, incitant de la voix les hommes d'armes à donner l'assaut.

Elle se tenait droite, indifférente aux flèches des archers, aux traits des arbalètes, aux plombées des couleuvrines.

Les fossés furent franchis, les palissades renversées, le feu mis dans le clocher de l'église de Saint-Loup où les Anglais s'étaient réfugiés.

Une quarantaine furent faits prisonniers et les autres tués. Je vis Jeanne se lamenter et pleurer sur ces gens morts sans confession.

Elle aperçut des Anglais qui s'étaient affublés d'étoles, pour tenter de faire croire qu'ils n'étaient pas des hommes d'armes, mais des prêtres.

Jeanne demanda qu'on les conduisît à son hôtel sans les malmener.

« On ne doit rien demander aux gens d'Église », dit-elle.

Son regard ajoutait qu'elle n'était pas dupe mais qu'elle voulait sauver ces hommes.

Je la vis s'agenouiller devant Jean Pasquerel, se confesser

puis je l'entendis dire à son chapelain, mais à très haute voix afin que chacun retienne son mandement aux soldats :

« Confessez vos péchés et rendez grâces à Dieu de la victoire obtenue. Sinon la Pucelle ne vous aidera plus et ne demeurera pas en votre compagnie. »

Elle ajouta qu'il fallait cesser de blasphémer, d'accueillir des ribaudes. Que Dieu punirait ceux qui ne se dédiraient pas de leurs blasphèmes ou se vautreraient dans les débauches, avec des femmes de mauvaise vie !

Puis nous rentrâmes et chacun autour de nous louait la Pucelle de France qui avait fait montre des qualités d'un grand capitaine.

On l'acclamait. C'était à elle qu'on devait la conquête et la destruction de la bastille Saint-Loup. C'était comme si elle avait tranché l'une des cordes qui liaient Orléans. Et on était sûr désormais qu'elle ferait lever le siège de la ville.

Elle était bien l'Espérance.

Quand nous atteignîmes à la nuit tombée l'hôtel de Jacques Boucher, elle annonça que demain, jeudi 5 mai, jour de l'ascension de Notre-Seigneur, on ne s'armerait pas, on ne combattrait pas, on n'irait pas faire des paillardises avec des ribaudes.

Ce jour de l'Ascension fut jour de prières et de préparation à la guerre contre les bastilles anglaises.

J'appris que les capitaines s'étaient réunis en un hôtel de la rue de la Rose, et qu'ils avaient décidé de laisser les milices attaquer la bastille Saint-Laurent-des-Orgerils, pour empêcher John Talbot et ses hommes d'armes d'en sortir. Et eux, les capitaines avec leurs routiers, s'empareraient des bastilles des Tourelles et des Augustins, qui commandaient le pont de pierre.

Là serait la vraie et grande bataille.

Et ces capitaines n'avaient pas consulté Jeanne la Pucelle, à qui on devait pourtant la victoire de la bastille Saint-Loup.

Je l'avertis de ce que j'avais appris de ces conciliabules.

Je vis la colère durcir son visage. Elle se rendit devant les capitaines, les poings serrés, refusant de s'asseoir, allant et venant, bras croisés.

« Dites ce que vous avez conclu et appointé, commença-t-elle.

— Jeanne ne vous courroucez pas », répondit le Bâtard d'Orléans.

Je découvris ainsi son habileté, sa volonté de donner à Jeanne la place qui lui convenait, celle que voulaient pour elle tous les Orléanais.

Jeanne l'approuva, et aussitôt elle dicta une lettre aux Anglais, dernière offre de paix afin d'éviter que le sang des chrétiens ne coule.

Le chapelain Jean Pasquerel écrivit donc :

« Vous, hommes d'Angleterre, qui n'avez nul droit en le royaume de France, le Roi des Cieux vous prescrit et vous mande par moi, Jeanne la Pucelle, que vous quittiez vos bastilles et retourniez en vos pays, sans quoi je ferai un tel *hahay*, qu'il y en aura perpétuelle mémoire.

« C'est ce que pour la troisième et dernière fois je vous écris et ne vous écrirai plus.

« Signé : Jésus Maria, Jeanne la Pucelle. »

Elle ajouta :

« Je vous aurais envoyé ma lettre plus honnêtement. Mais vous retenez mes hérauts. Vous avez retenu mon héraut Guyenne. Veuillez me l'envoyer et je vous enverrai quelques-uns de vos gens pris à la bastille Saint-Loup : ils ne sont pas tous morts. »

Je suivis Jeanne jusqu'à la porte du Pont. Puis elle s'engagea sur le pont, au-delà de l'île de la Belle-Croix. Les arches suivantes avaient été détruites.

Jeanne prit une flèche, y attacha sa lettre, et dit à un archer de la lancer aux Anglais, qui tenaient les arches du pont et l'autre rive. Au bout du pont « anglais », il y avait le fort des Tourelles.

« Lisez, ce sont nouvelles », cria Jeanne.

Le temps me parut long à suivre la flèche des yeux, à voir les Anglais s'en saisir, dérouler la lettre.

Puis le silence. Et brutalement ces voix rugueuses, haineuses, qui se chevauchaient et criaient :

« Ce sont nouvelles de la putain des Armagnacs ! »

Je n'osais d'abord regarder Jeanne mais j'entendais ses soupirs, douloureux comme des lamentations. Elle invoquait l'aide du Roi du Ciel.

Je tournai la tête vers elle. Je vis d'abondantes larmes remplir ses yeux, couler sur ses joues.

J'ai prié pour que les voix célestes lui apportent la consolation.

25.

Dans l'aube à peine naissante de ce vendredi 6 mai 1429 j'ai vu Jeanne transfigurée.

Avait-elle au cours de la nuit reçu consolation et conseils de ses voix célestes, qui lui parlaient au nom de Messire Dieu, je ne peux l'affirmer mais je l'ai imaginé, découvrant son visage résolu. Toutes ses larmes avaient séché.

Elle se confessait à Jean Pasquerel. Elle chantait la messe avec lui, et autour d'elle se pressaient les prêtres et leur bannière, les gens d'armes, les milices d'Orléans. Et tous, la messe dite, couraient vers la porte de Bourgogne, criaient qu'il fallait passer la Loire, attaquer et détruire la bastille des Tourelles et celle des Augustins.

J'ai couru avec eux sur un signe de la Pucelle et, comme ce peuple, je me suis heurté aux gens d'armes de Raoul de Gaucourt, le gouverneur d'Orléans qui, disait-il, suivant l'avis des capitaines, interdisait le passage.

« Point d'attaque des bastilles de la rive gauche », répéta-t-il.

Et les gens d'armes nous repoussaient.

J'ai couru avertir la Pucelle, dont le visage s'est empourpré. Ses yeux étincelaient. Elle chevauchait jusqu'à la porte de Bourgogne et la foule s'ouvrait pour lui laisser le passage. Les gens criaient qu'on les trahissait une nouvelle fois.

Ils voulaient prendre les Tourelles, comme on avait pris la bastille Saint-Loup.

Gaucourt répondait que l'on ne pourrait prendre les Tourelles, que les soldats de John Talbot allaient venir secourir les bastilles, que ce serait désastre français.

La Pucelle s'avança vers lui, le força à se taire. Et elle martela les mots si fort que toute la foule l'entendit :

« Vous êtes un méchant homme d'empêcher ces gens de sortir, disait-elle. Mais veuillez-le ou ne le veuillez pas, ils sortiront et feront aussi bien qu'on a fait l'autre jour à la bastille de Saint Loup. »

La foule l'acclama, hurla contre Gaucourt, le menaçant de mort.

Je le vis pâlir, trembler, pour donner l'ordre aux gens d'armes d'ouvrir les portes. Enfin il lança :

« Venez, je serai votre capitaine ! »

Les gens d'armes et le peuple franchirent la porte en courant et en criant : *« Sus aux Anglais ! »*

J'ai été de tous les combats de ce vendredi 6 mai.

J'ai sauté dans le premier bateau qui, quittant la rive droite, abordait au milieu du fleuve sur l'Ile-aux-Toiles. Des gens d'armes arrimaient deux bateaux qui constituaient un pont de l'Ile-aux-Toiles jusqu'à la rive gauche.

Et j'ai couru sur ce pont, jusqu'à la bastille de Saint-Jean-le-Blanc, abandonnée par les Anglais, puis de là vers celle des Augustins. Je fus pris dans la nuée de flèches et de traits d'arbalète tirés par les Anglais.

J'ai vu autour de moi le peuple se défaire, les gens s'enfuir, et je suis resté avec les hommes d'armes du sire de Gaucourt, et nous avons arrêté les Anglais qui s'étaient avancés.

Il y avait là, à mes côtés, l'intendant Jean d'Aulon et un Espagnol qui maniait la lance et le glaive, et qui criait que les Godons devaient retenir son nom glorieux d'Alonzo de Partada. Puis arrivèrent le capitaine La Hire, ses routiers et la Pucelle. Je me tins près d'elle qui galopait de la bastille à la berge, appelait le peuple et les chevaliers à donner l'assaut.

Je vis enfin Jean le Bâtard d'Orléans, le sire Gilles de Rais et le maréchal de Boussac se joindre à nous avec leurs compagnies.

La Pucelle planta son étendard sur la douve et cria :

« Entrez hardiment ! Entrez, entrez ! »

Les routiers, les chevaliers, les gens du peuple se précipitèrent, tuant, capturant, pillant.

Et la Pucelle donna l'ordre de mettre le feu à la bastille, parce que, je le devinais, elle voulait que cesse le pillage.

Je voyais la fatigue s'emparer de Jeanne, alors que la bastille des Tourelles semblait imprenable, avec ses hautes palissades, ses fossés, et déjà j'entendais les gens d'armes, les chevaliers dire :

« Un mois ne suffira pas pour la prendre. »

Et alors que les gens du peuple, ceux des milices restaient sur la rive gauche, dans le faubourg du Portereau, et qu'ils y passeraient la nuit, décidés à attaquer les Tourelles, dès le lendemain matin, les seigneurs, les capitaines, les gens d'armes rentraient à Orléans.

Jeanne hésitait à se joindre à eux, puis elle m'appela. Elle allait les suivre, me dit-elle, car leur esprit était à la mollesse, et elle savait qu'ils ne souhaitaient pas attaquer les bastilles et d'abord celle des Tourelles.

J'étais auprès d'elle dans son hôtel, quand un seigneur envoyé par le sire de Gaucourt lui dit que les capitaines rassemblés en conseil avaient décidé qu'il n'y aurait point d'attaque le lendemain.

Jeanne le dévisagea longuement puis, le toisant, répondit :

« Vous avez été à votre conseil et j'ai été au mien et croyez que le conseil de Messire sera accompli et tiendra et que votre conseil périra. »

Elle se tourna vers son chapelain Jean Pasquerel qui était près de moi, et dit :

« Levez-vous demain de plus grand matin encore que vous n'avez fait aujourd'hui, et faites du mieux que vous pourrez. Tenez-vous toujours près de moi car demain j'aurai beaucoup à faire et plus ample chose que j'aie jamais eue et demain il sortira du sang de mon corps au-dessus de mon sein. »

26.

J'ai vu couler le sang de Jeanne ce samedi 7 mai de l'an 1429.

C'était une heure de l'après-midi.

Les combats autour de la bastille des Tourelles avaient commencé à la pointe du jour, après que nous avions écouté la messe.

Jeanne avait communié et, la voyant baisser la tête devant le frère Jean Pasquerel, j'avais pensé à ses paroles murmurées la veille quand elle lui avait dit que « du sang sortirait de son corps au-dessus de son sein ».

Et alors que, montant à cheval, elle criait : « Qui m'aime me suive », je faisais serment devant Dieu de placer ma poitrine devant la sienne pour recevoir la flèche, ou l'éclat de bois ou de pierre, ou la lame du glaive, ou le fer de la lance, qui lui était destiné.

Que Dieu le veuille !

Que Dieu préserve celle qui, alors que nous menions le premier assaut contre la bastille des Tourelles, avait dit, montrant les arches du pont brisées, les palissades anglaises :

« Nous repasserons ce soir par le pont ! En nom Dieu, je le ferai. »

Les bourgeois en armes, les gens d'Orléans, les procureurs de la ville, les notables et le peuple, depuis l'aube, suppliaient Jeanne d'accomplir, disaient-ils, « la charge qu'elle avait de par Dieu et aussi du roi », de prendre la tête de l'assaut puisque les hommes d'armes, les chevaliers, les capitaines et leurs routiers prêchaient la prudence, prétendaient que les Anglais de John Talbot sortiraient de leur bastille de Saint-Laurent-des-Orgerils et qu'ils s'empareraient d'Orléans, pendant que nous nous briserions les dents contre les palissades des Tourelles, et tomberions dans ses fossés.

Et Jeanne en armure blanche avait, brandissant glaive et étendard, marché à la bataille, et tous, les gens du peuple et bientôt les chevaliers et les capitaines, le Bâtard d'Orléans, le sire de Gaucourt et le sire Gilles de Rais, et La Hire et Poton de Xaintrailles, et nous ses proches compagnons, Colet de Vienne, et Jean de Metz, et Bertrand de Poulengy, et son intendant Jean d'Aulon, et son page Louis de Coutes, avions franchi à ses côtés les palissades que défendaient becs et ongles les Anglais du capitaine Glasdale pour qui Jeanne n'était que « la putain des Armagnacs ».

Il y eut vingt assauts. Et les routiers étaient économes de leur vie.

Ils avaient vu tant de guerres et tant de cadavres qu'ils ne s'exposaient pas, et c'était Jeanne qui offrait sa poitrine aux flèches et aux traits anglais.

Et elle criait, quand les hommes refluaient :

« Ayez bon cœur, ne vous retirez pas. Vous aurez la bastille de bref. »

Mais, après des heures, les combats avaient cessé à midi.

Et je m'étais assis près de la Pucelle, heureux que le fer l'ait épargnée, et j'avais de ma lame dévié quelques coups que les Anglais lui destinaient.

J'avais mangé à grosses bouchées du pain qui avait comblé ma faim et mon inquiétude mêlée de peur.

Puis Jeanne s'était levée, la première.

C'était une heure de l'après-midi.

Elle avait porté la première échelle.

Elle l'avait posée contre la douve et, avant qu'elle eût gravi le premier échelon, j'ai entendu l'air se déchirer. Une flèche d'arbalète – un vireton – se vissait dans l'air et je n'ai eu que le temps de tourner la tête, de voir le vireton déjà enfoncé d'un demi-pied dans l'épaule de Jeanne au-dessus du sein droit. En me précipitant pour la soutenir, je me suis souvenu de toutes les prophéties qu'elle avait faites, sur cette blessure qui percerait son corps et sur sa vie qui serait brève comme le feu vif qui dévore le bois sec et dont la flamme est haute et dansante.

On entourait Jeanne. Elle pleurait cependant que le frère Jean Pasquerel et le page Louis de Coutes défaisaient son armure.

Les hommes d'armes conseillaient de charmer la blessure, par des incantations. Ils disaient qu'ils savaient conjurer le mal en posant sur la plaie des billets sur lesquels étaient tracés des caractères magiques.

Jeanne se redressa.

« J'aimerais mieux mourir, dit-elle, que de faire choses que je saurais péchés ou contraires à la volonté de Dieu. »

Elle voulait se confesser à Jean Pasquerel qui achevait de lui ôter son armure. Et le sang avait déjà commencé à sécher, collant les tissus, comme autant de peaux rouges et noires.

Jeanne pleurait et gémissait, alors qu'on retirait le vireton.

« Je sais bien que je dois mourir, disait-elle, mais je ne sais ni quand ni comment. Je ne sais l'heure. »

Elle fermait les yeux, murmurait :

« Si l'on peut donner sans péché remède à ma blessure, je veux bien être guérie. »

Je crus un instant qu'elle s'endormait, le visage tout à coup apaisé.

Et peut-être écoutait-elle ses voix célestes.

Cela dura le temps que met une flèche, un vireton, un boulet pour fendre et tournoyer dans l'air.

Jeanne ouvrit les yeux, demanda qu'on l'arme, parce qu'elle voulait retourner au combat.

Il le fallait et Dieu savait qu'elle devait être là, au côté de Jean le Bâtard d'Orléans qui ordonnait qu'on sonnât la retraite. Et je vis Jeanne lever le bras, le prier d'attendre :

« En nom Dieu, dit-elle, vous entrerez en bref dedans cette bastille. N'ayez crainte et n'auront les Anglais plus de force sur vous. »

Elle ajouta :

« C'est pourquoi reposez-vous un peu, buvez et mangez. »

Elle s'éloigna, tendit son étendard à un homme d'armes de sa compagnie, puis monta en selle, et je la vis s'éloigner seule parmi les vignes que l'obscurité, qui peu à peu montait, recouvrait.

Je la perdis de vue, écoutant Jean d'Aulon qui interpellait un homme d'armes basque, auquel on avait confié l'étendard de Jeanne :

« Si j'entrais là, disait Jean d'Aulon en désignant le fossé, la palissade, me suivrais-tu ? »

Le Basque opinait de la tête, et Jean d'Aulon lui prenait la main, s'avançait avec lui vers le fossé.

Je me tournai vers Jeanne, revenue des vignes, de sa méditation et de ses oraisons :

« Les Anglais n'ont plus de force, cria-t-elle, approchez les échelles. »

Elle vit tout à coup son étendard dans le fossé porté par un inconnu.

Elle cria à nouveau, rejoignit le Basque, saisit l'étendard. Le Basque sans se retourner s'y agrippa. Jean d'Aulon, déjà dans la douve, lança : « Hé, Basque, est-ce là ce que tu m'avais promis ? »

Le Basque arracha le bout de l'étendard des mains de la Pucelle, rejoignit d'Aulon sur la douve.

Et la Pucelle, tournée vers les seigneurs, les gens d'armes et ceux du peuple, les incita de forte voix à suivre son étendard :

« Tout est vôtre, entrez-y ! »

Je me suis jeté en avant, comme tous les Français, qu'ils fussent seigneurs, chevaliers, routiers, hommes d'armes, notables, gens du peuple.

Nous avons comme une vague de gros temps submergé le fossé, la palissade.

J'ai vu Jeanne debout sur le rempart, son étendard tenu à pleines mains et criant au capitaine anglais Glasdale, d'une voix éraillée comme pleine d'émotion, de compassion et de sanglots étouffés :

« Glasdale ! Glasdale ! Rends-t'y au Roi des Cieux. Tu m'as appelée putain. J'ai grand pitié de ton âme et de celle des tiens. »

Mais Glasdale n'était pas capitaine à entendre cette voix qui prêchait la sagesse ! Et le temps n'était pas à la compassion.

On tuait.

Le fort des Tourelles était comme un récif isolé. Devant lui, les arches détruites du pont de pierre, et l'île de Belle-

Croix d'où les Français bombardaient. Et ils le faisaient avec de gros boulets tirés depuis les remparts de la ville. En arrière du fort, vers la rive gauche, une arche du pont détruite isolait la bastille. Les Anglais, pour pouvoir gagner la rive gauche et s'enfuir, avaient jeté une passerelle de bois.

Les gens d'Orléans avaient chargé un chaland de poix, d'étoupe, de fagots, de résine, de soufre, d'huile d'olive, et ils l'avaient poussé après l'avoir enflammé sous la passerelle, coupant la retraite aux Anglais.

Quand Glasdale et d'autres capitaines godons s'aventurèrent sur leur passerelle, celle-ci, brûlée par les flammes du chaland, s'effondra. Glasdale et ses compagnons furent précipités dans la Loire, empêtrés et alourdis par leurs armures.

Il n'y aurait ni survivants, et Jeanne pleurait, ni rançon et les capitaines français et leurs routiers se lamentaient ! Mais la bastille des Tourelles était tombée, et les Anglais de John Talbot, au couchant d'Orléans, n'étaient pas sortis du fort de Saint-Laurent-des-Orgerils.

Jeanne et le peuple d'Orléans avaient eu raison contre les capitaines et les seigneurs.

On jeta par-dessus les arches détruites du pont, en avant de la bastille des Tourelles qui brûlait, des planches qui le reliaient ainsi à l'île de Belle-Croix.

Je suivis Jeanne qui à l'aube de ce samedi 7 mai de l'an 1429 avait dit : « Nous repasserons ce soir par le pont. »

Et nous y passâmes tous, capitaines et hommes d'armes, gens du peuple et des milices, bourgeois et procureurs de la ville, et les prêtres avec leur bannière, et même les prisonniers anglais liés deux à deux.

Quand nous franchîmes la porte du Pont, les cloches de toutes les églises d'Orléans sonnèrent à la volée, et les prêtres et le peuple chantèrent à pleine voix émue et dévotement le *Te Deum Laudamus*.

On rendit grâces aux deux premiers évêques de la ville, devenus protecteurs de la cité, saint Aignan et saint Euverte, et l'on assura que, au moment de l'assaut contre les Tourelles, on les avait vus, irradiés de lumière céleste, planer au-dessus de la bastille anglaise.

J'ai chevauché avec Jeanne jusqu'à l'hôtel de Jacques Boucher. Le peuple et les hommes d'armes louaient celle qu'ils appelaient l'« ange de Dieu », l'« envoyée de Messire ».

Ils disaient qu'il fallait demain faire lever le siège de la ville, profiter de la défaite anglaise.

J'ai regardé Jeanne. Son visage était creusé par la fatigue et recouvert d'un voile de tristesse.

Peut-être était-ce tout ce sang versé, celui de son corps, celui des quatre cents Anglais et des cent Français morts, qui l'accablait. Peut-être était-ce sa blessure au-dessus du sein droit qui la rongeait.

Un chirurgien la pansa.

Puis je restai debout près d'elle, cependant qu'elle trempait quelques tranches de pain rôties dans du vin mêlé d'eau. Ce fut là tout le souper de Jeanne la Pucelle, qui avait versé le sang de son corps, pour le Roi du Ciel et le royaume de France.

27.

C'était le lendemain de la victoire, le dimanche 8 mai 1429, et je marchais au côté de Jeanne, dans les champs, vers cette croix qui se dressait à un carrefour de chemins.

Là le frère Jean Pasquerel devait dire la messe.

Jeanne s'était déjà agenouillée.

Elle n'avait pu revêtir son armure, parce que son épaule blessée était enflée et douloureuse, mais j'ai pensé qu'elle désirait, ne portant ainsi que sa cotte de mailles, marquer qu'elle voulait que ce dimanche, fête de l'apparition de saint Michel, il n'y eût point de combat.

Car si ç'avait été jour de bataille, aucune blessure n'aurait pu empêcher Jeanne de s'armer. Ne l'avait-elle pas fait, à peine pansée hier, lors de la prise de la bastille des Tourelles ?

Or depuis l'aube de ce dimanche, les gens s'étaient rassemblés devant l'hôtel de Jacques Boucher, comme s'ils n'étaient pas rassasiés de combats.

Ils avaient entraîné Jeanne jusqu'aux remparts et j'avais vu, en avant de toutes les bastilles anglaises qui au couchant menaçaient encore Orléans, les Anglais alignés, étendards déployés, semblant se préparer à attaquer la ville et prêts pour une bataille, front contre front.

Car le maréchal de Boussac, les capitaines et leurs hommes d'armes, et les gens des milices, et ceux du peuple, étaient sortis de la ville, et s'étaient alignés face aux Anglais.

Mais aucune flèche, aucun vireton, aucun boulet ou volée de plombs de couleuvrines n'avait été lancé. Ni injure jetée sur l'autre camp. Les hommes d'armes avaient entouré Jeanne, la questionnant :

« Est-ce mal de combattre aujourd'hui dimanche ?

— Il faut entendre la messe », avait-elle répondu.

Et la foule des gens du peuple avait grondé contre la Pucelle qui parlait comme elle n'avait jamais parlé, refusant de dire qu'il fallait se battre pour en finir avec le siège.

Jeanne n'avait pas cédé et elle était devant cette croix, au milieu des blés verts, prête à entendre la messe, et avant de la célébrer elle dit, fort, pour que prêtres, gens d'armes, peuple et capitaines l'entendent :

« Pour l'amour et l'honneur du saint dimanche, ne commencez point la bataille. N'attaquez pas les Anglais mais, si les Anglais vous attaquent, défendez-vous fort hardiment et n'ayez nulle peur et vous serez les maîtres. »

Il y eut deux messes dans les blés, sous le soleil éclatant de ce dimanche 8 mai de l'an 1429.

Jeanne chanta puis, les messes dites, elle demanda qu'on lui rende compte de l'attitude des Anglais :

« Or regardez s'ils ont le visage devers nous, ou le dos. »

On cria qu'ils s'en allaient, marchant en bon ordre, étendards levés et qu'ils se dirigeaient vers Meung-sur-Loire et Beaugency. Et déjà par toutes les portes, le peuple courait vers les bastilles abandonnées.

Je vis revenir des gens d'Orléans, chargés de victuailles pillées dans les bastilles.

Je vis des blessés anglais que l'on portait et des routiers français qu'on avait délivrés des prisons anglaises. Je vis pousser et tirer des bombardes laissées sur les remparts des bastilles. Et des routiers chargés d'armes anglaises, arbalètes et couleuvrines.

Jeanne me demanda d'aller d'une bastille à l'autre et de lui rapporter ce que j'y verrais.

Les gens d'Orléans pillaient, saccageaient, puis comme pour ne laisser aucune trace de ce siège humiliant qui avait commencé le douzième jour d'octobre 1428, il y avait deux cent neuf jours, ils détruisaient les bastilles, de crainte aussi que les Anglais un jour ne les réoccupent.

Je dis à Jeanne qu'il lui avait suffi de neuf petits jours, une neuvaine, pour qu'elle fît lever le siège d'Orléans.

C'était là le signe qu'elle avait annoncé au gentil Dauphin et aux clercs qui l'avaient interrogée à Chinon et à Poitiers.

Elle était bien l'élue qui avait reçu mission de Dieu.

Jeanne m'avait écouté, tête baissée, puis d'une voix humble elle avait remercié Notre-Seigneur.

SIXIÈME PARTIE

« Ne craignez point. L'heure est favorable quand il plaît à Dieu, et il est à propos d'ouvrer quand Dieu le veut.
« Ouvrez et Dieu ouvrera. [...]
« Dieu nous les envoie pour que nous les punissions. »

Jeanne la Pucelle, en campagne contre les Anglais,
dans les pays de Loire,
juin 1429.

28.

J'ai vu, dès le lendemain, lundi 9 mai de l'an 1429, que Jeanne était devenue, pour tous ceux qui voulaient que le souverain du royaume soit Charles de France, celle par qui Dieu apportait la victoire.

« La Pucelle est de Dieu », ai-je lu dans un mémoire que Jacques Gelu, archevêque d'Embrun, un ancien conseiller du Dauphin, avait écrit.

Il ajoutait qu'elle était un ange envoyé par le Seigneur, Dieu des armées, pour le salut du peuple. Et il disait au dauphin Charles : « Accomplissez ce que la Pucelle ordonne et ce que la prudence commande et pour le surplus faites œuvres pies et belles oraisons. »

Quel clerc, après la levée du siège d'Orléans, ce signe, aurait osé douter de la mission de Jeanne la Pucelle ?

Les habitants d'Orléans pleuraient de joie en la voyant marcher en tête de la procession qu'ils avaient voulue afin de remercier Dieu.

Mais c'est à elle, l'ange de Dieu, qu'ils rendaient grâces. Ils lui offraient leurs biens, leur vie : qu'elle commande, elle qui avait donné la victoire !

On se jetait dans les jambes de son cheval. On la touchait. On baisait ses mains et ses pieds.

Je me suis emporté lorsque j'ai entendu un moine de l'abbaye de Saint-Denis, maître Pierre Versailles, l'un de ceux qui l'avaient interrogée à Poitiers, lui dire d'une voix sèche :

« Vous faites mal de souffrir telles choses, qui ne vous sont pas dues. Prenez-y garde, vous induisez les hommes en idolâtrie. »

Je n'ai pu retenir un mouvement de colère.

Jamais je n'avais vu Jeanne rechercher les hommages et la gloire. Elle était humble mais, simplement, elle voulait avec obstination et rigueur accomplir la mission que Dieu lui avait confiée.

Elle était gênée par l'attitude de ceux qui l'adoraient et voulaient la toucher comme on fait avec les reliques ou la statue d'une sainte.

Mais elle écoutait avec compassion les pauvres gens qui sollicitaient son aide.

Elle répondit à Pierre Versailles :

« En vérité je ne saurais m'en garder si Dieu ne m'en gardait ! »

Elle ne voulait pas qu'en sa présence, à la messe, le prêtre récitât l'« oraison de la Pucelle pour le royaume de France ». On y remerciait Dieu d'avoir délivré son peuple par la main d'une femme.

Elle était dans la main de Dieu, à son service, soumise à sa volonté. Ce lundi 9 mai 1429, alors que nous quittions Orléans, comme le faisaient les capitaines et leurs routiers, Gilles de Rais et La Hire, et Jean le Bâtard d'Orléans qu'on commençait à nommer comte de Dunois, puisque c'était là son fief, j'ai entendu Jeanne dire :

« Je durerai un an, guère plus. Qu'on pense à bien besoigner pendant cette année ! »

J'avais le cœur meurtri quand elle annonçait ainsi, sur un ton de certitude qui m'empoignait, que le temps lui était compté. Puis mon inquiétude se dissipait.

Nous arrivions à Blois, dont les habitants accueillaient Jeanne avec ferveur.

Son chapelain, le frère Jean Pasquerel, lui lisait copie des lettres que le dauphin Charles avait adressées aux communes du royaume pour leur faire part des victoires remportées à Orléans sur les Anglais.

« La Pucelle, écrivait-il, a toujours été en personne à l'exécution de toutes ces choses. »

Il avait même, pour bien marquer ce que le royaume devait à Jeanne, fait dessiner de nouvelles armoiries qu'elle porterait sur son bouclier, et cet écusson représenterait une couronne soutenue par une épée entre deux fleurs de lis.

Nous nous rendîmes à Tours afin d'y rencontrer le roi, et comme il n'y était pas encore arrivé nous allâmes vers lui. Jeanne chevauchait, étendard à la main, et quand elle fut en face de lui, elle ôta son bonnet et s'inclina le plus qu'elle put sur l'encolure de son cheval, et le roi retirant son capuchon, fit faire un pas à son cheval, la releva, et se penchant l'embrassa.

Il la garda près de lui durant les dix jours que nous demeurâmes à Tours.

Je ne me lassais pas d'observer Jeanne.

Elle était comme un arbre dont la belle saison fait mûrir les fruits.

Qu'elle était loin la jeune paysanne à la robe rouge délavée et rapiécée, que j'avais vue entrer pour la première fois dans le château de Vaucouleurs !

Elle était maintenant magnifiquement vêtue, portant habit de seigneur, de gentilhomme. Elle avait petit chapeau, pourpoint, chausses ajustées, houppelande de drap d'or et de soie fourrée et souliers lacés.

Elle accueillait les capitaines, les jeunes chevaliers en leur offrant du vin, comme c'était l'usage entre gentilshommes.

Mais je savais que ces riches habits ne changeaient rien à son âme.

Elle ne manquait aucune messe, communiait une fois la semaine et se confessait, parfois chaque jour. En recevant la chair du Christ, elle pleurait, et ces sanglots faisaient trembler son corps.

Chaque soir, à l'heure des vêpres elle se retirait dans une église et faisait sonner les cloches. Et les moines mendiants se rassemblaient autour d'elle qui était devenue la patronne des cloches et des sonneurs. Et sa détermination restait entière.

Je l'ai vue, face aux capitaines et même au roi, s'opposer à ceux qui voulaient partir à la reconquête de la Normandie ou bien marcher contre l'armée de sir John Fastolf qui se dirigeait vers la Loire, menaçante car elle allait s'augmenter des troupes de John Talbot.

Jeanne rappelait que sa mission, c'était de conduire le Dauphin à Reims afin qu'il y fût sacré.

Je la suivis quand elle pénétra dans cet espace, fermé par des boiseries sculptées, que l'on ménageait dans les grandes salles des châteaux.

Le roi était là, entouré du Bâtard d'Orléans, de plusieurs seigneurs dont Christophe d'Harcourt, l'un des plus familiers du souverain.

Jeanne s'agenouilla devant le Dauphin et, serrant les jambes de Charles entre ses bras, elle dit :

« Gentil Dauphin, n'assemblez plus tant et de si longs conseils. Mais venez tout de suite à Reims recevoir votre digne sacre. »

Je l'ai admirée pour sa résolution, son audace. Elle, fille de laboureur, d'à peine dix-sept ans, elle savait répondre au sire d'Harcourt qui l'interrogeait habilement :

« Ne voudriez-vous pas dire ici, en présence du roi, la manière de votre conseil, quand il vous parle ? »

Et le roi, insistait :

« Jeanne, vous plaît-il bien de déclarer ce qu'on vous demande en présence des personnes ici présentes ?

— Je vois bien ce que vous voulez savoir, dit-elle à Harcourt, et je vous le dirai volontiers. »

Elle leva les yeux au ciel, et son visage m'apparut lisse, comme poli et brillant, tel celui de certaines statues de saintes. Et jamais je ne fus aussi ému que de l'entendre révéler ses tourments. Elle était une jeune fille sincère qui mettait son âme à nue devant ces hommes racornis, qui la croyaient du bout des lèvres, et n'osaient la démentir, car elle était la force du peuple de France, qui lui avait donné sa foi.

« Quand je suis contristée en quelque manière, de ce qu'on ne croit pas facilement à ce que je dis par mandement de Messire, avait expliqué Jeanne, je me retire à part et me plains à Messire de n'être facilement crue de ceux à qui je parle. Et mon oraison faite aussitôt j'entends une voix qui me dit : “Fille de Dieu, va ! Je serai à ton aide, va !” Et à l'entendre j'ai grande joie. Et même je voudrais toujours rester en cet état. »

Le roi l'avait écoutée, bienveillant, et il m'avait semblé qu'il l'avait regardée avec tendresse, comme on le fait d'une enfant, qu'on ne veut et ne peut réfuter. Et cette pensée me blessait.

Mais peut-être me trompais-je ?

Le roi demandait à Jeanne de l'accompagner à Loches, au levant de Tours et non loin de Chinon, puis de là, avec lui nous gagnâmes un gros bourg, situé sur la rive gauche du Cher, Selles-en-Berry. Là les troupes se rassemblaient. Car de conseil en conseil, il avait été décidé qu'on chasserait les Anglais des châteaux et des villes dont ils étaient encore les maîtres, en amont d'Orléans – ainsi la cité de Jargeau – et en aval – ainsi Meung-sur-Loire et Beaugency.

Il fallait agir vite car l'armée de sir John Fastolf et celle de John Talbot avançaient en Beauce.

Et l'on devait chasser les Anglais de leurs dernières possessions en pays de Loire et vaincre ces armées si l'on voulait pouvoir chevaucher vers Reims sans craindre d'être attaqués sur nos arrières.

Jeanne se préparait à ces combats.

Elle était sûre d'elle.

« Avant que le 24 juin, jour de la Saint-Jean-Baptiste de l'an 1429, arrive, disait-elle, il ne doit pas y avoir un Anglais si fort et si vaillant soit-il qui se laisse voir par la France, soit en campagne, soit en bataille. »

Et je croyais à sa prophétie.

Puis elle s'assombrissait, évoquait sa mort et tous les morts des batailles à venir :

« Si je venais à quitter ce monde, confiait-elle à Jean Pasquerel, je voudrais bien que le roi fît faire des chapelles où l'on prierait Messire pour le salut de l'âme de ceux qui sont morts à la guerre ou pour la défense du royaume. »

Mon cœur pleurait à l'entendre.

Puis je la voyais cherchant à monter sur un grand coursier noir qui se démenait. Elle le faisait conduire jusqu'à une croix devant l'église de Selles-en-Berry. Il se calmait et elle l'enfourchait, armée tout en blanc, sauf la tête, une petite hache en sa main. Elle se tournait vers l'église.

« Vous les prêtres et gens d'Église, faites procession et prières à Dieu », disait-elle.

Son page portait l'étendard de la Pucelle déployé.

Elle avait commencé à chevaucher, et elle avait lancé :

« Tirez avant, tirez avant ! »

Je la suivis.

29.

J'ai chevauché au côté de la Pucelle à la rencontre du roi Charles, qu'elle était seule à appeler Dauphin, comme pour lui rappeler qu'il ne serait roi qu'après le sacre de Reims, et que c'était sa mission à elle de le conduire là où Clovis avait été baptisé par saint Remi.

Jamais je n'avais vu autour de la Pucelle et du roi aussi grande compagnie. Le duc d'Alençon, que Jeanne appelait le beau duc, Jean le Bâtard d'Orléans, comte de Dunois, le maréchal de Boussac, et les capitaines, La Hire, Gilles de Rais, leurs routiers et leurs piétons, chevauchaient et marchaient devant les gens des communes.

Il m'a semblé que cette armée du royaume de France était forte d'au moins huit mille hommes portant glaives, arbalètes, lances et maillets de plomb. Le commandement en fut donné au duc d'Alençon, mais c'était la Pucelle que les hommes d'armes et surtout les habitants des villages et des cités, les gens des communes et des milices, voulaient suivre.

Quand, le jeudi 9 juin au soir, nous entrâmes dans Orléans, un mois après la délivrance de la ville, les habitants se rassemblèrent autour de Jeanne, avec encore plus de ferveur qu'à l'accoutumée. Ils offrirent pour le siège des villes des ouvriers de tous les corps de métier, maçons, charpentiers, à leurs gages. Ils prêtèrent des couleuvrines, des canons et la grosse bombarde tirée à quatre chevaux, et leurs canonniers. Ils fournirent munitions et engins, traits, échelles, pioches, pelles et pics.

Ils acceptaient de payer un supplément de l'impôt de la taille, pour les dépenses à engager afin de mener à bien les sièges de Jargeau, de Meung et de Beaugency.

Et ils disaient haut et fort, entourant la Pucelle, que c'était à elle, fille de Dieu, qui les avait délivrés, qu'ils apportaient leur aide.

Le vendredi 10 juin, nous dormîmes dans les bois proches de Jargeau. Le lendemain à la pointe du jour, nous avançâmes jusqu'aux murs de la ville.

Elle était fortifiée, occupée par des centaines d'hommes d'armes commandés par le comte de Suffolk et ses deux frères. Nous apprîmes par des courriers, qui chevauchaient à bride abattue depuis la Beauce, que l'armée de sir John Fastolf et John Talbot, composée de plusieurs milliers d'hommes, se dirigeait vers Jargeau avec vivres et munitions pour la cité.

Et une nouvelle fois je mesurais le courage et la détermination des hommes. Certains capitaines s'enfuirent avec leurs routiers. D'autres, assurant qu'il fallait aller au-devant de l'armée de Fastolf, proposèrent de lever le siège.

Et Jeanne se dressa, forte de ses certitudes, de sa foi, du conseil de ses voix. Elle dit :

« Ne craignez quelque multitude que ce soit, et ne faites point de difficulté de donner l'assaut aux Anglais, car Messire Dieu conduit cet ouvrage. »

Les capitaines, les seigneurs qui l'écoutaient hésitaient. Alors elle se tourna vers les gens des communes et à pleine et sûre voix elle leur lança :

« Si je n'étais certaine que Messire conduit cet ouvrage, j'aimerais mieux garder les brebis que de m'exposer à de si grands dangers. »

Les gens des communes l'acclamèrent, et l'assaut contre Jargeau fut donné.

Jeanne s'est élancée, son étendard levé, criant aux hommes d'armes d'avoir bon courage. Or les gens du roi, les routiers, les capitaines et même le beau duc d'Alençon avaient reculé devant la résistance anglaise, et c'est Jeanne en se portant en avant qui les entraîna.

Et c'est ainsi que les faubourgs de Jargeau furent conquis.

J'ai une fois encore admiré Jeanne. Sa force, sa témérité venaient de sa foi. Elle ne doutait pas que Messire Dieu voulût bouter les Anglais hors de France. Et c'était à elle de guider les gens d'armes.

Le samedi 11 juin les machines et les bombardes commencèrent à envoyer les boulets sur la ville, mais quand les gens des communes s'avancèrent jusqu'aux fossés, les Anglais les en chassèrent, et beaucoup furent blessés.

La nuit tombée, je suivis Jeanne qui s'avança jusqu'à ces mêmes fossés puis, dans le silence, elle cria :

« Anglais, rendez la place au Roi du Ciel et au roi Charles, et vous en allez. Autrement il vous en coûtera cher. »

Mais le lendemain, dimanche 12 juin, les Anglais tenaient toujours la ville. Le comte de Suffolk, je l'appris à Jeanne, avait conversé avec le Bâtard d'Orléans, mais il ne voulait rendre la ville qu'après un long délai, le temps de laisser l'armée de sir John Fastolf parvenir jusqu'à Jargeau.

Jeanne s'était indignée :

« Qu'ils s'en aillent de Jargeau en leurs petites cottes, la vie sauve s'ils veulent ! Sinon ils seront pris d'assaut ! »

Et déjà elle donnait l'ordre d'apporter les échelles, de franchir les fossés et les murs.

Les hérauts sonnaient de la trompette et criaient : « À l'assaut ! »

Jeanne avait déployé son étendard. Elle était armée, la tête recouverte d'une chapeline, alors que les chevaliers et les capitaines ne se contentaient pas de ce casque léger et portaient leur heaume. Elle entraîna les gens des communes et les gens du roi, qui malgré les traits des arbalètes et les pierres des canons et des bombardes descendirent avec elle dans les fossés.

Elle se tourna vers le duc d'Alençon qui se tenait en retrait :

« En avant, gentil duc, à l'assaut ! »

Il avait hésité.

« Ne craignez point, reprit Jeanne. L'heure est favorable quand il plaît à Dieu, et il est à propos d'ouvrer quand Dieu le veut. »

Je l'avais déjà entendue exprimer ainsi sa certitude, son aveugle confiance en la parole de Dieu, qu'elle entendait.

« Ouvrez, et Dieu ouvrera », ajouta-t-elle.

D'Alençon s'était arrêté.

« Oh ! gentil duc, avez-vous peur ? Ne savez-vous pas que j'ai promis à votre femme de vous ramener sain et sauf ? »

Le duc se porta enfin à la hauteur de Jeanne. J'étais à un pas.

Je vis Jeanne désigner sur la muraille une bombarde longue et mince qu'on appelait veuglaire.

« Éloignez-vous, cria-t-elle, cette machine va vous tuer. »

Elle poussa le duc, qui recula de trois pas.

Un gentilhomme d'Anjou, le sire de Lude, prit sa place et avant que Jeanne ait eu le temps de dire un mot, une pierre lancée par la bombarde le tua.

Je vis la stupeur et la frayeur du duc d'Alençon auquel Jeanne venait de sauver la vie.

Dieu avait choisi, Dieu élisait celui qu'il voulait selon Son dessein. Il protégeait Jeanne.

L'étendard à la main elle montait l'échelle appuyée à la douve quand une pierre frappa sa chapeline.

Je la crus écrasée et je me mis à trembler, tout le corps endolori et en sueur.

Mais déjà Jeanne se relevait, couverte de poussière. Elle criait :

« Amis, amis, sus ! Sus ! Messire a condamné les Anglais. À cette heure ils sont nôtres. Ayez bon cœur ! »

Ces paroles m'ont poussé en avant. J'ai franchi le mur, et avec Jeanne, les gens des communes et les gens du roi le passaient aussi, se répandant dans la ville, cependant que les Anglais fuyaient.

Le comte de Suffolk se rendit à un écuyer d'Auvergne, Guillaume Regnault, après l'avoir adoubé chevalier, afin qu'ainsi son rang fût respecté. Il n'est pas vrai, comme on l'a répété, qu'il s'agenouillât devant Jeanne. Elle n'était pour lui qu'une femme, une sorcière, hérétique, putain des Armagnacs. L'un de ses frères, John Pole, fut pris aussi, et l'autre, Alexander, fut tué ou se noya dans la Loire.

Le temps de la mort était venu.

Je vis Jeanne, tête baissée, en prière, essayant de ne pas voir qu'on massacrait plusieurs centaines d'Anglais dont on ne pouvait tirer rançon.

Seuls les gentilshommes qui valaient leur pesant d'or furent épargnés. Et les gens des communes, mécontents qu'on ne leur accordât pas leur part, se mirent à tout assommer.

Il fallut, pour sauvegarder vies et rançons, conduire à Orléans, sur des chalands, descendant le fleuve en pleine nuit, quelques Anglais qui avaient échappé à la tuerie.

Nous avions combattu un dimanche, pourtant jour du Seigneur.

Nous avions tué des hommes pourtant désarmés, laissés à merci.

Nous avions pillé l'église de Jargeau.

Je n'ai pas interrogé Jeanne sur ce que disaient ses voix célestes de ses actions.

Et je n'ai pas imaginé quel châtiment Messire Dieu nous réservait.

30.

Jeanne, comme si elle avait voulu fuir les rues et les faubourgs de Jargeau, pleins de cadavres, quitta la ville conquise sans attendre.

Son visage était marqué par la fatigue des combats, et, je l'ai senti, par la compassion qu'elle éprouvait pour ces hommes d'armes morts sans s'être confessés et jetés sans qu'aucune prière les accompagnât dans des fosses communes.

Je ne la vis retrouver sa sérénité et son allant qu'au moment où descendant le cours de la Loire nous atteignîmes Orléans.

Et ce fut, autour d'elle, la ferveur.

En son honneur et pour célébrer la chute de la place de Jargeau, les procureurs de la ville avaient organisé une procession suivie par une multitude.

Les habitants offrirent à Jeanne quatre tonneaux de vin, des vêtements taillés dans des étoffes fines, de couleur vert sombre, ce « vert perdu » qui était celui de la livrée des Orléans, et la ville appartenait au duc Charles d'Orléans, prisonnier des Anglais depuis Azincourt.

Henri V, à la veille de sa mort, avait recommandé de ne jamais rendre le duc quel que fût le montant du prix dont on voulait payer sa libération.

Je connaissais le poème que Charles d'Orléans avait écrit, plein de désespoir :

> *« Fruit abattu vert encore*
> *Je fus mis à mûrir sur la paille de la prison*
> *Je suis un fruit d'hiver. »*

Jeanne évoquait souvent le duc. Elle était, disait-elle, sa bonne et humble servante.

Elle était prête à souffrir pour lui qu'elle n'avait jamais rencontré. Dans l'ordonnancement du monde, il était au centre des choses, comme le dauphin Charles, alors qu'elle n'était que l'outil dont se sert, durant quelques saisons, le forgeron. Puis il le remplace.

« Je sais bien, m'avait-elle dit, que Dieu aime mieux mon roi et le duc d'Orléans que moi en ce qui regarde l'aise du corps. Je le sais par révélation. »

Puis comme je la dévisageais avec avidité, suspendu à sa parole, elle avait ajouté, instant rare d'une confidence :

« Mes voix m'ont fait beaucoup de révélations sur lui. Elles m'en ont fait sur le duc d'Orléans plus que sur tout homme vivant, excepté mon roi. »

Elle ne m'en dit pas plus.

Nous approchions de Meung-sur-Loire que les Anglais de lord Scales tenaient toujours.

En conseil, je l'ai dit, les capitaines avaient décidé de reprendre les places anglaises situées en aval d'Orléans. Après Meung viendrait Beaugency.

Le 14 juin j'aperçus le pont de Meung, défendu à chacune de ses extrémités par deux châtelets. Les Anglais, peu nombreux, s'enfuirent abandonnant leurs armes, et nous les poursuivîmes dans une vaste prairie comme on pourchasse des animaux débusqués. Quelques-uns réussirent à se réfugier dans le château.

« Beaugency », cria Jeanne.

Nous laissâmes une garnison pour défendre le pont de Meung, et au grand galop, nos archers courant derrière nous, nous chevauchâmes jusqu'à Beaugency.

Jeanne avait répété que le château de Meung tomberait, comme un fruit mûr.

Nous entrâmes, emportés par notre élan, dans les faubourgs de Beaugency.

Et ce fut tout à coup un déluge de flèches, de viretons, de traits d'arbalète.

Les routiers anglais, à l'affût dans les masures, nous criblèrent longtemps de leurs traits, puis se retirèrent dans le château de Beaugency, qui dominait, sis au sommet d'une colline, la vallée de la Loire.

Jeanne, soucieuse et attristée, passa parmi les morts et les blessés.

J'assistais, accablé, aux querelles qui opposaient le duc d'Alençon à Arthur de Bretagne, sire de Richemont, connétable de France, qui, après avoir combattu le Dauphin, se présentait avec un millier d'hommes, nous proposant son aide. Ainsi était le royaume de France, déchiré par les rivalités, écartelé par les intérêts des princes qui préféraient renier leur qualité de sujet du roi de France, plutôt que de renoncer à leurs ambitions.

« Si le connétable vient, je m'en vais », tempêtait le duc d'Alençon.

J'accompagnais Jeanne qui allait du duc d'Alençon au duc de Richemont. Elle répétait à l'un et à l'autre : « Il faut s'entraider. »

Le connétable opinait :

« Jeanne, je ne sais si vous êtes de par Dieu ou non. Si vous êtes de par Dieu, je ne vous crains de rien. Car Dieu fait mon bon vouloir. Si vous êtes de par le diable je vous crains encore moins. »

Je m'irritais de cette morgue, de la vanité de ces seigneurs.

C'étaient les gens des communes, le peuple d'Orléans, et ses procureurs qui nous envoyaient vivres et armes, couleuvrines et bombardes, chalands chargés de pain et de vin, ouvriers et gens d'armes.

Et le canonnier le plus aguerri d'Orléans, Jean de Montesclère, vint pointer ses bombardes sur la ville. Ses boulets firent voler en éclats les toits des maisons serrées autour de la cour carrée de Beaugency.

Alors, peu avant minuit, le vendredi 17 juin, sir Richard Guethin, qui commandait la garnison de Beaugency, capitula. Et au matin du samedi 18 juin de l'an 1429, cinq cents Anglais, archers et chevaliers, quittèrent la ville.

Nos hommes d'armes et les gens des communes dans l'aube naissante crièrent leur joie, se moquant des Godons qui avançaient tête basse, se dirigeant vers le château de Meung, sans armes, avec chevaux, harnais et bagages, qui valaient bien un marc d'argent.

« Ils seront à nous bientôt », avait dit Jeanne.

Peu après un homme d'armes, haletant d'avoir couru, les yeux exorbités, la fatigue creusant ses traits, vint annoncer que l'armée de sir John Fastolf et de sir John Talbot avançait, qu'elle serait bientôt devant nous.

Jeanne s'approcha de l'homme, demanda qu'on lui servît du vin, puis se tournant vers le connétable de Richemont, elle dit :

« Ah, beau connétable, vous n'êtes pas venu de par moi. Mais puisque vous êtes venu, vous serez le bienvenu. »

Elle saisit son étendard et, se plaçant entre le duc d'Alençon et le sire de Richemont, elle prit la tête de l'armée du royaume de France qui allait affronter l'armée anglaise.

31.

Alors que ce samedi 18 juin de l'an 1429 nous chevauchions vers l'armée anglaise dont nos coureurs qui l'observaient nous disaient qu'elle comptait au moins cinq mille hommes d'armes, des archers et des arbalétriers par centaines, des chevaliers, des chariots, une avant-garde et une arrière-garde composées d'Anglais d'Angleterre prêts à se battre contre les Français jusqu'au dernier sang, je ne cessais de penser et de me souvenir de mes quinze ans, de ce 25 octobre 1415 et des sept mille chevaliers français massacrés sur le plateau d'Azincourt.

Et j'espérais que Dieu, en me laissant la vie ce jour-là, avait voulu que je puisse participer à la bataille qui serait victorieuse, et vengerait les chevaliers français morts à Azincourt.

Je savais que le beau duc d'Alençon avait eu son père égorgé à Azincourt. Et en cette aube du samedi 18 juin, quatorze années plus tard, il chevauchait auprès de Jeanne.

Mais la crainte parfois me saisissait. Les Anglais étaient de grands maîtres de guerre et ils pouvaient nous infliger une nouvelle cruelle et sanglante défaite.

Alors je me tournais vers Jeanne, elle qui avait vaincu ces Godons à Orléans, à Jargeau, à Meung et à Beaugency, elle qui entendait les voix célestes lui dire que Dieu voulait que les Anglais fussent boutés hors de France.

Cette pensée me rassurait.

Nous avons gravi une colline et j'ai vu l'infinie plaine de Beauce, ses broussailles et ses taillis, ses buissons qui du lieu où nous étions ressemblaient à des vagues.

Dans cette immensité j'ai aperçu les étendards et les pennons anglais, j'ai vu les archers qui commençaient à enfoncer les pieux afin que, en les chargeant, nous nous embrochions.

Je me suis approché de Jeanne qui était entourée par les capitaines, le duc d'Alençon, le sire de Richemont.

« Ils sont en ordre de bataille, disait La Hire.

— Frappez hardiment, ils prendront la fuite », a répondu Jeanne.

Et comme le duc d'Alençon l'interrogeait, elle reprit :

« Ayez tous de bons éperons.

— Que dites-vous, nous tournerons le dos ? »

Jeanne leva son étendard.

« Nenni, dit-elle. En nom Dieu, allez sur eux car ils s'enfuiront et n'arrêteront pas et seront déconfits, sans guère de perte pour vos gens. »

Sa résolution, sa confiance, sa foi étaient notre plus grande armée. Elle ajouta :

« Le gentil Dauphin, notre roi, aura aujourd'hui plus grande victoire qu'il eût de longtemps. Et, m'a dit mon conseil, qu'ils sont tous nôtres. »

Je vis les capitaines se concerter, et dire d'une seule voix que Jeanne ne pourrait demeurer à l'avant-garde, mais qu'elle rejoindrait l'arrière-garde en compagnie de Gilles de Rais.

À mon étonnement, elle accepta et je me séparai d'elle. Le sang d'Azincourt coulait de ma mémoire et je voulais frapper l'Anglais d'estoc et de taille !

Nous avons chevauché dans l'intense et étincelante chaleur qui unissait la terre de Beauce et les nuées.

Mais point d'Anglais. Ils s'étaient retirés.

Nous envoyâmes des coureurs et tout à coup, alors que nous approchions d'un creux de la plaine, dont La Hire nous dit que ce bas-fond se nommait La Retrève, une clameur s'éleva.

Nos coureurs, nous le comprîmes plus tard, avaient débusqué un cerf qui s'était précipité dans La Retrève, là où s'était rassemblé le corps de bataille anglais, dont les hommes, surpris et joyeux de l'arrivée de ce gibier, avaient crié.

Ils étaient donc là, ignorant notre proche présence.

Je pris le galop, lance baissée, comme tous les chevaliers de notre avant-garde, et nous fîmes grand massacre, semant la mort mais aussi le désordre dans toutes les autres parties de l'armée anglaise.

Nous surprîmes les archers de John Talbot, qui fut fait prisonnier. Nous taillâmes en pièces l'arrière-garde, et prîmes à rançon des dizaines de chevaliers parmi lesquels le capitaine Scales. Nous fîmes mille cinq cents prisonniers et envoyâmes en enfer peut-être trois mille hommes.

Je me suis souvenu des paroles de Jeanne qui nous avait dit :

« Dieu nous les envoie pour que nous les punissions. »

Trois des nôtres seulement les avaient accompagnés dans la mort.

Le sang des chevaliers français répandu à Azincourt avait enfin séché.

Mais le sang anglais continuait de couler quand Jeanne arriva sur le champ de bataille.

J'ai levé la tête. Devant moi, à une lieue, j'ai vu se détacher sur l'horizon le clocher de l'église de la petite ville de Patay.

Ce fut ce nom de Patay que l'on donna à la victoire de l'armée du roi de France, que Jeanne la Pucelle avait annoncée, nous apportant l'espoir et la force de l'obtenir.

32.

C'était jour de victoire et pourtant j'ai vu les larmes emplir les yeux de Jeanne, et l'émotion m'étreint encore lorsque je me souviens de ces moments qui eussent dû être de la joie et qui furent d'abord ceux de la tristesse et de la déception.

J'avais accueilli Jeanne sur le champ de bataille, mais elle n'avait d'yeux que pour cette colonne de prisonniers anglais qui avançait entre nos hommes d'armes.

Et l'un de ces routiers de la compagnie de La Hire frappa durement sur la tête de l'un des Godons, qui s'effondra blessé à mort.

Et Jeanne aussitôt de descendre de cheval, de soulever la tête de l'Anglais qui agonisait, de chuchoter à son oreille, de le consoler, de recueillir sa confession, de l'arracher ainsi à une mort sans prière.

Quand elle se redressa, je vis ses larmes qu'elle laissa couler sur ses joues sans chercher à les dissimuler, alors qu'autour d'elle, les capitaines, le duc d'Alençon et le connétable de Richemont s'esclaffaient, se moquaient des Anglais, arpentaient les lieux du combat, indifférents aux morts, interpellant sir John Talbot, leur prisonnier.

« Vous ne croyiez pas ce matin qu'ainsi vous adviendrait. »

Et Talbot répondait :

« C'est la fortune de la guerre. »

Puis, c'était le départ vers Orléans, vers Châteauneuf-sur-Loire, où devaient se réunir les conseillers du roi.

Et déjà les uns proposaient que l'on marchât sur Paris, où selon les nouvelles les défaites anglaises avaient semé la peur, et où l'on craignait la venue de l'armée du roi, de ces Armagnacs que l'on redoutait.

D'autres capitaines recommandaient que l'on fît la conquête de Rouen et de la Normandie, avant que les Anglais ne débarquent des renforts à Calais.

Et je voyais Jeanne soucieuse.

J'étais près d'elle quand elle rencontra le gentil dauphin Charles à Saint-Benoît-sur-Loire, entre Sully et Chinon.

J'entendis le roi lui dire de sa voix cérémonieuse et douceâtre :

« J'ai pitié de vous et de la peine que vous endurez. »

Il lui ordonna de prendre du repos.

Et tout à coup Jeanne éclata en sanglots, comme si les paroles du roi, l'attention qu'il lui portait l'avaient bouleversée, à moins que ce ne fût la déception, car derrière les lèvres du roi, j'avais senti, sans doute comme Jeanne, le cœur indifférent du monarque.

Jeanne se laissa quelques instants emporter par les sanglots, puis enfin, comme si après avoir été étouffée par la tristesse elle respirait à nouveau, elle dit d'une voix qui ne tremblait pas qu'il fallait aller à Reims, pour que le roi y fût sacré, oint de l'huile de la sainte ampoule. Il serait alors le souverain légitime, choisi par Dieu. Il fallait se hâter car les Anglais songeaient sûrement à se rendre à Reims afin d'y faire sacrer Henri VI.

Elle avait fait un pas vers le roi, s'arrêtant, le fixant si durement qu'il baissa la tête.

« N'en doutez point, dit-elle, vous aurez tout votre royaume et serez de bref couronné. »

Mais le roi laissait les jours s'ajouter aux jours, sans choisir, écoutant les uns et les autres, paraissant douter alors que de tout le royaume français, des hommes d'armes, des chevaliers, des seigneurs, des capitaines se rassemblaient à Gien-sur-Loire, en amont d'Orléans et de Jargeau.

Je sentais que Jeanne s'impatientait. Elle me répétait :

« Je mènerai le roi Charles et sa compagnie, sûrement, et il sera sacré à Reims. »

Je la voyais marchant au côté de Regnault de Chartres, archevêque et duc de Reims, chancelier du royaume, qui ne pouvait être que partisan du sacre du roi dans sa ville, ce dont il tirerait grand profit.

D'autres – ainsi le Bâtard d'Orléans, comte de Dunois – rappelaient que pour atteindre Reims il fallait parcourir plus de cent lieues en pays bourguignon, là où les villes – Auxerre, Troyes, Chalons – avaient toutes choisi le parti anglais. Et il en était de même de Reims.

Mais Jeanne assurait que par la volonté de Dieu, tous les obstacles seraient levés, parce que le roi devait être sacré à Reims. Et le peuple, celui qui n'acceptait pas l'Anglais, et les pauvres clercs, les frères des ordres mendiants qui avaient suivi Jeanne, qui avaient répandu ses prophéties, le voulaient.

Le sacre donnait force, pouvoir de faire des miracles, splendeur au roi.

C'est ce que le peuple attendait, ce que Dieu désirait, et c'était la mission de Jeanne de le réaliser.

Et l'intérêt de Regnault de Chartres, comme celui du roi, de l'entreprendre.

Lorsque le 22 juin de l'an 1429, à Châteauneuf-sur-Loire, je vis le sourire de Jeanne éclairer son visage serein, lorsque je croisai son regard, illuminé, je sus que le roi et son Conseil avaient enfin décidé de se rendre à Reims, afin que le gentil Dauphin fût sacré roi de France.

L'armée royale partirait de Gien-sur-Loire où elle avait commencé de se rassembler.

Nous nous y rendîmes.

SEPTIÈME PARTIE

« Gentil roi, ores est exécuté le plaisir de Dieu qui voulait que je lève le siège d'Orléans et que je vous amène en cette cité de Reims recevoir votre saint sacre en montrant que vous êtes vrai roi et celui auquel le royaume doit appartenir. »

Jeanne, à Reims, au sacre de Charles VII
le 17 juillet 1429.

33.

Nous étions partis d'Orléans le vendredi 24 juin de l'an 1429 alors que la brume légère de l'aube masquait encore la Loire, dont nous remontions le cours, sur la rive droite.

Jeanne menait grand train et j'avais de la peine à la suivre. Nous avions traversé Chécy, Jargeau, Châteauneuf, et dans chacune de ces villes où nous avions combattu ou séjourné, nous avions dû avancer au pas.

Il semblait que tout le royaume de France se déversait sur cette chaussée. Il y avait là des chevaliers, des capitaines, des routiers, des archers, des vilains et des gens de métier, des gens des communes des pays de Loire et d'autres venus de la Bretagne et du Poitou.

Tous voulaient, après l'annonce des victoires que Jeanne avait remportées, accompagner le roi à Reims, combattre pour lui et assister à son sacre. Ils avaient quitté leurs masures ou leurs châteaux, leurs champs dévastés par les bandes de routiers. La guerre au service du roi Charles n'était pas seulement le moyen de retrouver la paix perdue depuis si longtemps, mais la seule ressource. On y pouvait capturer un chevalier qu'on rendait contre rançon, on pouvait piller les villes ralliées aux Anglais et aux Bourguignons, se nourrir ainsi, et le roi verserait, on l'espérait, une solde.

Certains reconnaissaient la Pucelle, celle dont on disait dans les prêches des frères mendiants qu'elle était fille de Dieu et qu'elle avait remporté toutes les batailles, car Dieu l'avait chargée de conduire le roi à Reims et de bouter l'Anglais blasphémateur hors de France.

Ils cherchaient à la toucher, à la retenir, mais elle donnait un coup d'éperon, s'éloignait des hommes d'armes, des archers et aussi des valets, des moines et des ribaudes que l'on rencontrait dans cette foule.

Il fut difficile de se frayer un chemin parmi ces trente mille personnes qui se pressaient dans les rues de Gien.

Jeanne s'impatientait.

Le lendemain 25 juin, elle dicta à Jean Pasquerel deux lettres. Je n'ai pas gardé mémoire précise de celle qu'elle adressa au duc Philippe de Bourgogne, l'invitant à assister au sacre du roi Charles.

Ainsi elle prêchait la réconciliation pour le bien et la grandeur du royaume.

Qu'avait-il à faire, lui, duc de Bourgogne, aux côtés des Anglais ? Il était temps qu'il rejoigne le roi de France.

J'ai su, plus tard, que Philippe de Bourgogne n'avait pas répondu à cette missive, mais que, sans que Jeanne en fût avertie, des négociations furent ouvertes entre le roi de France et le duc.

Et parce que l'histoire est souvent retorse, c'est Jeanne, je l'ai compris des mois après, qui fut victime du rapprochement qu'elle avait souhaité.

J'ai retrouvé copie de l'autre lettre écrite par Jeanne « aux loyaux Français de la ville de Tournay ».

Qui ne savait dans le royaume de France que cette ville des

Flandres était, au cœur des terres bourguignonnes, restée fidèle à son légitime seigneur, le roi de France ?

On disait d'elle ce qu'on rapportait de la châtellenie de Vaucouleurs, qu'elle était une île en terre adverse.

« Le fait est, écrivait-on, que les Anglais occupent tout le pays de Normandie et de Picardie fors Tournay. »

Et Jeanne, ce 25 juin de l'an 1429, s'adressait à ces fidèles sujets parmi les fidèles du roi.

« Jésus Marie,

« Gentils loyaux Français de la ville de Tournay, la Pucelle vous fait savoir qu'en huit jours elle a chassé les Anglais de toutes les places qu'ils tenaient sur la rivière de Loire par assaut et autrement et que beaucoup sont morts ou ont été capturés et les a battus dans une bataille, et elle croit que le comte de Suffolk, La Pole son frère, le sire de Talbot, le sire de Scales et messire John Fastolf, et plusieurs chevaliers et capitaines ont été pris, et que le frère du comte de Suffolk est mort.

« Maintenez-vous bien loyaux Français, je vous en prie.

« Et vous prie et vous requiers que vous soyez tous prêts de venir au sacre du gentil roi à Reims où nous serons dans peu de temps. Et venez au-devant de nous quand vous saurez que nous approcherons.

« À Dieu je vous recommande.

« Dieu soit bonne garde de vous et vous donne grâce que vous puissiez maintenir la bonne querelle du royaume de France.

« Écrit à Gien, le vingt-cinquième jour de juin. »

Elle a fait relire la lettre par son chapelain. Elle dit qu'elle n'était pas sûre que Fastolf ait été fait prisonnier, mais Pasquerel lui a fait remarquer qu'elle a dit « elle croit », ce qui n'est pas l'expression d'une certitude.

Elle s'est éloignée.

J'avais senti Jeanne fébrile d'impatience.

Le dauphin Charles réunissait autour de lui tous ceux qui composaient son armée, cette foule qui remplissait les rues de Gien, et il ne donnait pas l'ordre du départ !

J'avais assisté au côté de Jeanne à l'un de ces rassemblements le dimanche 26 juin au soir dans la douceur d'un long crépuscule rouge.

Le roi n'avait pas prononcé un seul mot, et toute l'attitude de Jeanne, le corps raidi, la bouche boudeuse, disait son dépit.

Tout à coup, elle s'écarta et, sans qu'elle me l'ordonnât, je la suivis.

On l'appela, mais elle fit mine de n'avoir pas entendu et, enfourchant son cheval, elle se dirigea hors de la ville, et s'arrêta en plein champ.

Elle descendit lestement de sa monture, s'agenouilla, pria, puis murmura qu'elle allait passer la nuit ici, sur ce lit d'herbes humides.

Je restai près d'elle.

Quand, à l'aube du 27 juin, nous rentrâmes dans Gien, l'avant-garde de l'armée commandée par le maréchal de Boussac, le sire Gilles de Rais, les capitaines La Hire et Ponton de Xaintrailles quittaient la ville.

Elle se joignit à eux sans hésiter. On lui conseilla d'attendre le roi. Elle prit le galop.

34.

Sur la route de Gien à Reims, j'ai veillé à ne pas être séparé de Jeanne.

Nous chevauchions à l'avant-garde de l'armée royale.

Le roi avait quitté Gien le 29 juin de l'an 1429 et nous avait rejoints entouré des princes de sang royal et de nombreux chevaliers, qui composaient sa « grosse bataille ».

Souvent, l'un de ces seigneurs ou de ces chevaliers se portait à la hauteur de Jeanne, essayant de se placer entre nos chevaux. Je tentais de l'en empêcher. Je craignais leur insolence et leurs moqueries. Je les avais entendus rapporter avec complaisance ce que leur avaient dit les chevaliers anglais prisonniers. Jeanne n'était à les entendre qu'une « coquarde », « folle pleine du diable ». Et les hommes d'armes français le répétaient avec complaisance. Je les sentais rongés par la jalousie, persuadés qu'elle n'était ni digne ni capable de conduire des chevaliers, et encore plus une armée à la bataille.

Mais, continuaient-ils, ses voix célestes emplissaient sa tête de fables. Elle prétendait avoir remporté toutes les victoires à Orléans, à Jargeau, à Beaugency, à Patay, alors qu'elle avait seulement brandi et agité son étendard, sans jamais donner de la lance ou du glaive, trouer une poitrine ou fendre une tête.

Je soupçonnais ces chevaliers, ces seigneurs de penser déjà à écarter Jeanne, à lui imposer leurs choix.

Ils conseillaient le roi. Et je savais que le sire de La Trémouille, chancelier du souverain, l'empêchait d'assister aux conseils du roi. Ils voulaient négocier, conclure des trêves avec les villes anglo-bourguignonnes que nous allions rencontrer sur la route de Reims.

Nous devions marcher vers Sens. Mais ils avaient changé de route car la ville se disait prête à résister au roi français.

Ils avaient écrit aux bourgeois et aux clercs d'Auxerre, de Troyes, de Reims. Ils ne voulaient pas de l'affrontement. Ils rêvaient à une entente avec Philippe, duc de Bourgogne.

Et, je veux dire la vérité de mon âme, je croyais comme eux que la trêve et la paix valaient mieux que la guerre.

Et cependant c'était Jeanne que je suivais parce que, sans sa détermination, son obstination, rien de ce qui était advenu ne se serait produit.

Sa foi en sa mission lui avait fait choisir le combat, et c'est de l'affrontement qu'était née la victoire.

Le 1er juillet nous fûmes devant Auxerre, dont les toits brillaient sous le soleil brûlant. Pas un souffle d'air ne faisait frissonner les feuilles des vignes qui couvraient les coteaux et les épis de blé, manteau doré de la plaine alentour.

Je regardais Jeanne, altière dans son armure blanche et chevauchant, étendard déployé, à la tête d'une armée. Je me souvenais de la jeune fille inconnue suspectée d'être une menteresse, revêtue d'un habit d'homme de mauvais drap, entourée d'une si maigre et si dérisoire escorte, et chevauchant un cheval exténué au pied de cette même ville d'Auxerre dans une journée aigre et pluvieuse.

C'était il y a seulement trois mois.

Comment n'aurais-je pas cru en elle quand je la voyais aujourd'hui armée parmi les chevaliers conduisant le roi de France à Reims ?

J'ai beaucoup appris durant les trois jours que nous passâmes sous les murs d'Auxerre.

J'écoutais Jeanne qui ne cessait d'inciter le roi à prendre la ville. Charles, attentif, la tête penchée, esquissait un sourire bienveillant, mais il s'éloignait et nous apprenions qu'il avait envoyé des messagers à l'évêque d'Auxerre, aux douze jurés élus par les habitants, et ces autorités répondaient qu'elles étaient prêtes à un arrangement acceptable, qui permettrait de conclure une trêve. Tout valait mieux que la ville livrée aux routiers qui, après l'avoir prise d'assaut, l'auraient pillée pour leur profit, bourse pleine et ventre rebondi. Ils soutenaient Jeanne. Ils voulaient la capitulation de la ville. Et les jurés d'Auxerre répondaient au roi :

« Nous vous prions et requérons de bien vouloir passer outre et nous vous demandons de conclure abstinence de guerre. »

Ils donnèrent deux mille écus au sire de La Trémouille, et acceptèrent de vendre des vivres à l'armée.

Et le roi conclut la trêve et, sans l'avouer à Jeanne, je louais la sagesse du souverain.

Mais je m'inquiétais de l'avenir de Jeanne. Que deviendrait-elle, une fois sa mission accomplie, le roi sacré à Reims ?

Je venais de comprendre que le roi, et les seigneurs de son entourage, n'étaient liés à Jeanne qu'autant qu'ils avaient besoin d'elle.

Leurs buts atteints, grâce à elle, ils l'abandonneraient s'ils jugeaient que désormais elle les gênait.

Ils choisiraient le chemin que leur indiquerait la « prudence humaine » et refuseraient celui que conseilleraient les « voix célestes » à Jeanne.

J'ai eu peur pour Jeanne.

Nous avions chevauché vers Reims, recevant au passage le serment d'obéissance au roi de la ville de Saint-Florentin. Et le 4 juillet de l'an 1429 nous atteignîmes le village de Saint-Phal à cinq lieues de la ville de Troyes.

Dans notre cœur de fidèles du roi de France, le nom de Troyes était une blessure ouverte.

Le traité signé là, alors que Charles VI était fol, s'était conclu en 1420 par l'accession au trône de France du futur roi d'Angleterre, cet Henri VI issu de l'union entre son père Henri V et la fille de Charles VI, Catherine de France.

Troyes était le nom de notre souffrance et cette ville riche de ses marchands, de ses tisseurs, de ses teinturiers, forte de six cents hommes d'armes, de ses murs hauts et massifs, se voulait bourguignonne et anglaise.

Comment lui faire reconnaître pour son seigneur, le roi de France ?

Les uns pensaient au siège de la ville, à sa conquête et, déjà imaginant le butin, leurs babines frémissaient. D'autres pensaient qu'il fallait seulement l'effrayer et surtout lui promettre et lui garantir qu'elle serait épargnée, que l'armée royale ne forcerait ni portes, ni coffres, ni femmes.

On débattait de cela dans le château de Saint-Phal quand

on annonça à Jeanne qu'un frère cordelier, Richard, grand et renommé prédicateur, arrivait de Troyes et souhaitait la rencontrer.

On connaissait la réputation de frère Richard. Ses prêches, à Paris, sur la montagne de Montmartre, attiraient des milliers d'habitants. Il annonçait la venue prochaine de l'Antéchrist et la fin du monde. Il ajoutait que l'an 1430 apporterait les plus grandes merveilles qu'on ait jamais vues.

Il était, disait-il, encore temps de se repentir, de ne plus jouer, de briser les damiers, d'écraser les dés, de brûler les jeux de cartes, et les atours de ces demoiselles qui se paraient comme des diablesses.

On ne savait si frère Richard était du parti des Armagnacs ou des Bourguignons. Mais il fut interdit de prêche à Paris et se réfugia à Troyes.

Ce 4 juillet de l'an 1429, dans le château fort du village de Saint-Phal, à cinq lieues de Troyes, frère Richard s'avançait vers Jeanne.

J'ai vu le moine faire des signes de croix, jeter de l'eau bénite sur Jeanne, puis s'arrêter, s'apprêter à l'exorciser.

J'ai regardé Jeanne. Elle fixait le frère Richard, sans manifester ni surprise ni colère. Il n'était pas le premier à douter qu'elle fût bonne chrétienne, à l'imaginer non ange de Dieu mais sorcière et suppôt du diable.

Elle avait entendu comme moi les chevaliers la traiter de coquarde, de folle et de diablesse.

Elle se signa à son tour et sa voix moqueuse dit :

« Approche hardiment, je ne m'envolerai pas ! »

Frère Richard me parut décontenancé, bientôt désarçonné, disant qu'elle n'était point du diable puisqu'elle ne craignait ni le signe de croix ni l'eau bénite.

« Je suis de Dieu », murmura-t-elle.

Je vis le visage du moine s'empourprer cependant qu'il disait d'une voix saccadée qu'il la croyait, qu'il savait que l'an 1430 serait celui des merveilles, et qu'elle était le premier signe, qu'il allait rentrer à Troyes, prêcher pour elle, la prophétesse et, pour le Dauphin, convaincre les autorités de la ville de ce qui venait de lui être révélé.

Il leur demanderait de reconnaître que la ville devait obéissance à Jeanne la Pucelle et au roi.

Jeanne lui répondit qu'elle allait écrire « aux seigneurs et aux bourgeois de la cité de Troyes » et qu'elle le chargerait de leur apporter la lettre qu'elle commença aussitôt à dicter.

« Jésus Maria,

« Très chers et bons amis, s'il ne tient à vous, seigneurs bourgeois et habitants de la ville de Troyes, Jeanne la Pucelle vous demande et fait savoir de par le Roi du Ciel, son droit et souverain Seigneur, auquel elle est chaque jour en son service royal, que vous fassiez vraie obéissance et reconnaissance au gentil roi de France, qui sera bien bref à Reims et à Paris, qui que vienne contre, et en ses bonnes villes du saint royaume, à l'aide du roi Jésus.

« Loyaux Français venez au-devant du roi Charles et qu'il n'y ait point de faute [...]

« Je vous promets et certifie sur vos vies que nous entrerons à l'aide de Dieu en toutes les villes qui doivent être du saint royaume et y ferons bonne paix ferme, qui que vienne contre.

« Dieu soit garde de vous, s'il lui plaît.

« Réponse bref.

« Devant la cité de Troyes, écrit à Saint-Phal, le mardi quatrième jour de juillet. »

Jeanne remit la lettre au frère Richard qui partit. Et l'armée, à son tour, suivant la voie romaine, se dirigea vers Troyes.

Ce furent quelques jours d'attente et d'incertitude.

Les bourgeois et les seigneurs de Troyes voulaient faire obéissance au roi sans paraître trahir leur serment d'allégeance au duc de Bourgogne et au roi d'Angleterre.

Ils devaient compter avec leurs six cents hommes d'armes, trop peu nombreux pour défendre la ville contre une armée mais encore trop pour qu'elle se rende ! Et leurs capitaines voulaient rester fidèles au parti bourguignon et anglais.

Je me mêlais aux routiers de l'armée royale, aux gens des communes. Ils s'impatientaient. La faim mordait leur ventre. Et Troyes l'opulente était devant eux avec ses clochers et ses richesses, ses entrepôts remplis de vivres.

Et il fallait rester sous ces murs, manger des fèves et mâchonner des épis de blé encore verts !

Qu'allait décider le roi ?

Il était arrivé devant Troyes le vendredi 8 juillet de l'an 1429. Il convoqua son Conseil. Jeanne y fut mandée et je l'y accompagnai.

Jeanne laissa les conseillers parler tout leur saoul.

Il y avait ceux qui voulaient rebrousser chemin. Ceux qui voulaient faire le siège de la ville. Ceux qui voulaient signer une trêve. Ceux qui voulaient s'adresser au duc de Bourgogne et attendre. Et quelques-uns qui disaient que l'armée murmurait que les hommes d'armes avaient faim.

Puis Jeanne s'avança.

« Gentil Dauphin, commença-t-elle, ordonnez à vos gens d'assaillir la ville de Troyes et ne durez pas davantage en de trop longs conseils, car, en nom de Dieu, avant trois jours je vous ferai entrer dans la ville qui sera vôtre par amour ou par puissance et courage. Et en sera la fausse Bourgogne bien sotte. »

J'observais le roi. Il baissa la tête à deux reprises, deux petites inclinaisons pour donner son accord à Jeanne.

Elle quitta le Conseil et d'un pas pressé, tout armée, sa lance en main, elle se dirigea vers sa monture.

Nous galopâmes jusqu'aux fossés de la ville, et de la voix et du geste Jeanne invita ceux qui l'avaient suivie par centaines à apporter des fagots, à les jeter dans les fossés, à mettre en place des bombardes. Toute la nuit elle harcela ainsi les chevaliers, les gens des communes, les écuyers. Elle criait : « À l'assaut ! À l'assaut ! »

L'aube vint et le seigneur évêque de Troyes, Jean Laiguisé, les clercs et les notables demandèrent à voir le roi afin de faire acte d'obéissance.

Jeanne se tenait debout auprès du roi, qui déclarait :

« Je pardonnerai sans réserve tout ce qui fut fait au temps passé. Je tiendrai les habitants de Troyes en paix et franchise, à l'exemple du roi Saint Louis. »

La partie était gagnée.

Le Conseil de la ville de Troyes fit connaître aux habitants de Reims que « le roi Charles est le prince de la plus grande discrétion, entendement et vaillance, qui de longtemps soit issu de la noble maison de France ».

Frère Richard sortit de la ville et s'agenouilla devant Jeanne : « Une sainte Pucelle qui a autant de puissance à pénétrer les secrets de Dieu qu'aucun saint du Paradis excepté saint Jean l'Évangéliste. Si elle voulait, elle pourrait faire entrer tous les gens d'armes par-dessus les murs comme il lui plairait. Elle peut beaucoup d'autres choses encore. »

Je vis Jeanne s'agenouiller face au frère Richard, et tous deux se firent grande révérence.

Le 10 juillet de l'an 1429, Jeanne entra la première dans Troyes, accompagnée des gens des communes. Le frère Richard marchait devant elle, et j'étais à son côté.

Elle fit placer des piétons le long des rues que devait suivre le cortège royal.

Un chevalier vint m'avertir que les hommes d'armes de la garnison qui avaient été autorisés à quitter la ville avec armes et bagages voulaient partir avec les chevaliers français qu'ils avaient faits prisonniers et qui devaient rançon pour être libérés.

Jeanne s'élança, piquant des éperons, arrivant à la porte de la ville où se trouvaient les hommes d'armes de la garnison et leurs prisonniers.

« En nom Dieu, ils ne partiront pas ! », s'écria-t-elle.

Les prisonniers à genoux la suppliaient de ne pas céder. Mais les capitaines de la garnison criaient que ces Français étaient à eux, que c'étaient fraude et malice de contester le traité qui avait été conclu entre l'évêque de Troyes et le roi.

J'entendis Jeanne crier qu'elle n'abandonnerait pas des chevaliers français valeureux.

Le roi, averti au moment où il allait entrer dans la ville, s'engagea à payer les rançons, et on l'acclama pour ses « grandes et bonnes manières ».

Peu après, vers neuf heures du matin ce dimanche 10 juillet 1429, le roi fit son entrée dans Troyes. Il chevauchait entouré par le duc d'Alençon et Jeanne.

Il avait revêtu ses habits de velours et d'or, enrichis de pierreries. Toute sa chevalerie, sa grande bataille, le suivait.

Jeanne tenait sa bannière à la main.

Puis elle quitta le cortège pour faire ses dévotions dans les églises. Dans l'une d'elles, on lui demanda de tenir un nouveau-né sur les fonts baptismaux.

Elle hésita puis prit l'enfant.

Je ne lui avais jamais vu visage si radieux.

35.

Ce visage de Jeanne que j'avais vu illuminé par la joie et la sérénité quand elle s'était avancée vers les fonts baptismaux de l'église de Troyes portant l'enfant promis à Dieu dans ses bras, je l'ai vu de plus en plus souvent marqué par une gravité triste, qui tout à coup voilait son regard, effaçait son sourire et ternissait sa jeunesse.

Pourtant la marche de l'armée royale vers Reims se déroulait sans qu'il fût besoin de menacer et de conquérir les villes qui étaient depuis le traité de Troyes, soit près de dix années, ralliées aux Anglais et aux Bourguignons.

Mais la sagesse, la prudence ou la couardise devant une armée de trente mille hommes, une Pucelle, dont les moines – et d'abord le frère Richard – proclamaient qu'elle était prophétesse et fille de Dieu, les invitaient à se déclarer obéissantes au roi Charles, bientôt sacré à Reims.

J'ai admiré l'habile douceur de Charles, gentil Dauphin et gentil roi.

Lors de la traversée de Troyes, il avait fait crier par les hérauts que celui qui forcerait la porte d'une maison, qui volerait, serait puni de mort.

Et les habitants de Troyes écrivirent à ceux de Châlons et

de Reims que ce roi était le meilleur que le royaume ait connu et qu'il était bien l'égal de Saint Louis.

À peine avions-nous fait halte à Bussy-Lettrée, à mi-chemin entre Troyes et Châlons, que les autorités de cette ville conduites par l'évêque se présentèrent et remirent au roi les clés de leur cité et annoncèrent qu'ils accueilleraient le roi « avec pleine obéissance ».

Ainsi le 14 juillet de l'an 1429, nous entrâmes dans Châlons accompagnés par une foule qui se pressait autour de la Pucelle.

On criait : « Vive le Roi ! »

On le trouvait doux, gracieux, miséricordieux. Et ce jour-là, j'ai entendu le roi dicter une lettre aux habitants de Reims, faisant pleine promesse de pardon et d'oubli :

« Que les choses passées et la crainte que j'en eusse encore mémoire ne vous arrêtent pas. Soyez assurés que si vous vous conduisez envers moi comme vous devez, je vous traiterai en bons et loyaux sujets... Nous vous demandons que, sur loyauté et obéissance que vous nous devez, vous vous disposiez à nous recevoir dans la manière accoutumée et comme vous avez fait à l'égard de nos prédécesseurs. »

Qui pouvait douter que les échevins de Reims ne fassent acte d'allégeance au roi qui serait sacré dans leur ville ?

Le capitaine de leur garnison, le sire de Chastillon, leur annonçait pourtant qu'une armée anglaise était en marche. Le cardinal Winchester la commandait. Il avait pris la décision de la détourner de son but initial, la croisade contre les hérétiques qui autour de Jan Hus l'emportaient à Prague. Mais cela ne rassurait pas les bourgeois de Reims. Ils craignaient d'abord cette armée française si puissante et guidée par une prophétesse !

Mais ces nouvelles de paix et de victoire, je ne les ai pas vues enluminer le visage de Jeanne, alors que la mission que lui avaient confiée les voix célestes, parlant au nom de Dieu, allait être accomplie.

Jeanne avait levé le siège d'Orléans et conduit le roi jusqu'à Reims, qui n'était plus qu'à quelques lieues.

Or un voile de tristesse couvrait souvent son visage, comme si au terme de sa mission succédait un vide noir, que les voix célestes n'éclairaient plus.

J'ai compris cela à Châlons quand, autour de Jeanne, j'ai vu se presser cinq villageois de Domrémy, venus pour assister au sacre du roi et rencontrer leur Jeannette.

Je restai près d'elle cependant qu'ils évoquaient leur village, les châteaux de Vaucouleurs et de Neufchâteau, où ils s'étaient, ensemble, réfugiés pour fuir les routiers et les écorcheurs.

Je l'ai regardée avec émotion. Elle était redevenue la jeune fille de Domrémy, qui devisait avec Jean Morel le laboureur auquel elle offrait une jupe rouge qu'elle avait portée, puis elle s'était tournée vers un autre habitant de Domrémy, Gérardin d'Épinal.

Je me souvenais de ce laboureur, parce qu'il était le seul partisan des Bourguignons de tout le village, et souvent Jeanne lui reprochait son choix, le menaçant même de lui faire couper la tête ! En fait, elle était la marraine du fils de Gérardin, et elle appelait Gérardin et son épouse, son *compère* et sa *commère*.

Je l'observais cependant qu'elle parlait à ces témoins de son enfance, à ses voisins.

Elle était comme un chevalier qui a ôté son armure, et qui avoue qu'elle était lourde à porter.

Les souvenirs qu'ils échangeaient m'étaient familiers car la châtellenie de Vaucouleurs et le village de Domrémy, c'était mon pays.

Tout à coup Jeanne s'est tue, tête baissée, comme si d'avoir retrouvé les proches de son village l'incitait à fouiller en elle-même. Elle leva la tête, regarda longuement chacun de ses compagnons d'enfance, puis elle dit :

« Je n'ai pas peur, si ce n'est d'une trahison. »

Je reçus ce mot comme un trait d'arbalète, l'un de ces vire-tons qui se vrillent dans la chair.

J'ai su que Jeanne était la proie de noirs pressentiments, que peut-être les voix célestes ne lui indiquaient plus la route à suivre, après le sacre.

Jeanne devait s'interroger sur ce qui surviendrait une fois le sacre accompli.

Elle avait, depuis la levée du siège d'Orléans, découvert comme moi avec quelle prudence humaine se comportait le roi.

Si les voix célestes ne lui confiaient pas une autre mission, que pèseraient ses avis et sa vie ?

Le samedi 16 juillet de l'an 1429 nous arrivâmes, avec le roi, au château de Sept-Saulx, à quatre lieues de Reims.

Peu après se présentèrent en grand nombre les bourgeois et les clercs de Reims qui déposèrent les clés de leur ville aux pieds du roi, lui offrirent leur pleine et entière obéissance, et invitèrent l'archevêque de Reims, conseiller du roi, Regnault de Chartres, à retrouver son siège.

Jeanne, bras croisés, dans son armure blanche, le regard vers les lointains, semblait en esprit parcourir à nouveau le chemin qu'elle avait suivi de Domrémy à Reims. Et s'interroger sur celui qui allait s'ouvrir devant elle après le sacre.

Puis nous chevauchâmes jusqu'à Reims.

Jeanne était au côté du roi, quand nous arrivâmes devant la porte Dieulimire.

On abaissa les ponts et leva les deux herses.

Et Jeanne et le roi entrèrent dans Reims, ce 16 juillet de l'an 1429, alors qu'un long crépuscule embrasait le ciel.

36.

J'ai regardé Jeanne lorsque, en cette fin d'après-midi du samedi 16 juillet de l'an 1429, elle a passé en compagnie du roi la porte de Reims.

Je n'ai pas quitté des yeux son visage.

Elle était grave et recueillie, droite sur son destrier, glorieuse dans son armure blanche, paraissant ne pas entendre et même ne pas voir la foule qui criait « Noël ! Noël ! », pour saluer le roi et Jeanne la Pucelle.

J'ai su qu'elle voulait vivre chaque instant des heures qui commençaient comme s'il s'agissait de l'un de ces pèlerinages où, quand on s'approche du lieu saint, on n'avance plus qu'à genoux.

Elle était à genoux, lorsque le roi priait agenouillé lui aussi sur l'estrade dressée devant la cathédrale du côté du chœur. Puis les pairs du royaume le présentaient au peuple rassemblé :

« Voici votre roi, que nous, pairs de France, choisissons comme roi et souverain seigneur. Et s'il y a âme qui le veuille contredire, nous sommes ici pour en faire droit et il sera demain consacré par la grâce du Saint-Esprit s'il n'est pas contredit. »

La nuit était tombée. On avait allumé des torches, et le peuple criait « Noël ! Noël ! » pour dire qu'il approuvait le choix des pairs de France.

Puis nous nous sommes retirés.

Le sacre aurait lieu demain dimanche 17 juillet de l'an 1429.

Lorsque je me souviens de Jeanne je me remémore ce qu'une femme de poésie et de courage, Christine de Pisan, a écrit.

Elle s'était retirée au couvent de Poissy pour ne pas voir les Anglais entrer dans Paris, et les *Français reniés* les servir avec la veulerie des valets.

Elle écrit en évoquant Jeanne :

> *« Voici Jeanne, simple bergère*
> *Plus preux qu'oncques homme fut à Rome. »*

puis le sacre :

> *« À très grand triomphe et puissance*
> *Fut Charles couronné à Reims*
> *Ce sont là de "Grandes merveilles"*
> *L'an mille quatre cent vingt et neuf*
> *Reprit à luire le soleil. »*

Jeanne ressent cela.

Lorsque je l'ai vue, ce dimanche matin 17 juillet chevaucher au côté du roi, absente au monde pour éprouver plus intensément ces heures, j'ai compris qu'elle savait qu'il s'agissait des instants les plus miraculeux de sa vie, son « ascension », mais qu'ils seraient brefs, qu'elle devait ne pas laisser les yeux et l'âme vagabonder, mais au contraire s'unir dans une prière murmurée.

Il m'a semblé que durant ces heures elle n'a jamais cessé de prier. Et elle n'a jamais quitté le roi, n'acceptant d'être séparée de lui que de quelques pas, comme si elle avait voulu s'assurer, à chaque instant, que ce qu'elle vivait, ce sacre, n'était pas un rêve, mais l'incarnation de ce que les voix célestes lui avaient demandé d'accomplir.

Elle était là, présente, pour rappeler à tous qu'elle avait été l'expression de la volonté de Dieu.

Et quand plus tard, quand elle ne sera plus qu'une accusée, promise au bûcher, on lui fit reproche que « son étendard fut plus porté en l'église de Reims au sacre du roi que celui des autres capitaines », elle répondit que « cet étendard avait été à la peine, c'était bien raison qu'il fût à l'honneur ».

Elle était donc près du roi quand celui-ci désigna quatre seigneurs, parmi lesquels Gilles de Rais et le maréchal de Boussac pour aller à l'abbaye de Saint-Remi, chercher la sainte ampoule contenant l'huile sacrée, dont Saint-Remi avait oint Clovis. Et une colombe, disait-on, avait porté la fiole jusqu'à l'autel. Ce jour, dimanche 17 juillet de l'an 1429, les quatre seigneurs porteurs de la sainte ampoule entrèrent à cheval dans la cathédrale.

Jeanne était devant l'autel, à un pas de son gentil dauphin Charles qui était revêtu d'habits fendus sur la poitrine et sur les épaules.

Elle ne tourna pas la tête vers lui alors qu'il jurait de conserver à l'Église paix et privilèges, de ne pas écraser le peuple sous de trop lourdes charges et de le protéger des exactions, de gouverner avec justice et miséricorde.

Jeanne regardait droit devant elle l'autel. Elle avait été l'obéissante servante de Dieu, celui que l'archevêque Regnault invoquait en oignant le roi Charles de l'huile sainte.

Je vis Jeanne déployer l'étendard qu'elle tenait dans la main droite.

C'était l'instant où l'archevêque prenait sur l'autel la couronne, l'élevait à deux mains sur la tête du roi, les douze pairs de France la soutenant de leurs bras tendus.

Jeanne, figée, étendard déployé, était comme la protectrice armée du roi, celle que Dieu avait envoyée pour que ce sacre ait lieu, que les trompettes retentissent et que le peuple qui avait envahi la nef de la cathédrale, le parvis et les rues voisines, crie : « Noël ! Noël ! »

Tout à coup je vis Jeanne se tourner, s'agenouiller devant le roi, lui saisir les jambes, les embrasser et, la voix parfois couverte par les sanglots qui secouaient tout son corps, dire :

« Gentil roi, ores est exécuté le plaisir de Dieu qui voulait que je lève le siège d'Orléans et que je vous amène en cette cité de Reims recevoir votre saint sacre, en montrant que vous êtes vrai roi et celui auquel le royaume doit appartenir. »

Je n'entendis plus que les sanglots.

Je pleurais aussi.

Jeanne savait, comme je le savais, que cette apothéose était sa gloire, son heure de plénitude, mais qu'elle annonçait la chute. Jeanne pleurait parce qu'elle sentait la fin de sa céleste mission.

Elle s'était redressée, elle avait aidé le roi à revêtir le manteau royal bleu et fleuri de lis d'or, puis elle avait chevauché avec lui dans les rues de la ville de Reims, envahies par le peuple qui criait : « Noël ! Noël ! »

Alors était venu le temps des présents.

Au sire Gilles de Rais, le titre de maréchal de France, au sire de La Trémouille, celui de comte, et il en fut de même pour le capitaine La Hire.

Après il y eut ripailles royales, festin pour toute la ville. La table débordait du palais épiscopal et se prolongeait dans les rues.

Les broches tournaient, les fûts de vin de Bourgogne étaient en perce et les corps repus s'allongeaient à même les pavés.

Jeanne avait quitté la table et je l'avais suivie.

Aux uns les ripailles, à Jeanne les retrouvailles.

À l'hôtellerie de *L'Âne Rayé*, rue du Parvis, son père Jacques d'Arc et sa mère Isabelle Romée, mais aussi le cousin qu'elle appelait son oncle, Durand Lassois ou Laxart, l'attendaient. Et le frère Pierre était présent.

Il y eut accolades et pleurs, silence surtout.

Je regardais Jacques d'Arc et son épouse Isabelle. Je dévisageais Durand Lassois. Les mois s'effaçaient. J'étais au printemps de l'an 1429, à Vaucouleurs, et non en ce mois de juillet à Reims, après le sacre.

Le temps s'était refermé sur lui-même, comme une corde qu'on noue, et c'était le signe qu'en effet quelque chose était accompli.

J'observais Jeanne.

Elle écoutait ses parents avec bienveillance et attention. Souvent elle saisissait leurs mains qu'ils lui tendaient.

Elle disait qu'elle allait transmettre au roi les suppliques de son père.

Car Jacques d'Arc n'avait pas fait le voyage de Reims simplement pour revoir sa fille, mais aussi pour solliciter le roi.

Il voulait une exemption d'impôts pour ceux de son village si souvent dépouillés par les routiers.

Je sais que Jeanne obtint du roi que les habitants de Domrémy et de Greux fussent libres de tailles, aides, subsides et subventions.

Jeanne sollicita-t-elle les élus de la ville afin qu'ils prennent en charge les dépenses de Jacques d'Arc à l'hostellerie de *L'Âne Rayé* et même qu'on lui offrît un cheval, je ne sais, mais la ville de Reims se montra généreuse pour la parentèle de Jeanne.

Comment eût-il pu en être autrement alors que tout le peuple de Reims la vénérait, s'agenouillait devant elle, touchait l'anneau qu'elle portait au doigt et auquel on prêtait des vertus miraculeuses ?

Les gens simples l'aimaient.

On assurait qu'elle avait dit : « J'ai été envoyée pour la consolation des pauvres et des indigents. »

Et je ne l'ai jamais vue repousser l'un de ces malheureux qui la suppliaient, lui demandant aide et protection. Je n'ai jamais perçu dans le regard de ces pauvres et de ces indigents une lueur de colère, de mépris, d'ironie ou même de haine, comme il m'était arrivé de la voir briller chez certains seigneurs et chevaliers.

Jeanne, pourtant, ne combattait pas les puissants. Ils faisaient partie de l'ordre du monde tel que Dieu l'avait voulu.

Mais elle avait reçu pour tâche de les rappeler à leurs devoirs.

Au soir du dimanche 17 juillet, quand nous eûmes quitté les ripailleurs, dont il nous avait fallu enjamber les corps avinés, elle dicta à Jean Pasquerel une nouvelle lettre au duc de Bourgogne.

« Jésus Marie, commençait-elle.

« Haut et redouté prince de Bourgogne, Jeanne la Pucelle vous requiert de par le Roi du Ciel, mon droit et souverain Seigneur, que le roi de France et vous, fassiez bonne paix ferme, qui dure longuement. Pardonnez l'un à l'autre de bon cœur, entièrement, ainsi que doivent faire loyaux chrétiens. Et s'il vous plaît à guerroyer, allez sur les Sarrasins.

« Prince de Bourgogne, je vous prie, supplie et requiers... que ne guerroyez plus au saint royaume de France et faites retraiter incontinent et brièvement vos gens qui sont en quelques places et forteresses dudit royaume. Et de la part du gentil roi de France il est prêt de faire paix à vous [...]

« Vous n'y gagneriez point bataille à l'encontre des loyaux français et que tous ceux qui guerroient audit saint royaume de France guerroient contre le roi Jésus, Roi du Ciel et de tout le monde, mon droit et souverain Seigneur.

« Et vous prie et requiers à jointes mains que ne fassiez nulle bataille [...] Croyez sûrement que, quelque nombre de gens que amenez contre nous, qu'ils n'y gagneront mie et ce sera grand pitié de la grande bataille et du sang qui y sera répandu de ceux qui y viendront contre nous [...]

« À Dieu vous recommande et soit garde de vous, s'il lui plaît, et prie Dieu qu'il y mette bonne paix.

« Écrit audit lieu de Reims, ledit dix-septième jour de juillet. »

C'était sagesse et clarté de Jeanne, de prêcher la paix entre princes et roi chrétiens.

Je ne sais si ses voix célestes – son conseil – lui avaient inspiré cette lettre qu'elle-même dictait à son chapelain le frère Jean Pasquerel.

Mais si ces voix la lui avaient suggérée, elles lui avaient celé qu'une ambassade de Philippe de Bourgogne était à Reims, qu'elle avait rencontré le chancelier du roi Charles VII, qu'ils avaient conclu une trêve de quinze jours.

Et que personne, ni les voix célestes, ni le roi, ni les conseillers, n'avait averti Jeanne.

Et qu'elle avait donc écrit sa lettre à Philippe duc de Bourgogne en toute ignorance, avec la simplicité candide des êtres droits et purs.

Le 20 juillet Jeanne chevaucha au côté du roi qui, quittant Reims, se rendait à Saint-Marcoul-de-Corbeny, afin de toucher les écrouelles, puisque pouvoir de guérir lui avait été donné par l'onction reçue d'huile de la sainte ampoule lors du sacre.

Jeanne pria agenouillée près du roi, puis elle l'accompagna parmi les scrofuleux.

Et elle se signait à chaque fois que Charles VII touchait les écrouelles de l'un de ces malheureux.

Il était roi, comme Jeanne l'avait voulu, sacré par l'Église et la volonté de Dieu, et faiseur de miracles.

Me souvenant de la Jeanne des jours de son apothéose à Reims, si glorieuse et si brève, je retrouve l'écrit d'Alain Chartier, poète, mon aîné de quinze ans, qui dit d'elle :

« La voilà, celle qui ne semble pas être venue de quelque point du monde, mais avoir été envoyée du Ciel pour soutenir de la tête et des épaules la Gaule abattue à terre... Ô Vierge singulière digne de toute gloire, de toutes louanges, des honneurs divins, tu es la grandeur du royaume, tu es la lumière du lis, tu es la clarté, tu es la gloire non seulement des Français mais de tous les chrétiens... »

HUITIÈME PARTIE

« Jeanne la Pucelle vous fait savoir de ses nouvelles et vous prie et vous requiert que vous ne faites nul doute en la bonne querelle qu'elle mène pour le sang royal ; et je vous promets et certifie que je ne vous abandonnerai point tant que je vivrai. »

Lettre « Aux loyaux Français de la ville de Reims »,
5 août 1429.

37.

Jeanne, pensive, le menton tombant sur sa poitrine, la nuque ployée comme si une lourde main gantée de fer s'appuyait sur elle, chevauchait en tête de l'armée royale.

Je me tenais près d'elle, craignant qu'elle ne tombât car son corps oscillait, suivant le rythme lent et las de sa monture.

Les heures glorieuses du sacre n'étaient plus qu'un souvenir.

Nous ne galopions pas vers Paris, comme Jeanne l'avait souhaité et espéré. Nous avancions au pas et les villes, l'une après l'autre, ouvraient leurs portes au roi Charles VII.

Le samedi 23 juillet de l'an 1429 nous étions entrés dans Soissons. Puis Beauvais se rallia. Et l'évêque, Pierre Cauchon, *Français renié*, serviteur des Anglais, l'un des inspirateurs du traité de Troyes qui livrait le royaume de France à un roi anglais, avait fui la ville.

Jour après jour, les clercs et les bourgeois déposaient les clés de leur ville aux pieds de Charles VII.

Jeanne était debout près du roi. Mais la joie n'éclairait plus son visage, alors que Charles VII recevait, bienheureux, les serments d'obéissance de Château-Thierry, de

Coulommiers, de Crécy-en-Brie, de Provins, de Montmirail enfin qui lui faisait hommage le 1er août de l'an 1429.

Je n'osais interroger Jeanne, mais surprenant et écoutant les murmures des jeunes princes de sang royal, le duc d'Alençon, le duc de Bourbon, le comte de Vendôme, et recevant aussi les confidences des capitaines, La Hire, Dunois le Bâtard d'Orléans, je comprenais mieux les raisons de l'air chagrin de la Pucelle.

Les princes et les capitaines, qui formaient la jeune avant-garde de l'armée, voulaient galoper vers Paris, affronter et vaincre l'armée anglaise, que le régent Bedford avait reconstituée et qui se dérobait. Mais Bedford, menaçant, réussissait à prendre le pont de Bray-sur-Seine, interdisant ainsi à l'armée royale de faire retraite vers le Poitou.

Or c'était là précisément le dessein que l'on prêtait à raison à Charles VII.

Le roi signait des trêves avec le duc Philippe de Bourgogne. Le roi voulait se retirer avec son armée dans les terres sûres des pays de la Loire, entre Tours, Poitiers, Chinon et Orléans. Il remettait à plus tard la négociation, la reconquête de Paris.

Il ne tenait pas à engager la bataille contre Bedford. Et le régent anglais voulait d'abord protéger Paris, et donc laissait l'armée royale avancer vers Compiègne, qui était la clé de voûte de tout ce pays entre Seine et Marne, qu'on appelait l'Ile-de-France.

Ainsi nous cheminions, incertains et divisés, sous les orages de plein été qui crevaient. Ils achevaient de dévaster les champs déjà ravagés par les bandes d'hommes en armes, et abandonnés par les paysans. On ne cultivait plus. On se terrait, craignant d'être fait prisonnier par une bande de routiers, et qu'ils fussent bourguignons ou armagnacs, c'était toujours malheur pour le paysan.

Les vilains s'approchaient de Jeanne la Pucelle, et imploraient sa protection. Ils racontaient ce qu'ils avaient vécu, ce qui les menaçait encore. Ils parlaient des chefs de bande, et même des seigneurs qui exigeaient rançon des paysans qu'ils capturaient. Mais, l'argent versé, ils pendaient quand même les vilains et leurs femmes.

Les paysans montraient un arbre, un grand orme, et disaient que là, sur ses branches, il y avait eu plus de cinquante paysans pendus, et la femme de l'un de ces malheureux avait été attachée au tronc de l'arbre et les loups l'avaient dévorée vive, elle et le nouveau-né qu'elle sortait d'elle.

Jeanne, droite sur sa selle, les consolait, les rassurait.

Elle était à nouveau celle dont Christine de Pisan disait qu'elle était « la non-pareille » qui « par miracle fut envoyée et que l'ange de Dieu conduisit au roi ».

Les paysans marchaient longtemps à côté de Jeanne, la bénissant, criant « Noël ! Noël ! », comme l'avaient fait les habitants de Reims.

Ceux-là aussi s'adressaient à Jeanne, et c'est moi qui ai lu la lettre qu'ils lui écrivaient, se plaignant de l'abandon dans lequel le roi les laissait alors qu'ils s'étaient donnés à lui, et maintenant ils étaient à merci des Bourguignons et des Anglais.

J'ai senti l'indignation de Jeanne qui d'une voix sourde a commencé à dicter sa réponse : « Aux loyaux Français de la ville de Reims. »

« Mes chers et bons amis, Jeanne la Pucelle vous fait savoir de ses nouvelles et vous prie et vous requiert que vous ne faites nul doute en la bonne querelle qu'elle mène pour le sang royal.

« Et je vous promets et certifie que je ne vous abandonnerai point tant que je vivrai.

« Et il est vrai que le roi a fait trêve au duc de Bourgogne quinze jours durant par ainsi qu'il lui doit rendre la cité de Paris paisiblement au chef de quinze jours.

« Pourtant, ne vous donnez nulle merveille si je n'y entre si brièvement, combien que des trêves qui ainsi sont faites je ne suis point contente et ne sais si je les tiendrai, mais si je les tiens ce sera seulement pour garder l'honneur du roi.

« Combien aussi ils ne tromperont point le sang royal, car je tiendrai et maintiendrai ensemble l'armée du roi pour être toute prête au chef desdits quinze jours s'ils ne font la paix [...]

« Et le faites savoir s'il n'y a nul traître qui vous veulent grever et au plus bref que je pourrai, je les en ôterai et me faites savoir de vos nouvelles.

« À Dieu vous recommande qu'il soit garde de vous.

« Écrit ce vendredi cinquième jour d'août, près de Provins, sur un logis sur champ ou chemin de Paris. »

Je retrouvais la Jeanne résolue telle que je l'avais connue au château de Vaucouleurs, sur le chemin de Chinon, sous les palissades des bastilles anglaises, ou sous les murs de Troyes.

La certitude et la foi faisaient briller ses yeux. Point d'incertitude en elle.

J'osais penser que le roi était homme de la pénombre, de l'habile prudence humaine, et que Jeanne était dans la clarté céleste et de droite foi.

Je l'entendais dire au duc d'Alençon et autres princes, comtes et capitaines :

« Il y a la paix avec les Bourguignons et la paix avec les Anglais. Pour ce qui est du duc de Bourgogne, je l'ai requis par lettre et par ambassadeurs qu'il y eût paix entre le roi et lui.

« Quant aux Anglais, la paix qu'il faut c'est qu'ils aillent en leur pays, en Angleterre. »

J'observais les jeunes princes de sang royal, les capitaines, ceux avec qui Jeanne chevauchait à la tête de l'avant-garde de l'armée royale. Ils approuvaient la Pucelle. Ils voulaient avec elle entrer dans Paris, la grande cité des chaperons rouges bourguignons, celle des *Français reniés*, de tous ceux qui, à l'Université et au Parlement de Paris, haïssaient et craignaient les Armagnacs, ces chaperons blancs armagnacs.

Même si ces jeunes princes, ces capitaines ne partageaient pas la flamme mystique de Christine de Pisan, qui écrivait : « Pucelle bien heureuse tant honorée de Dieu, tu as délié la corde qui enserrait la France », ils louaient son rôle. Elle était leur blason. Ils voulaient combattre avec elle. Ils la reconnaissaient comme un bon capitaine.

Mais, je savais aussi que pour les Anglais et les Bourguignons, la Pucelle n'était plus seulement « la putain des Armagnacs » mais une hérétique, idolâtre, magicienne et sorcière. Et ce frère Richard qui marchait à ses côtés était un moine retourné, devenu créature du diable.

J'avais vu la lettre adressée par le régent Bedford à Charles VII. L'Anglais récusait le titre royal de Charles VII.

« Vous, qui aviez l'habitude de vous nommer Dauphin de Viennois, maintenant sans cause, vous vous dites roi... », écrivait-il.

Comme un inquisiteur, il accusait le roi :

« Vous faites séduire et abuser le peuple ignorant et vous vous aidez de gens superstitieux et réprouvés, comme d'une femme désordonnée et diffamée, étant en habits d'homme et de gouverneur dissolu, et aussi d'un frère mendiant apostat et séditieux, tous deux, selon la Sainte Écriture, abominables à Dieu. »

Jeanne souffrait de ces accusations. Était-il possible que des hommes qui se proclamaient chrétiens, que Dieu avait choisis afin qu'ils fussent princes de sang royal, ou clercs illustres, maîtres en théologie, professeurs, évêques ou archevêques, portent sur elle de tels jugements alors qu'elle était fidèle chrétienne, et qu'elle entendait ces voix célestes qui parlaient au nom de Dieu ?

Je devinais le trouble de Jeanne.

Elle faisait dire la messe, le 15 août à l'aube, en plein champ, devant les hommes d'armes qui, en cette journée où l'on célébrait l'assomption de la Vierge Marie, auraient à combattre.

Jeanne se confessait, communiait, mais il fallait bien s'avancer contre les Anglais qui avaient avec leurs charrettes élevé une sorte de grande barricade, devant laquelle ils avaient enfoncé, selon leur habitude guerrière, des pieux.

J'ai chevauché avec Jeanne jusqu'à cette ligne fortifiée, aveuglé par la poussière si épaisse qu'on ne voyait ni l'ennemi ni l'ami.

Il y eut morts et blessés dans cette grande escarmouche de Montépilloy, puis près de Senlis l'armée de Bedford se retira, afin de défendre Paris.

Le jeudi 19 août 1429, j'entrai au côté du roi et de Jeanne dans Compiègne.

Jeanne logea à l'hôtel du Bœuf, chez le procureur du roi. Elle coucha dans le lit de l'épouse du procureur, Marie Le Boucher, parente de Jacques Boucher, trésorier du duc d'Orléans, chez qui Jeanne avait habité.

Je la retrouvais le lendemain de sa première nuit.

Elle avait appris que le roi voulait demeurer à Compiègne et ne prendrait pas la tête de l'armée dont Jeanne et les princes et d'abord le duc d'Alençon voulaient qu'elle marche vers Paris.

Elle était hésitante, divisée, et durant trois jours je l'ai vue, allant et venant puis s'abîmant en prière, se confessant, communiant, écoutant chaque jour plusieurs messes, puis lançant au duc d'Alençon, le 22 août :

« Mon beau duc, faites appareiller vos gens et ceux des autres capitaines. Par mon bâton, mon martin, je veux voir Paris de plus près que je ne l'ai vu. »

Jeanne avait parlé comme un capitaine, et cela ne m'avait pas surpris.

Il y avait neuf jours, le samedi 13 août alors que nous étions aux côtés du roi, sur les hauteurs de Dammartin, j'avais vu Jeanne tendre le bras, montrer dans les brumes de chaleur le sommet d'une butte qui surplombait à l'horizon la vallée de la Seine. On pouvait au fur et à mesure que la brume se dissipait apercevoir les larges ailes des moulins à vent de Montmartre, car c'était bien cette butte qui surgissait dans un halo.

Depuis, à plusieurs reprises, Jeanne avait évoqué la grande cité de Paris dont la population, et d'abord les clercs, les professeurs, les bourgeois s'étaient ralliés aux Anglais et aux Bourguignons. Jeanne avait à chaque fois murmuré : « Quand je serai à Paris... » Et son ton était aussi assuré que lorsque, à Vaucouleurs, elle avait annoncé qu'elle lèverait le siège d'Orléans et mènerait le roi à Reims, où il serait sacré.

Elle avait accompli cette mission et sans qu'elle me le confessât je compris que les voix célestes lui avaient donné une nouvelle tâche : rendre Paris au roi de France.

Je sus que personne ne pourrait l'empêcher de se dédier à cette mission que Dieu lui confiait.

Le mardi 23 août elle prit, en compagnie du duc d'Alençon, congé de Charles VII, et nous quittâmes Compiègne pour marcher vers Saint-Denis. À deux lieues au nord des murs de Paris s'élevait la grande abbaye où les rois de France avaient leur sépulture.

Là étaient aussi conservées les reliques, dont un morceau de la vraie Croix, les langes de l'Enfant Jésus et une tasse de bois de tamaris dans laquelle Saint Louis avait bu.

Nous arrivâmes à Saint-Denis le vendredi 26 août 1429 après avoir fait halte à Senlis, où les hommes d'armes que le roi avait envoyés se rallièrent à nous.

Nous chevauchâmes au pas dans Saint-Denis où n'étaient restés que les pauvres et les indigents. Les bourgeois et les clercs, *Français reniés*, s'étaient réfugiés derrière les murs de Paris. Mais notre armée était accompagnée par une foule de moines que guidait le frère Richard.

On célébra plusieurs jours plusieurs messes, on baptisa, et Jeanne tint deux enfants sur les fonts baptismaux. Puis Jeanne s'en alla avec le duc d'Alençon défier les hommes d'armes, archers et arbalétriers, qui gardaient les portes de Paris.

Lorsque nous rentrions Jeanne dictait des lettres au roi, le pressant de se rendre à Saint-Denis afin de prendre la tête de l'armée qui allait prendre Paris.

Mais à l'expression douloureuse de Jeanne je devinais que Charles VII ne répondait pas et je pensais qu'il négociait une nouvelle trêve avec le duc de Bourgogne.

Alors Jeanne murmurait qu'elle savait que sa vie durerait peu. Elle ajoutait que Dieu déciderait du lieu où elle mourrait, car elle était comme toute créature humaine, elle ne connaissait ni le lieu ni le moment de sa mort.

Un jour, elle dit à mi-voix d'un ton las :

« Mais je voudrais bien qu'il plût à Dieu que maintenant je me retire, laissant là les armes, et que j'aille servir mon père et ma mère, en gardant les brebis avec mes frères et ma sœur. »

La voix de Jeanne, l'expression attristée de son visage, et son regard éteint me désespérèrent.

Pourquoi ses voix célestes ne venaient-elle pas l'arracher à cette mélancolie ?

Pourquoi sainte Marguerite, sainte Catherine, et l'archange saint Michel, ne lui répétaient-ils pas ce que Christine de Pisan écrivait :

« La Pucelle arrachera les Sarrasins comme mauvaise herbe en conquérant la Terre sainte. Là elle mènera Charles, que Dieu garde ! Avant qu'il meure il fera tel voyage. Il est celui qui la doit conquérir. Là, la Pucelle doit finir sa vie. Là sera la chose accomplie. »

J'ai voulu croire à cette prophétie, quand Charles arriva le mercredi 7 septembre de l'an 1429, à Saint-Denis.

38.

J'ai vu Jeanne, ce mercredi 7 septembre de l'an 1429, s'approcher du roi, qui venait de descendre de sa monture.

Elle a plié le genou et Charles VII, lui touchant l'épaule de sa main gantée, l'a invitée à se redresser.

Jeanne, aussitôt, lui a parlé de l'assaut qu'il fallait lancer, dès le lendemain jeudi 8 septembre. Et l'un des conseillers du roi, ma mémoire vacille, mais sans doute était-ce le comte de La Trémouille, a dit que ce 8 septembre était le jour anniversaire de la nativité de la Vierge et que c'était sacrilège de combattre ce jour-là. La Pucelle, a-t-il poursuivi, n'avait-elle pas, à Orléans, le dimanche 8 mai, ordonné qu'on n'attaquât pas les Anglais en ce jour du Seigneur ? Faudrait-il combattre le jour de la nativité de la Vierge qui était fête religieuse pour tous les chrétiens ?

Jeanne dit que l'armée royale avait combattu ce dernier 15 août, à Montépilloy, et les Anglais avaient commencé la bataille, et s'étaient durement défendus.

Elle a ajouté que ses voix célestes, son conseil, disaient seulement qu'il fallait rendre Paris à son roi et en chasser les Anglais, les Bourguignons et tous les *Français reniés*.

Le roi avait levé la main, mais je n'ai pu comprendre ce

que signifiait ce geste, tant le visage de Charles VII était impassible. Et le roi s'était éloigné sans dire un mot.

J'ai pensé à toutes les rumeurs qu'à mi-voix, les chevaliers, les princes et les capitaines colportaient.

Charles VII, assurait-on, avait envoyé ses conseillers rencontrer le duc Philippe de Bourgogne.

Ils avaient signé avec le duc qui régnait à Paris une trêve, le 21 août à Arras.

Charles VII ne renonçait pas à prendre possession de la plus grande et de la plus belle ville du royaume qui comptait deux cent mille habitants.

Il voulait simplement obtenir maîtrise de Paris, par la négociation, le ralliement des autorités, comme cela s'était produit à Troyes et à Reims. Des clercs œuvraient pour lui dans Paris.

La ville d'ailleurs, avec ses deux fossés, son mur d'enceinte, sa Bastille achevée par Charles VI, ses tours de guet, tous les soixante et dix pas, ses portes défendues par des châtelets, ses entrepôts remplis de canons, de boulets, de couleuvrines, était la plus fortifiée des cités non seulement de France mais encore d'Europe.

Et la plus grande partie de la population parisienne adulait Philippe de Bourgogne, et beaucoup haïssaient les Armagnacs.

Les hommes d'armes de Charles VII avaient pillé, violé, massacré. Et le roi n'avait-il pas placé à la tête de son armée « une créature en forme de femme, ce que c'est Dieu le sait », une putain, une ribaude acoquinée avec ce moine Richard, un apostat ?

On murmurait que Charles VII avait été contraint d'accepter une attaque de Paris, qui serait un simulacre, bon peut-être à apeurer la population parisienne, la convaincre qu'elle avait intérêt à remettre les clés de la ville à Charles VII.

Mais Paris n'était ni Troyes ni Reims. Alors il était peu probable que les clercs, les prévôts de la ville viennent en pénitence s'agenouiller devant le roi de France. Charles VII d'ailleurs l'était-il ? Et pourquoi pas Henri VI, l'Anglais, dont le régent Bedford se préparait à attaquer l'armée royale ?

L'assaut contre Paris n'était pourtant pas inutile s'il décourageait Jeanne la Pucelle, brisait le charme qu'elle possédait, et refrénait l'ardeur de ce beau duc d'Alençon.

Telles étaient les rumeurs, les intentions prêtées au roi. Si je les expose en toute lumière, c'est qu'il a suffi de six jours pour qu'elles s'imposent à moi comme la vérité.

Le mercredi 7 septembre de l'an 1429, Charles VII, le visage inexpressif, a écouté Jeanne la Pucelle. Le mardi 13 septembre de l'an 1429, il quittait Saint-Denis, et Jeanne n'était plus qu'un capitaine parmi tous les autres, blessé et contraint de suivre son roi, qui avait donné ordre à son armée de faire retraite sur la Loire.

Paris ne serait pas pris. Jeanne n'avait pu accomplir la mission que lui avaient confiée les voix célestes. Mais peut-être ne lui avaient-elles plus parlé.

J'avais eu prémonition de cet échec dès le jeudi 8 septembre, quand vers huit heures du matin, j'ai vu les douze mille hommes de l'armée royale se rassembler, puis se mettre en marche vers la muraille du nord de Paris, la plus massive, la plus difficile à franchir.

Je chevauchais au côté de Jeanne, de son porte-étendard, du duc d'Alençon, des maréchaux de Boussac et Gilles de Rais.

Puis venaient les chevaliers, les piétons, arbalétriers et archers, les canonniers tireurs de bombardes et de couleuvrines.

Les hommes de trait poussaient des charrettes chargées de fagots et de claies pour combler les fossés et les franchir. Et j'ai dénombré plus de sept cents échelles.

Et cependant je doutais de l'issue de cet assaut.

Pourquoi engager le combat, alors que c'était jour de la nativité de la Vierge ? Pourquoi cet assaut en plein jour de la ville la plus fortifiée, la plus populeuse des villes de la chrétienté ?

Et pourtant je chevauchais en tête avec la Pucelle. Je quittais mon cheval devant le premier fossé large de dix-sept pieds, mais sec. Il fut facile à franchir. Et nous gravîmes le remblai qui séparait ce premier fossé du second.

Celui-ci m'a paru aussi large qu'une rivière de cent pieds et d'eau profonde. Et j'ai vu Jeanne, de la lance, tenter d'en toucher le fond. Aucune claie ne pouvait permettre de le franchir ! Et on n'avait pas prévu les bateaux de cuir que tous les capitaines aguerris connaissaient, utilisaient.

Pourquoi cet oubli ?

Sur le remblai entre les deux fossés, nous n'étions plus des chevaliers mais des cibles offertes aux arbalétriers, aux archers, aux canonniers. Et dans les sifflements des traits et des flèches, la voix de Jeanne m'a paru bien ténue.

Elle était debout sur le remblai, son porte-étendard près d'elle.

Elle criait :

« Rendez la ville au roi de France ! Rendez-vous de par Jésus à nous tôt. Car si vous ne vous rendez avant qu'il soit la nuit, nous y entrerons par force, que vous le veuilliez ou non et tout sera mis à mort sans merci ! »

Le roi désirait-il cela ?

Et comment aurions-nous pu prendre Paris, sinon par miracle décidé par Dieu, et celui-ci le voulait-il en ce jour de nativité de la Vierge ?

Il était quatre heures de l'après-midi.

« Rendez la ville au roi de France ou c'est la mort sans merci », continuait de crier Jeanne.

Une voix rude, haineuse, lança depuis les murs :

« Voire paillarde ! Ribaude ! »

J'entendis le sifflement tout proche d'un trait d'arbalète. Il frappa Jeanne à la cuisse, elle chancela, se redressa. Son porte-étendard blessé au pied souleva la visière de son heaume, et un vireton le frappa entre les deux yeux.

Cet homme d'armes, dont j'ignore le nom, était le préféré de Jeanne et du duc d'Alençon.

Sa mort fut pour moi noir présage, même si je relevai l'étendard de Jeanne.

Elle criait qu'on approche des murs, qu'on les escalade, et Paris serait rendu au roi de France.

Elle s'accrochait au remblai, même quand le sire de La Trémouille ordonna la retraite.

Ce fut Raoul de Gaucourt, gouverneur d'Orléans, et Guichard Bournel, un capitaine picard, qui l'emportèrent.

La blessure du corps était légère à Jeanne. Mais la souffrance de l'âme était grande.

Cependant que, au plein de la nuit, on la hissait sur son cheval, elle répétait, regrettant que le combat ait été interrompu : « En nom Dieu ! La place eût été prise ! »

Elle regardait fixement les grandes flammes qui éclairaient la muraille et les centaines de charrettes et d'échelles qu'on avait abandonnées, dont certaines brûlaient avec le bagage que les hommes d'armes avaient jeté dans le brasier en fuyant.

On dit même que les morts furent jetés dans le feu.

Pourtant le lendemain, vendredi 9 septembre 1429, puis le samedi 10, Jeanne voulut qu'on reprît l'attaque, jurant qu'elle ne partirait que la ville prise.

Je chevauchais avec elle, ce samedi matin, aux côtés du duc d'Alençon et de quelques chevaliers, qui avaient appris qu'en amont de la ville un pont sur la Seine permettait de passer le fleuve et de surprendre les défenseurs de Paris.

Mais le roi, dans la nuit, avait fait démonter le pont.

Je vis Jeanne, le visage déformé par la colère.

Elle s'éloigna au galop.

Je la suivis.

Dans Saint-Denis elle mit son cheval au pas, interpellant un homme d'armes qui avançait avec une femme en croupe.

Elle sortit son épée, menaça la ribaude, la chassa.

Lorsque des années plus tard on me fit le récit de cette rencontre et de ces menaces, on ajouta que Jeanne avait frappé la ribaude, et brisé son épée sur le dos de la malheureuse.

Et le roi lui aurait dit :

« Vous deviez prendre un bâton et frapper avec sans risquer votre épée venue divinement. »

C'était l'arme qui était enfoncée près de l'autel de la chapelle de Sainte-Catherine en Fierbois. Et Jeanne en avait eu la vision qui maintenant se retournait contre elle.

Je n'ai pas vu Jeanne frapper la ribaude en croupe d'un homme d'armes. Mais j'étais près de Jeanne quand elle déposa dans l'église abbatiale de Saint-Denis son harnais de guerre et une épée qu'elle avait gagnée dans les derniers combats, pour les offrir à Dieu, puisqu'elle avait été blessée et qu'elle avait survécu.

Puis ce mardi 13 septembre de l'an 1429, elle rejoignit le roi qui quittait Saint-Denis.

39.

Jeanne n'a pas relevé la tête tout au long des sept jours que dura notre chevauchée de Saint-Denis-en-France à Gien-sur-Loire.

Je cheminais près d'elle, et j'ai plusieurs fois tenté de l'interroger, lui faisant part de mon trouble, des questions qui me hantaient. N'avions-nous pas été punis d'avoir engagé la bataille le jour de la nativité de la Vierge ? Le roi avait-il vraiment voulu que nous prenions Paris ? N'avait-il pas craint, si nous entrions dans cette ville qui un jour deviendrait la plus grande ville de son royaume, sa capitale, que nos hommes d'armes ne pillent, ne brûlent, ne violent, ne massacrent ? Et n'en avait-elle pas menacé les Parisiens ?

J'ai même osé lui demander si ses voix lui avaient donné conseil ? Jeanne, une fois, une seule fois, au moment où, le 21 septembre de l'an 1429, nous entrions dans Gien, m'a répondu, mais sans se redresser, et sa voix était si sourde que j'en ai frissonné :

« Passez outre, a-t-elle dit, passez outre. »

J'ai ressenti sa souffrance. Le roi ce jour-là licenciait son armée qui n'était plus qu'un troupeau d'hommes las, qui formaient des compagnies, des bandes, et s'apprêtaient, affamés et démunis, amers d'avoir tant marché, de Gien à Reims, de Reims à Compiègne, de Compiègne à Saint-Denis et de Saint-Denis à Gien, à remplir leurs panses et leurs bourses en pillant, en se louant à un capitaine qui, contrairement au roi, leur verserait solde et vin. Les seigneurs rentraient chez eux avec leur compagnie.

Le beau duc d'Alençon avait dit au roi, qu'il souhaitait rester à Gien, puis à Bourges, là où Charles VII envoyait Jeanne. Et il pourrait ainsi reconstituer avec elle une armée qui partirait à la reconquête de la Normandie. Mais le roi avait refusé, ordonnant au duc d'Alençon de se retirer dans sa vicomté de Beaumont-sur-Oise.

J'ai vu Jeanne, et c'était si fréquent depuis notre départ de Reims, attristée, le regard mort, devinant que le roi se défiait d'elle et du beau duc, qu'il voulait briser leur entente, et n'avait aucune intention de continuer la guerre, de bouter par l'épée les Anglais hors de France.

Il négociait encore et toujours avec le duc Philippe de Bourgogne, il espérait une « grande trêve ».

Et il s'installait au château de Mehun-sur-Yèvre, à quelques lieues de Bourges, où il allait vivre paisiblement.

Là, dans cette ville de Bourges, on avait conduit Jeanne et ses proches dont j'étais.

Lorsque je voyais Jeanne se rendre dans le bas de la ville aux bains et aux étuves en compagnie de Marguerite de Touroulde, son hôtesse – l'épouse de Régnier de Bouligny, le chancelier aux Finances de Charles VII –, j'éprouvais une tristesse amère.

Jeanne n'était donc plus que cette femme réduite à l'inaction, à baigner son corps, à le laisser macérer dans les vapeurs brûlantes de l'étuve, à dormir nue la nuit dans le grand lit de Marguerite de Touroulde, et à ne manquer aucune messe.

J'interrogeais les servantes, et la gêne que j'éprouvais à les questionner s'effaçait devant mon avidité à connaître les propos de Jeanne, sa manière de vivre dans cet hôtel de Régnier de Bouligny.

Elle suivait donc la coutume qui voulait qu'on dorme nue dans le lit de son hôtesse, et les deux femmes bavardaient et priaient ensemble.

Marguerite de Touroulde se confiait à ses servantes, toute fière d'héberger la Pucelle, dont elle assurait qu'elle était naïve, vierge et pieuse, hardie combattante qui disait qu'elle n'était pas plus sûre que les autres gens de guerre de ne point être tuée lors des batailles.

Parfois, Marguerite de Touroulde était surprise par les réponses de Jeanne. Des femmes conviées par son hôtesse à la rencontrer lui avaient apporté des patenôtres, des chapelets, des crucifix afin qu'elle les touchât, et Jeanne avait répondu :

« Touchez-les vous-mêmes. Ils seront aussi bons par votre toucher que par le mien. »

Elle riait, mais tout à coup elle s'emportait, découvrant des cornets à dés, des cartes, condamnant les jeux. Puis elle s'enfermait dans le silence et la prière.

Tout ce que j'apprenais ainsi de Jeanne me révélait et me confirmait sa souffrance, et surtout son désarroi.

Elle se confessait plusieurs fois par jour, le plus souvent au frère Richard, mais je soupçonnais celui-ci de ne plus être son chantre et clerc dévoué.

J'avais vu Richard converser en toute complicité avec les conseillers du roi, dont je savais qu'ils voulaient réduire Jeanne à n'être qu'un capitaine, femme d'armes à l'égal d'un homme d'armes.

Puis j'avais rencontré Richard entouré de ces femmes qui disaient qu'elles avaient vu elles aussi des anges et des saintes envoyés par Dieu. Et qu'elles conversaient avec eux.

J'ai pensé aussitôt que frère Richard et les conseillers du roi voulaient utiliser ces nouvelles prophétesses pour réduire l'influence de Jeanne.

Ils voulaient se servir d'elles pour soutenir leur politique.

Je me suis attaché au pas de l'une d'elles, Catherine de La Rochelle, épouse et mère, qui « voyait » une « Dame Blanche », habillée de drap d'or, et annonçait qu'elle irait vers le duc de Bourgogne pour conclure la paix.

La Dame Blanche lui avait dit aussi :

« Va par les bonnes villes et que le roi te donne des hérauts et trompettes pour faire crier :

« "Quiconque a or, argent ou trésor caché, qu'il l'apporte à l'instant. Ceux qui en auront de caché et ne feront point ainsi, je les connaîtrai bien et saurai trouver leurs trésors." »

J'étais présent quand Catherine de La Rochelle dit à Jeanne :

« Cet or, cet argent, ces trésors, ce sera pour payer vos gens d'armes. »

Et Jeanne a répondu :

« Retournez à votre mari faire votre ménage et nourrir vos enfants. »

La vigueur de cette réponse de Jeanne m'a rassuré.

Jeanne n'était pas prête à se laisser supplanter. Elle exigea de Catherine de La Rochelle de coucher auprès d'elle afin de voir elle aussi la Dame Blanche.

Elle n'apparut pas, ces nuits-là.

Et je sais que Jeanne a dit au roi qu'elle avait consulté ses voix célestes qui avaient dit :

« Dans le fait de cette Catherine de La Rochelle, il n'y a que folie et néant. »

Et quand Charles VII, patelin, lui rappela que Catherine de La Rochelle assurait qu'elle obtiendrait la paix, Jeanne répondit :

« Il me semble qu'on ne trouvera point de paix, si ce n'est par le bout de la lance. »

On savait, au Conseil royal, qu'elle pouvait entraîner dans un assaut les hommes d'armes, que ses exploits étaient connus dans tout le royaume de France et le duc d'Alençon l'avait dit devant moi au comte de La Trémouille : « Beaucoup se mettront en sa compagnie qui ne bougeront de chez eux si elle ne vient pas. »

Le roi avait écarté le beau duc d'Alençon, mais il tint compte de son avis et confia Jeanne au sire d'Albret, frère utérin du comte de La Trémouille et lieutenant du roi en Berry.

Je fus de cette compagnie qui chevaucha vers Saint-Pierre-le-Moûtier, à mi-chemin entre Nevers et Moulins.

La place était tenue par une bande de routiers, menée par un capitaine, Perrinet-Gressart, qui loue ses hommes d'armes à qui le paie, et qui attaque, viole, tue, rançonne pour lui-même. Il a ainsi tenu prisonnier le comte de La Trémouille jusqu'au versement d'une rançon de quatorze mille écus.

C'est un capitaine aguerri, qui repousse les hommes d'armes de sire d'Albret qui ont mis le siège de Saint-Pierre-le-Moûtier, en ce début du mois de novembre de l'an 1429.

Je n'ai pas reculé parce que Jeanne est restée au bord du fossé, bravant les routiers qui du haut du mur l'insultaient en décochant flèches et traits d'arbalète.

J'ai tenté de la convaincre de se mettre à l'abri. En vain. Elle ne paraissait pas m'entendre. J'ai vu revenir vers nous son écuyer Jean d'Aulon. Il avait abandonné son cheval. Blessé au talon il sautillait, s'appuyant sur des béquilles, il criait :

« Que faites-vous ainsi ? Vous êtes seule ? Pourquoi ne vous retirez-vous pas comme les autres ? »

Jeanne ôta son casque plat, balaya d'un geste du bras le champ de bataille, lança :

« Je ne suis pas seule. J'ai en ma compagnie cinquante mille de mes gens ! Et je ne partirai point d'ici que j'aie pris la ville. »

Elle avait parlé avec tant d'autorité que j'ai regardé autour de moi comme si je m'attendais à voir cinquante mille hommes d'armes. Mais nous étions moins d'une dizaine !

« En allez-vous d'ici, et retirez-vous comme les autres font, a repris Jean d'Aulon.

— Aux fagots et aux claies, hurla Jeanne. Tout le monde ! Un pont sur le fossé ! Des fagots, des claies ! »

D'abord j'entendis la rumeur qui naissait derrière moi. Je me suis retourné. Je vis les hommes d'armes de sire d'Albret courir vers nous en portant fagots et claies. Et Jeanne, la première, jeta un fagot dans le fossé et tous l'imitèrent, criant, sautant sur les claies, franchissant le fossé, escaladant les murs et les palissades.

Jeanne criait :

« Tout le monde ! Tout le monde ! La ville est prise ! »

Elle l'était après une courte résistance des routiers, qui s'enfuyaient, laissant morts et blessés, gagnant La Charité-sur-Loire, l'autre place tenue par le capitaine Perrinet-Gressart.

Nous les suivîmes chevauchant sous l'orage, dans le froid humide de ce mois de novembre.

Nous manquions de vivres, de bombardes, de poudre,

d'échelles, de charrettes, et nos coureurs avaient mis Jeanne et le sire d'Albret en garde. La Charité-sur-Loire était défendue comme une forteresse. Le capitaine Perrinet-Gressart était un homme de guerre averti et habile.

Jeanne les avait écoutés et à Moulins où nous fîmes halte le 9 novembre, pour réchauffer nos corps refroidis, Jeanne dicta une lettre, qu'elle adressait à ses « chers et bons amis, les gens d'Église, bourgeois et habitants de la ville de Riom », leur annonçant que « Saint-Pierre-le-Moûtier a été prise d'assaut » et que pour aller mettre « prestement le siège devant La Charité », il nous fallait de l'aide.

« Je vous prie, écrivait-elle, sur tant que vous aimez le bien et l'honneur du roi [...] que veuilliez incontinent envoyer et aider pour ledit siège, de poudre, salpêtre, soufre, traits, arbalètes fortes, et d'autres habillements de guerre. »

Si tout cela manquait, concluait Jeanne, « la chose serait longue ». Elle signa *Jehanne*, traçant lentements et maladroitement les lettres. J'ai découvert ainsi que Jeanne avait commencé à apprendre à écrire, sans doute lors des jours passés à Bourges, au côté de Marguerite de Touroulde.

Nous commençâmes le siège de La Charité-sur-Loire, mais rares furent les villes qui nous envoyèrent de l'aide. Seule la cité d'Orléans, fidèle à Jeanne, nous dépêcha hommes, arbalètes et bombardes.

Mais celui pour qui nous avions tant combattu, et pour qui nous acceptions en cette fin novembre de l'an 1429, la morsure cruelle du froid et de la faim, et pour qui nous offrions nos corps aux traits des arbalètes des routiers, celui que Jeanne avait conduit jusqu'à Reims, Charles VII, ne nous envoya ni vivres ni argent.

Et la témérité de Jeanne, que je voyais chevaucher autour des remparts sans se soucier des viretons d'arbalète et des boulets, ne put briser la résistance des routiers de Perrinet-Gressart. Il nous fallut lever le siège.

C'était décembre de l'an 1429, l'hiver, la pluie, le froid, la retraite et la honte.

Car nous avions dû abandonner nos bombardes, nos couleuvrines. Et je voyais la souffrance creuser le visage de Jeanne. Son corps était las, son âme blessée. Car c'était la deuxième défaite qu'elle subissait.

Les voies s'étaient-elles tues ? Dieu l'avait-Il abandonnée ?

On lui avait lu le texte écrit par un clerc parisien, qui l'accusait d'idolâtrie, d'user de sortilèges et de fausses prophéties. Elle avait, ajoutait-il, entraîné les hommes d'armes à se rendre homicides les jours de l'Assomption et de la nativité de la Vierge. C'étaient là « sacrilèges et offenses que l'ennemi du genre humain avait infligés au Créateur et à sa très glorieuse Mère par le moyen de cette femme ».

Il fallait que cette Pucelle soit traduite devant l'évêque et l'Inquisiteur.

Il concluait :

« Il faut tailler les chairs pourries ; il faut chasser la brebis galeuse du bercail. »

Pour Jeanne, j'en étais sûr, c'était torture que d'entendre ces mots écrits par un homme d'Église.

Et les trois communions que lui donna le jour de Noël de l'an 1429 frère Richard ne l'arrachèrent pas à son chagrin.

Je l'ai partagé avec elle en cette fin de l'an 1429.

Rien ne semblait pouvoir arracher Jeanne à cette noire humeur. Je lui appris pourtant que Charles VII en son château de Mehun-sur-Yèvre venait de lui octroyer les lettres de noblesse scellées du grand sceau de cire verte, et du ruban de soie.

Le roi anoblissait aussi ses père, mère, frères – même au cas où ils ne fussent pas de condition libre – et toute leur postérité mâle ou féminine.

Le roi avait décidé ainsi :

« Voulant rendre grâce aux multiples et éclatants bienfaits de la grandeur divine qui nous ont été accordés par le ministère de la Pucelle...

« Considérant en outre les services louables, gracieux et utiles déjà rendus de toute façon par ladite Jeanne la Pucelle, à nous, et à notre royaume et que nous espérons de poursuivre dans l'avenir. »

J'ai répété ce mot *avenir*, mais Jeanne a paru ne pas l'entendre.

NEUVIÈME PARTIE

« La semaine de Pâques dernièrement passée, alors que je me trouvais sur les fossés de Melun, il me fut dit par mes voix, c'est-à-dire les voix des saintes Catherine et Marguerite, que je serais prise avant qu'il fût la Saint-Jean et qu'il fallait qu'il en fût ainsi et que je ne m'ébahisse pas, mais que je le prenne gré et que Dieu m'aiderait. »

Jeanne, au mois d'avril 1430, a, dit-elle,
entendu les voix célestes lui annoncer
sa prochaine capture.

40.

En ces premiers jours de l'an 1430 j'ai cru que Jeanne allait retrouver la certitude et l'espérance, ces deux vertus filles de sa foi.

Grâce à elles, Jeanne avait parcouru ce chemin semé de chausse-trappes, qui de Domrémy à Vaucouleurs l'avait menée jusqu'à Reims.

Je l'ai vue sourire quand on lui a dit que dans les lettres d'anoblissement on l'avait nommée Jeanne d'*Ay*, parce qu'à la chancellerie royale on avait recueilli son nom de la bouche d'un Lorrain, à l'accent traînant et sourd.

Elle avait rétorqué que *d'Arc* ou *d'Ay*, elle était celle qu'on appelait Jeanne la Pucelle, et qu'elle avait le droit d'ajouter *du Lys*, cette fleur royale qui figurait sur son étendard, celui qui avait été à l'honneur lors du sacre de Charles VII, notre roi.

Elle pouvait aussi remarquer que, à Sully-sur-Loire où nous étions logés dans le château du comte de La Trémouille, des paysans les plus démunis et des indigents jusqu'aux hommes d'armes, tous lui témoignaient de la dévotion, du respect et de l'admiration.

Elle était pour les uns d'abord la fille de Dieu, et les autres savaient qu'elle était restée debout devant les fossés de Paris ou de La Charité-sur-Loire, que blessée, elle avait refusé de fuir, et on dressait la liste de ses victoires.

On ne l'avait pas oubliée.

J'étais, à Orléans où Jeanne avait été invitée, assis à côté d'elle, le 19 janvier de ce nouvel an 1430. C'était un grand festoiement organisé en son honneur et en celui de Jean Rabateau, procureur général de la Chambre des comptes, qui avait été à Poitiers l'hôte de Jeanne, quand elle avait été soumise aux questionnements des clercs et aux examens des femmes.

À ce banquet, les bourgeois d'Orléans firent servir six chapons, cinq perdrix, treize lièvres, et même un faisan. Et Jeanne ne jeûna pas, ne refusa pas le vin qu'on lui offrit. Il y en eut cinquante-deux pintes de versées aux convives.

Le peuple d'Orléans, ses bourgeois et ses clercs, l'entourèrent pour honorer celle qui les avait délivrés.

Cela faisait des mois que je n'avais pas vu Jeanne si sereine, presque joyeuse. Quelques jours plus tard, j'appris qu'elle avait contracté un bail à vente, afin d'acheter un hôtel qui appartenait au chapitre de la cathédrale d'Orléans et était situé au centre de la ville, rue des Petits-Souliers.

Jeanne devait verser aux termes de la Saint-Jean et à Noël, et ce durant cinquante-neuf années, la somme de six écus d'or fin. Était-ce pour elle ? Voulait-elle accomplir le destin premier d'une femme, prendre mari et devenir mère ?

Je l'ai pensé. Elle avait du bien, armes et chevaux, qui représentaient douze mille écus. Elle était économe.

Je l'ai vue en campagne, prendre soin de ses vêtements, même les plus usagés. Mais elle n'était pas avare, elle faisait l'aumône, comme lorsqu'elle était enfant à Domrémy, elle donnait ses habits, et des oboles.

J'avais éprouvé à l'idée d'une Jeanne devenue bonne dame, épouse et mère, des sentiments mêlés.

Je m'en félicitais d'un côté et de l'autre je ne croyais pas à ce destin paisible. Il m'arrivait de penser que née de la guerre, Jeanne la Pucelle la poursuivrait jusqu'à son terme : bouter les Anglais hors de France ou mourir.

Alors la maison achetée à Orléans ne serait pas pour elle mais pour sa parentèle, père, mère, frères.

Et le regard si souvent songeur et attristé de Jeanne me convainquait qu'elle guettait le moment où elle pourrait remonter en selle, comme un capitaine.

L'attente ne fut pas longue. Les courriers qui s'arrêtaient à Sully-sur-Loire, où le roi avait choisi de loger, dans ce château du comte de La Trémouille où Jeanne vivait, apportaient des nouvelles inquiétantes.

Ce n'était pas la paix qu'elles annonçaient mais la reprise de la guerre.

Jeanne avait eu raison de dire que « la paix était au bout de la lance ».

Le duc Philippe de Bourgogne avait reçu du duc de Bedford en cadeau de bonne alliance les comtés de Champagne et de Brie. Il constituait une puissante armée. Les seigneurs ralliaient ce prince munificent qui, fastueusement, venait de célébrer ses noces avec Isabelle du Portugal à Bruges. Il avait créé l'ordre de la Toison d'or et les seigneurs rêvaient d'y être admis. Il voulait conquérir les villes de l'Ile-de-France afin de protéger son joyau, Paris. Il tenta de s'emparer de Compiègne, en achetant le gouverneur de la ville Guillaume de Flavy, fidèle au roi de France qui répondit : « La ville ne m'appartient pas, monseigneur le duc, elle appartient au roi. »

Mais Jeanne répétait que ce n'était que partie remise, que Philippe de Bourgogne violait les trêves que ses ambassadeurs avaient signées avec Charles VII.

On les avait prolongées de Noël au 15 mars, puis jusqu'à Pâques, ce 16 avril de l'an 1430.

J'étais au côté de Jeanne quand devant le roi et ses conseillers, le chancelier Regnault de Chartres dit que le duc de Bourgogne avait trompé Charles VII. Il a « déçu par trêves et autrement… » et c'est « grande déplaisance de notre cœur ».

La menace était donc là, anglaise et bourguignonne, et je vis les yeux de Jeanne étinceler, sa parole devenir plus nerveuse.

Elle écrivit, le 16 et le 28 mars, aux habitants de Reims qui craignaient que les Bourguignons n'assiègent leur ville, ou pire encore qu'ils ne soudoient une partie des autorités, gens d'Église et bourgeois, les décidant à trahir le roi de France, à ouvrir les portes au duc de Bourgogne.

« Sachez qu'il n'y aura point de siège, leur écrit Jeanne, si je puis rencontrer nos adversaires, et si je ne les rencontre point et qu'ils viennent vers nous, soyez aussi courageux que vous le pourrez car je viendrai en peu de temps jusqu'à vous et je leur ferai chausser leurs éperons si vite qu'ils ne sauront où les prendre… »

Quant aux traîtres, Jeanne écrit :

« Le roi sait que vous souffrez beaucoup des duretés que vous font ces traîtres de Bourguignons, nos adversaires. Il vous en délivrera s'il plaît à Dieu dans les délais les plus brefs, à savoir le plus tôt que faire se pourra… »

J'ai lu et relu copies de ces lettres aux Rémois, celle aussi qu'elle adresse – mais c'est le frère Jean Pasquerel qui la signe – aux hérétiques de Bohême qui ont suivi le moine Jan Hus qui contestait l'Église.

Dans ces lettres, je retrouve la Jeanne des certitudes, de l'assurance en la justesse de son combat contre les Anglais et les Bourguignons, de son désir de partir en croisade.

« Croyez-vous rester impunis ? écrit-elle aux hussites. Quant à moi pour vous dire la vérité, si je n'étais occupée aux guerres anglaises, je serais déjà allée vous trouver. Mais vraiment si je n'apprends que vous vous êtes amendés je quitterai peut-être les Anglais et je vous courrai sus, afin que j'extermine par le fer si je ne le puis autrement votre vaine et fougueuse superstition et que je vous ôte ou l'hérésie ou la vie... »

Puis j'observe Jeanne. Ses yeux brillent à nouveau, je l'ai dit. Le ton, les gestes expriment la volonté. Mais tout à coup je doute. Car ces signes peuvent ne pas révéler la certitude et l'assurance, mais la fébrilité.

Le regard des fiévreux et des illuminés ne brille-t-il pas ?

Où est l'armée dont Jeanne la Pucelle pourrait prendre la tête pour s'opposer aux Bourguignons et aux Anglais ?

Le 4 avril 1430, Philippe le Bon, duc de Bourgogne, rassemble ses troupes à Péronne. Sa puissante avant-garde est commandée par Jean de Luxembourg, à la solde des Anglais, son frère Louis est cardinal d'Angleterre.

Le régent Bedford reçoit à Calais le roi Henri VI, un enfant de neuf ans, mais accompagné de deux mille piétons et chevaliers.

Que peut Jeanne contre eux ? Vouloir ! Imaginer ! Rêver !

Je suis près d'elle quand elle recrute une compagnie de cent cavaliers, de soixante-huit archers et arbalétriers et deux trompettes.

Ce sont des routiers piémontais, commandés par le capitaine Barthélemy Baretta. Nous nous mettons en route au début du mois d'avril. Je me retourne, pour saisir dans mon regard, le château de Sully-sur-Loire, où se trouve encore le roi.

Pourquoi ne convoquait-il pas les princes, les seigneurs, les capitaines et ne prend-il la tête de cette armée ?

Préfère-t-il compter sur cette conjuration nouée par des religieux du couvent des Carmes, à Paris et à Melun, et qui espèrent soulever Paris en faveur du roi de France ?

Chimère ! La conjuration est dévoilée. Les têtes roulent sous la hache du bourreau.

Mais il reste le couvent des Carmes de Melun.

Et c'est vers Melun que nous chevauchons.

Jeanne est entourée par son frère Pierre, son écuyer Jean d'Aulon. Et moi Guillaume de Monthuy.

Je m'arrête. Je laisse défiler devant moi nos hommes d'armes. Nous ne sommes plus une armée mais une compagnie et nous ressemblons à une bande de routiers, dont Jeanne la Pucelle est le capitaine.

41.

Jeanne était sombre durant ces jours de mars et d'avril de l'an 1430 qui fleuraient bon l'aubépine et que faisait vibrer le chant des oiseaux.

Mais point d'humeur printanière chez Jeanne.

Sur ces chemins qui nous conduisaient de Sully-sur-Loire en Ile-de-France, à Melun, à Lagny-sur-Marne, elle murmurait des prières, tête baissée, comme lorsqu'on a communié.

Priait-elle les voix célestes de lui promettre la victoire ? Se remémorait-elle le printemps de l'an 1429 quand elle galopait à la tête d'une armée ?

C'était le temps où elle parlait fort au Bâtard d'Orléans, au sire La Hire. Un an était passé, ces capitaines étaient devenus comtes, et elle, Jeanne d'Arc du Lys.

Mais quand nous atteignîmes les fossés de Melun, cette ville qui reconnaissait Charles VII, qui avait fait serment de lui obéir, les portes ne s'ouvrirent pas devant nous.

Nous restâmes au bord des fossés, comme des routiers dont on peut tout craindre et qu'on tient à distance même s'ils se réclament du roi de France, et si Jeanne la Pucelle est à leur tête.

Je me suis avancé, j'ai crié que nous étions l'armée de Charles VII et me retournant afin de désigner notre compagnie, j'ai vu les visages hirsutes de Barthélemy Baretta et de ses centaines de Piémontais.

Où étaient les Français de sang royal, le beau duc d'Alençon ? Les maréchaux de France, de Boussac et Gilles de Rais ?

Le roi nous avait abandonnés. Comment pouvions-nous vaincre ?

Je me suis approché de Jeanne et j'ai ressenti son désarroi. Elle m'a longuement regardé.

Et tout à coup, elle a murmuré d'une voix étouffée qu'elle avait entendu ses voix célestes, qu'elle venait de parler à sainte Catherine et à sainte Marguerite.

Je me souviens le cœur tremblant des paroles de Jeanne, comme si j'avais été son confesseur.

« Elles m'ont dit : "Jeanne, tu seras prise avant qu'il soit la Saint-Jean." »

C'était donc avant le 24 juin, dans moins de soixante et dix jours qu'elle serait capturée par les Bourguignons ou les Anglais.

Elle avait supplié ces saintes :

« Quand je serai prise, que je meure tout aussitôt sans longue épreuve », leur avait-elle dit.

Mais ses voix célestes n'avaient pas répondu, ne lui révélant ni le jour, ni le lieu, ni les circonstances de sa capture et moins encore l'instant de sa mort.

Les saintes avaient seulement ajouté :

« Ne t'ébahis pas et prends tout en gré. Dieu t'aidera. »

Jeanne a répété ces mots comme si elle voulait s'en pénétrer, puis elle s'est signée et s'est écartée de moi.

J'ai pensé qu'elle voulait oublier sa confession, refermer cette blessure de son âme, mais même si elle effaçait de sa mémoire ma présence auprès d'elle et ce moment de faiblesse, j'ai su qu'elle répéterait sans fin, en elle, la prophétie de sainte Catherine et de sainte Marguerite.

Qu'elle ne pouvait refuser de les croire et qu'ainsi elle marcherait vers ce moment où la main d'un homme d'armes ennemi se poserait sur elle.

Et j'ai craint qu'elle ne vive plus que dans l'attente de ce face-à-face avec sa fin.

Dès lors je l'ai guettée, me tenant près d'elle, imaginant que je pourrais avec l'aide et le consentement de Dieu changer son destin.

Nous avons chevauché jusqu'à Lagny par des chemins que le mois de mai embellissait.

La ville avait fait obéissance à Charles VII, et sa garnison, commandée par messire Jean Foucault, menait guerre nerveuse contre les Anglais et les Bourguignons.

J'observais Jeanne. Elle ne cherchait plus à prendre la tête des hommes d'armes de Lagny. Elle écoutait humblement les capitaines qui préparaient une attaque contre une compagnie de trois à quatre cents Champenois et Picards qui, sous le commandement d'un capitaine nommé Franquet d'Arras, avaient pillé l'Ile-de-France, au nom du duc de Bourgogne, et chargés de butins, se dirigeaient vers la Picardie.

Jeanne participa à l'attaque, comme un quelconque capitaine, et je la vis pour la première fois manier l'épée. Le combat fut acharné car les archers picards et champenois ne se laissèrent pas prendre. Il fallut les tuer, à l'exception de quelques hommes et du capitaine Franquet d'Arras qui, je le reconnais, fut vaillant et méritait vie contre rançon. Il était gentilhomme, et Jeanne le racheta au soldat qui l'avait pris.

La conduite de Jeanne m'étonnait. Elle n'était plus la généreuse, la magnanime qui avait, à Orléans puis à Patay, protégé, accueilli les Anglais survivants. Elle se conduisait comme un quelconque capitaine. Elle réclama en échange de Franquet d'Arras un Parisien, Jacquet Guillaume, propriétaire d'une hostellerie dite de *L'Ours*. L'homme avait été arrêté pour avoir participé à la conjuration en faveur de Charles VII.

Jeanne le connaissait-elle ? Les moines Carmes de Melun l'avaient-ils avertie et voulait-elle ainsi empêcher que le bourreau ne tranche le cou d'un partisan du roi de France ?

Mais les têtes des conjurés avaient déjà roulé à Paris d'ordre des Anglais et du duc de Bourgogne. Et parmi elles il y avait celle de Jacquet Guillaume.

J'étais au côté de Jeanne quand elle l'a appris.

Je ne fus pas surpris qu'elle s'obstinât à vouloir relâcher Franquet d'Arras, contre rançon, aussi mon étonnement fut-il grand quand elle céda au bailli de Senlis qui réclamait ce prisonnier afin de le juger.

« Vous voulez faire grand tort à la justice, lui dit-il, en délivrant ce Franquet. »

Elle répondit :

« Puisque Jacquet Guillaume mon homme est mort, que je voulais avoir, faites de ce Franquet ce que vous devrez faire par justice. »

Jeanne avait-elle des regrets, des remords ?

À plusieurs reprises, les jours suivants, elle évoqua le sort du capitaine bourguignon. À chaque fois elle me regardait, de la dureté dans les yeux comme si elle avait voulu que je baisse la tête devant elle. Elle disait que le procès qui avait duré quinze jours avait été conduit selon les règles. Que Franquet d'Arras avait confessé être meurtrier, larron et traître.

Je ne me rendais pas aux raisons de Jeanne. Je me taisais pour ne pas lui répondre qu'elle avait ce prisonnier sous sa garde. Qu'il était gentilhomme et qu'il méritait rançon et qu'il n'était pas plus coupable que chacun des autres capitaines de routiers, qu'ils fussent au service des Armagnacs ou des Bourguignons. Et par la décision de Jeanne, Franquet d'Arras avait été condamné à mort et décapité.

Cet homme que Jeanne avait livré au bailli de Senlis, je n'ai pas pu l'oublier.

Je m'étais interrogé et je continue à le faire tant d'années plus tard.

Jeanne avait-elle changé à ce point ? Était-ce la prophétie de ses voix célestes qui, en lui révélant sa prochaine capture, l'avaient peut-être convaincue que Dieu en avait fini avec elle, que sa mission était achevée, qu'elle était réduite à n'être qu'un homme d'armes comme les autres, capable de tuer, de laisser mourir, de céder à l'autorité d'un bailli ?

J'en fus meurtri.

Jeanne avait été la preuve que Dieu voulait que l'espérance l'emporte sur la prudence humaine et ses lâchetés. Et voilà que, comme un songe, cette espérance se dissipait.

Jeanne était une femme anoblie qui achetait une maison à Orléans, commandait une troupe de routiers piémontais, et livrait un homme à la justice du roi, oubliant les règles de la guerre.

J'ai douté de Jeanne durant plusieurs jours et je porte encore ces questions en moi.

Mais Dieu veillait-Il ? Un matin à Lagny, en ce mois de mai de l'an 1430, des femmes sont venues implorer Jeanne comme si elle était une sainte. Elles l'entraînèrent vers l'église Saint-Pierre. Je les suivis en écoutant leurs lamentations.

Un nouveau-né était mort, sans avoir été baptisé, disaient-elles. Elles l'avaient déposé devant une statue de Notre-Dame. Elles suppliaient Jeanne de rendre vie à cet enfant afin qu'il pût, le temps d'un souffle, être baptisé, reçu au sein de l'Église et accepté par Dieu.

Dans l'église Saint-Pierre, j'ai vu le corps inanimé, noir, de l'enfant qui n'avait pas respiré depuis plusieurs heures, peut-être trois jours, comme l'affirmaient certaines de ces femmes. Elles se mirent à prier et Jeanne s'agenouilla parmi elles. Et tout à coup elles crièrent, se précipitèrent, soulevèrent l'enfant – « noir comme ma cotte », dira Jeanne – qui avait bâillé par trois fois, et dont la peau du visage et des mains rosissait.

Jeanne le porta sur les fonts baptismaux.

Il entra dans la chrétienté, puis il mourut aussitôt.

Les femmes s'agenouillèrent autour de Jeanne, celle par qui la résurrection avait eu lieu.

Je me remis à espérer.

Dieu peut-être n'avait-Il pas abandonné Jeanne.

42.

J'ai été à nouveau, en ces premiers jours du mois de mai de l'an 1430, emporté par l'espérance.

Autour de Jeanne, je voyais se rassembler de nombreux capitaines avec leurs compagnies. Le chancelier du royaume, seigneur archevêque de Reims, Regnault de Chartres, et le comte de Vendôme de sang royal, lieutenant du roi, arrivaient à Compiègne, où nous entrions le 13 mai.

Dans la plaine voisine, une armée de mille chevaux était rassemblée. Et la présence de ces chevaliers, de ces capitaines, de ces seigneurs me faisait oublier mes doutes.

Le gouverneur de Compiègne Guillaume de Flavy était, m'avait-on confié, brutal, mais hardi et vaillant comme un homme de guerre. Il avait refusé de céder sa cité au duc de Bourgogne, mais il avait aussi désobéi à Charles VII qui voulait donner la ville à ce même duc dans l'espoir de parvenir à la paix.

Les échevins de Compiègne nous avaient accueillis et honorés, recevant Jeanne en même temps que le comte de Vendôme et l'archevêque de Reims. Ils avaient offert quatre pots du meilleur vin.

Avec Guillaume de Flavy, nous avions parcouru les puissantes murailles, qui comptaient mille cinq cents créneaux. Nous avions vu les douves, les sarbacanes, les tours, les ponts-levis et les fossés, les palissades. Et Guillaume de Flavy avait rappelé que la ville avait subi huit assauts depuis 1415, et elle n'avait jamais été prise.

Comment ne pas être à nouveau confiant ? Comment ne pas remarquer l'ardeur de Jeanne pour convaincre les capitaines et les seigneurs qu'il fallait sortir de la ville afin de repousser l'armée anglo-bourguignonne, qui se rassemblait sous le commandement du duc de Bourgogne, lui-même, mais aussi d'un redoutable chef de guerre, Jean de Luxembourg, comte de Ligny ?

J'imaginais, je me persuadais que Jeanne allait comme à Orléans, à Troyes, entraîner cette armée de mille chevaux, et que comme à Patay, nous vaincrions.

J'avais été conforté dans cette espérance lorsque Jeanne s'était rendue en pèlerinage à l'église d'Élincourt, à quelques lieues de Compiègne. L'église était dédiée à sainte Marguerite. Jeanne s'était agenouillée devant l'autel que surplombait un vitrail représentant la sainte.

Je m'étais souvenu, en voyant Jeanne faire ses dévotions, tout entière engloutie par la prière, de la chapelle de Fierbois, sur la route de Chinon, il y avait un peu plus d'un an, de Jeanne priant avec ferveur sainte Catherine.

En ces jours de mai de l'an 1430, elle priait avec la même ferveur. J'ai donc espéré que Jeanne nous donnerait la victoire, que Dieu n'avait pas détourné son regard de la Pucelle.

Et puis cette confiance qui m'était revenue s'est effritée.

Nos coureurs qui sillonnaient l'Ile-de-France de la Picardie à Compiègne, de Paris à Melun, de Lagny à Senlis, brossaient le tableau de la puissante armée du duc de

Bourgogne, forte de quatre mille Bourguignons, Picards et Flamands et de mille cinq cents Anglais. Elle marchait vers Compiègne dont le duc souhaitait s'emparer. Elle disposait de grosses bombardes, lançant de lourdes pierres. Les arcs de Prusse et de Géorgie tiraient des flèches « barbées ». La poudre était abondante et permettait de lancer des fusées de feu grégeois.

Comment vaincre une telle armée, celle du plus riche roi de la chrétienté, qui voulait faire le siège de Compiègne ?

Jeanne s'efforçait de ne pas paraître inquiète, mais elle ne pouvait cacher sa déception et sa colère, quand elle rencontra le capitaine de la ville de Soissons, Guichard Bournel.

Elle le connaissait. Il était celui qui, lorsqu'elle avait été blessée devant Paris, l'avait arrachée au fossé pour la forcer à suivre les hommes d'armes qui s'enfuyaient.

À Soissons, j'ai assisté à l'entrevue qu'il avait accordée à Jeanne, à l'archevêque de Reims et au comte de Vendôme. Eux seuls et quelques chevaliers dont j'étais avaient été autorisés à entrer dans Soissons.

D'emblée le capitaine Guichard Bournel avait déclaré, d'une voix pateline, que Soissons ne pouvait accueillir l'armée du roi de France. Les habitants s'y refusaient. Ils interdisaient même aux Français d'utiliser le pont sur l'Aisne. Or passer d'une rive du fleuve à l'autre aurait permis de tourner les compagnies anglo-bourguignonnes.

Il fallait donc quitter Soissons. Et quelques jours plus tard nous apprîmes que le capitaine picard avait vendu la cité au duc de Bourgogne. Elle était aussitôt occupée par Jean de Luxembourg qui versait quatre mille pièces d'or à Guichard Bournel.

Jamais je n'avais vu Jeanne saisie par une si violente colère. Elle hurlait. Si Guichard Bournel tombait entre ses mains elle le ferait trancher en quatre pièces. Elle avait répété, rageuse, cette menace d'écartèlement. Je ne l'avais jamais cru capable de proférer telle intention. Je l'avais connue déterminée, combattante, mais bienveillante. J'avais pensé que la haine et la guerre avaient envahi son esprit et son cœur.

Étaient-ce là paroles de fille de Dieu ?

N'était-elle plus qu'une guerrière, que quittaient les capitaines, les seigneurs ? Ceux-là se dirigeaient avec leurs hommes d'armes vers Senlis et la Marne.

Elle, avec sa compagnie de Piémontais, elle rentrait dans Compiègne, appelant les hommes d'armes de la garnison à sortir de la ville, à s'élancer à l'assaut des compagnies anglo-bourguignonnes qui avaient pris position autour de la cité.

Je suivis donc Jeanne et sa troupe vers Noyon, afin d'attaquer la place bourguignonne de Pont-l'Évêque.

Je la vis combattre, l'épée à la main, frappant d'estoc et de taille et nous mîmes tous grand cœur dans ce combat, espérant chasser l'ennemi. Mais il reçut des renforts de Noyon et nous dûmes battre en retraite.

Nous nous rendîmes à Crépy-en-Valois, où se rassemblaient des compagnies décidées à défendre Compiègne.

Jeanne prit la tête de ces quelques centaines d'hommes et nous nous dirigeâmes vers Compiègne en suivant la rive gauche de l'Oise.

Là était la forêt, épaisse et sombre.

Dans la nuit qui nous enveloppait nous chevauchions en silence.

Mes pensées battaient au rythme sourd des sabots de mon cheval et je ne cessais de me remémorer la prophétie des voix célestes.

Jeune fille de France brûlée vive

Si sainte Catherine et sainte Marguerite avaient dit vrai, Jeanne serait prise avant la Saint-Jean, le 24 juin.

Dans un mois.

Nous entrâmes dans Compiègne par la porte de Pierrefonds.

C'était l'heure secrète de l'aube, ce mardi 23 mai de l'an 1430.

43.

Ce jour, le vingt-troisième du mois de mai de l'an 1430, je n'ai pas pressenti qu'il serait le plus sombre de toute ma vie.

Nous étions rentrés dans Compiègne avec les lueurs de l'aube, vers cinq heures, et Jeanne avait aussitôt proposé qu'avant la fin du jour nous menions un assaut.

Le village de Margny, situé au sommet d'une butte, à quelques lieues de la ville, avait été cité par Barthélemy Baretta, le capitaine des Piémontais. Elle m'avait entraîné sur les remparts en compagnie du capitaine et du gouverneur de la ville, Guillaume de Flavy.

On apercevait depuis les tours de guet les palissades qu'étaient en train de dresser à Margny les hommes d'armes bourguignons.

De ce lieu élevé, ils pouvaient observer Compiègne, jauger ses défenses. Ils n'étaient que quelques-uns et ils venaient à peine de commencer à bâtir leur fortin.

Jeanne avait peu parlé, laissant le capitaine Baretta imaginer le coup de main, qui devait être mené comme une cavalcade. On surprend, on tue, on pille, on regagne Compiègne au galop. C'est l'affaire d'une heure.

Guillaume de Flavy avait approuvé. On pourrait si Dieu le voulait – disant cela, il s'était tourné vers Jeanne – capturer le chevalier messire Baudot de Noyelles qui commandait les Bourguignons, et dont on tirerait une bonne et sonnante rançon car il faisait partie des proches du duc Philippe de Bourgogne dont les troupes étaient rassemblées, sous les ordres de Jean de Luxembourg, à Coudun, non loin de Margny. Et les Anglais, installés à Venette dans la plaine, paieraient aussi.

Mais, avait ajouté Guillaume de Flavy, il faudrait frapper comme la foudre, car de Coudun et de Venette, les Bourguignons et les Anglais pouvaient venir au secours des hommes d'armes de Margny.

Guillaume de Flavy, penché entre deux créneaux, avait indiqué que pour aider à la rentrée dans la ville il allait placer à la tête du pont-levis, auquel on accédait par une porte de la palissade qui protégeait le fossé et la berge de la rivière, des archers, des arbalétriers, des couleuvriniers. Il ferait aussi amarrer des petits bateaux couverts capables de recueillir le plus d'hommes possible.

Car, dit-il, s'il y avait presse des Anglais et des Bourguignons, il ferait lever le pont-levis et baisser la herse devant la porte qui s'ouvrait dans les murs de la ville.

Que Dieu veille sur ceux qui n'auront pas franchi à temps le pont-levis, avait-il conclu.

J'avais observé Jeanne pendant que le capitaine Baretta et Guillaume de Flavy parlaient.

Son regard se perdait dans le bleu léger d'un ciel limpide et elle n'avait pas écouté, égarée dans ses songes, peut-être seulement attentive aux propos de ses voix célestes.

Tout à coup, au moment où nous quittions les remparts, elle avait dit :

« Il faut prendre Philippe de Bourgogne. Ils seront déconfits. »

J'ai surpris le regard qu'échangeaient le capitaine Baretta et Guillaume de Flavy, et j'ai baissé les yeux pour ne pas en être complice, car à cet instant, j'ai douté de Jeanne, puis je me suis souvenu de la manière dont elle avait entraîné les hommes d'armes, devant la bastille des Tourelles à Orléans.

Elle était l'étendard qu'on suit.

Ce 23 mai de l'an 1430, j'ai voulu le croire.

Jeanne avançait à la tête de trois ou quatre cents hommes. Nous avons passé la « porte du pont », la principale porte de la ville. Elle permettait d'accéder au pont-levis, puis à la chaussée qui au milieu de la prairie conduisait à la butte de Margny.

Je regardais Jeanne, qui chevauchait un cheval gris pommelé de belle et grande race. Elle le montait comme l'eût fait un capitaine aguerri. Elle avait ceint son épée bourguignonne, sa prise de guerre, et elle portait son armure, une huque de drap d'or vermeil. Elle tenait son étendard haut levé, voletant dans l'air embaumé par ces fleurs qui semaient leurs couleurs dans toute la plaine.

Jeanne se tenait droite, aussi fière que si elle avait été à une parade devant le roi et le peuple.

Mais c'était l'escarmouche qui nous attendait.

C'est le capitaine Baretta qui a donné le signal de l'assaut, s'élançant sur la pente qui conduisait au village de Margny. Les cavaliers ont galopé, glaives brandis. Les piétons ont couru lances pointées, poignards en main.

Et Jeanne était devant moi, frappant elle aussi, comme chaque chevalier, chaque homme d'armes, renversant tout ce qui se trouvait devant elle.

Les Bourguignons surpris tentaient de s'abriter derrière les masures et leurs palissades.

Je vis leur capitaine Baudot de Noyelles les encourager du geste et de la voix. Il s'élança et nous le repoussâmes sans parvenir à nous saisir de lui.

Déjà les Piémontais pillaient le cantonnement des Bourguignons, remplissaient leurs besaces, chargeaient leurs chevaux.

Jeanne allait en tous sens, agitant son étendard, criant :

« Allez, en avant ! Ils sont à nous. »

Nos Piémontais se souciaient bien peu de ses appels. Ils étaient comme ivres, enfournant victuailles, armes abandonnées, et parfois s'affairaient penchés sur les corps des Bourguignons, tués ou blessés, qu'ils détroussaient.

Ils n'entendaient ni la voix de Jeanne, qui les exhortait à courir en avant – mais vers où ? – ni celle de leur capitaine Baretta qui leur criait de quitter Margny, de regagner Compiègne.

Je vis tout à coup surgir, venant de l'autre côté du village, une dizaine de chevaliers entourant des seigneurs. Ils chargeaient, rassemblant autour d'eux les survivants de la garnison de Margny.

Je sus plus tard qu'il s'agissait de Jean de Luxembourg qui venait accompagné par une petite escorte, de son camp de Clairoix, à Margny, pour se rendre compte de l'état de ce poste avancé.

Surpris de tomber en pleine bataille, il engageait le combat, lançait des coureurs réclamer des renforts. Cela, je l'ai aussitôt pensé sans savoir qu'il s'agissait de Jean de Luxembourg.

Déjà de nouveaux hommes d'armes bourguignons surgissaient.

L'escarmouche avait été trop longue. Il fallait se retirer. Mais les Piémontais s'attardaient.

J'aperçus, dans la plaine, des Anglais qui, venus de Venette, s'apprêtaient à nous couper la retraite, en se plaçant entre Margny et Compiègne.

Au même instant j'entendis les cris de « Sauve qui peut ». Et chacun de courir et de galoper vers Compiègne, vers l'Oise où se trouvaient amarrés les bateaux prévus par Guillaume de Flavy.

Jamais je n'avais vu pareille fuite, même si j'avais en tête les souvenirs d'Azincourt.

Notre défaite – ma défaite – en 1415 avait été précédée d'une bataille héroïque, du massacre de nos chevaliers. Ici des routiers avaient surpris des Bourguignons sans les vaincre. Ils s'étaient comportés en pillards plus qu'en chevaliers et maintenant c'était la déroute, la course vers les bateaux, vers le pont-levis, en espérant que Guillaume de Flavy ne donnerait pas l'ordre de le lever et d'abaisser la herse.

J'ai aperçu Jeanne, entourée de quelques-uns de ses gens.

Elle était dans la prairie, essayait de remonter vers Margny, cependant que ses gens cherchaient à l'entraîner vers le pont-levis.

J'ai galopé jusqu'à elle, j'ai crié avec d'autres :

« Il faut regagner la ville ou nous sommes perdus. »

Jeanne continuait de pousser sa monture vers Margny, donnant des coups d'éperon, et elle lançait à forte voix, autour d'elle :

« Taisez-vous ! Il ne tiendra qu'à vous qu'ils ne soient déconfits. Ne pensez que de férir sur eux ! »

Elle se dressait sur ses étriers :

« Allez en avant ! Ils sont à nous ! »

Des hommes d'armes prirent la bride de son cheval, le firent retourner de force vers la ville.

Quand je vis les Anglais occuper la contrescarpe qui commandait le pont, je sus qu'il était trop tard.

Guillaume de Flavy ne mettrait pas sa cité en danger, en laissant s'engager sur le pont les hommes de Jeanne et les Anglais qui les poursuivaient et qui étaient mêlés à eux dans un corps à corps, d'où surgissait Jeanne, sur son destrier.

Elle continuait de hurler comme si elle ne voyait pas ce qui se passait autour d'elle :

« Ils sont à nous, en avant ! »

Je tentais de m'approcher d'elle et j'entendais grincer les chaînes du pont-levis que l'on enroulait, nous empêchant ainsi de franchir le fossé, de trouver refuge dans la ville.

Et on baissait la herse devant la porte du pont.

Je n'ai plus pu avancer. Jeanne était entourée d'archers picards, qui cherchaient à s'emparer d'elle, tuant les hommes d'armes qui tentaient de la protéger.

Mais où se serait-elle réfugiée ? Elle était prise dans une nasse.

Maintenant, elle ne criait plus, elle combattait, comme un capitaine qui cherche à sauver sa troupe, espère permettre à ses hommes d'armes de fuir.

Je vis un archer picard, raide homme et bien aigre, prendre Jeanne de côté par sa huque de drap d'or, la tirer de cheval et la faire basculer, choir, toute plate à terre.

On l'entourait, j'entendais les cris :

« Rendez-vous ! »

La voix de Jeanne, altière, forte, répondait :

« J'ai juré et baillé ma foi à autre que vous et je lui en tiendrai mon serment. »

Quelqu'un que je ne voyais pas cria qu'il était gentilhomme, se nommait le bâtard de Wandonne, lieutenant de Jean de Luxembourg, comte de Ligny.

Je devinais que Jeanne s'était rendue à lui, lui donnant sa foi.

Je fus pris, peu après.

C'était la fin de l'après-midi de ce mardi 23 mai de l'an 1430, le jour le plus sombre de ma vie.

44.

Je n'avais jamais éprouvé souffrance de l'âme aussi cruelle.

Je voyais Jeanne entourée de chevaliers, d'archers, de piétons anglais.

Ils criaient, riaient, se bousculaient pour l'approcher, la voir cependant qu'on la dépouillait de son armure.

Quand je l'aperçus, elle m'apparut dans son pourpoint de laine grise, ses chausses serrées sur ses cuisses et ses mollets, plus humiliée que si on l'avait dénudée, plus dolente que si on l'avait écorchée vive.

J'ai su, à cet instant, qu'ils la tueraient mais avant, qu'ils lui feraient porter sa croix aussi lourde que celle qui avait blessé l'épaule du Christ tout au long du chemin qui le conduisait au supplice.

On me poussa avec les hampes des lances afin que je la suive, jusqu'à Margny.

Il y avait près de moi Pierre d'Arc le frère de Jeanne, d'autres encore, ainsi Jean d'Aulon, son écuyer et son intendant. Car nous avions été plusieurs à avoir été pris, préservés de la mort parce que les Anglais et les Bourguignons comptaient tirer fortes rançons de nos vies.

Et l'on nous disait en ricanant que nous connaîtrions peut-être le goût de l'acier des lames anglaises, qui avaient envoyé en enfer près de trois cents de nos compagnons auxquels il fallait ajouter ceux qui s'étaient noyés dans l'Oise ou le fossé en essayant d'échapper à leurs poursuivants godons.

À Margny, on me dit que j'étais donné à Jean de Luxembourg.

Je subissais ainsi le sort de Jeanne. Elle avait été prise par un archer picard qui l'avait remise à son capitaine le bâtard de Wandonne, et celui-ci, lieutenant de Jean de Luxembourg, l'avait cédée à ce dernier.

On me poussa dans une masure du village, les chevilles et les poignets entravés.

J'étais dans la nuit, entendant les cris de joie, devinant les réjouissances qui célébraient la capture de l'hérétique, de la putain, de la sorcière, de la créature du diable.

Jean de Luxembourg vint me voir. On éclaira mon visage avec une torche et je vis le sien couturé, un œil crevé. Il me dit que messire le duc de Bourgogne avait voulu voir cette femme que nous appelions la Pucelle. Jean de Luxembourg l'avait vue aussi comme tant d'autres gentilshommes, parce que, ajoutait-il avec une moue de dégoût, « nous ne craignons pas les larves vomies par l'enfer ».

Pauvre Jeanne !

Sans doute rongée depuis des semaines par la prophétie des voix célestes qui lui avaient annoncé sa capture.

Était-elle aujourd'hui apaisée ? Elle avait supplié sainte Catherine et sainte Marguerite de la faire mourir aussitôt qu'elle aurait été prise, échappant au long tourment de la prison.

Mais les voix célestes n'avaient pas accédé à sa requête : elle était prise et vivante.

Je m'interrogeai.

Regrettait-elle d'avoir voulu combattre, sortir de Compiègne ce mardi 23 mai de l'an 1430 ?

Mais pouvait-elle refuser de se soumettre à ce qu'elle pensait être la volonté de Dieu ?

Jeanne m'a répondu.

Lorsque plus tard ses juges lui demandèrent si ses voix lui avaient ordonné de sortir de Compiègne en lui signifiant qu'elle serait prise, est-ce qu'elle y serait allée ?

Elle répondit :

« Si j'avais su l'heure et que je doive être prise, je n'y serais point allée volontiers. Toutefois, j'aurais fait le commandement des voix quoi qu'il fût advenu. »

Interrogée si, quand elle sortit de Compiègne, elle avait eu voix et révélation de partir et faire cette sortie, elle dit :

« Je ne sus pas que je serais prise ce jour-là et n'eus pas d'autres commandements de sortir.

« Mais il m'avait toujours été dit qu'il fallait que je fusse prisonnière. »

DIXIÈME PARTIE

« Je sais bien que ces Anglais me feront mourir, croyant, après ma mort, gagner le royaume de France. Mais quand ils seraient cent mille Godons de plus qu'ils ne sont de présent, ils n'auront pas le royaume. »

Jeanne, emprisonnée au château de Bouvreuil,
à Rouen, décembre 1430.

45.

Jeanne était prisonnière de ceux qui la craignaient et la haïssaient : Bourguignons et Anglais, évêques et inquisiteurs, docteurs en théologie et professeurs de l'Université de Paris qui avaient choisi de soutenir le duc Philippe de Bourgogne, et le roi Henri VI.

Celui-ci prétendait être, en vertu du traité de Troyes de 1420, roi d'Angleterre et roi de France.

Et les hommes d'armes, Godons et routiers bourguignons, que la Pucelle avait défaits, imaginaient qu'elle usait pour les vaincre de maléfices, qu'elle était créature du diable, sorcière.

Elle osait se dire fille de Dieu, envoyée de Dieu, alors qu'elle était inspirée par les démons.

Vêtue comme un homme, sacrilège et rusée, elle avait menacé les Parisiens de les mettre à mort sans merci et commis le péché mortel de donner l'assaut à la ville le jour de la nativité de la Très Sainte Vierge, le 8 septembre de l'an 1429.

Les Bourguignons l'avaient prise, les Anglais avaient planté leurs crocs en elle. Ils la voulaient.

Les clercs de l'Université de Paris souhaitaient qu'elle soit jugée par un tribunal d'Inquisition comme créature du diable, hérétique, homicide, séditieuse. Et Jeanne répétait : « Je sais bien que ces Anglais me feront mourir. »

Les frères dominicains, ceux qu'on appelait les chiens du Seigneur, que l'on représentait dans les peintures des cloîtres et des chapelles sous la forme de grands lévriers blancs tachetés de noir qui mordaient à la gorge les loups de l'hérésie, avaient hâte de la condamner afin de la livrer au bourreau.

Tâche accomplie.

Jeanne a été prise sous les murs de Compiègne le mardi 23 mai 1430 et brûlée vive le mercredi 30 mai 1431, sur la place du Vieux-Marché de Rouen. Elle avait à peine dix-neuf ans.

Et moi, chevalier Guillaume de Monthuy, vingt-cinq années plus tard, en ce mois de juillet de l'an 1456, dans la grande salle du palais de l'archevêque de Rouen Jean Jouvenel des Ursins, j'ai entendu lire la sentence qui annule le jugement du tribunal de 1431.

« Nous disons, prononçons et déclarons que lesdits procès et sentence, entachés de dol, de calomnie, d'iniquité, de contradictions, d'erreurs manifestes de fait et en droit, y compris l'abjuration, les exécutions et toutes leurs conséquences, ont été, sont et seront nuls, invalides, sans valeur et sans autorité. »

J'ai vu déchirer un exemplaire des sentences du premier procès et proclamer la deuxième sentence sur la place du Vieux-Marché de Rouen.

Il fut décidé qu'en ce lieu où avait été le bûcher « sur lequel Jeanne a été horriblement et cruellement étouffée par le feu, serait érigée, après solennelle prédication, une croix en perpétuelle mémoire ».

J'ai atteint, en cette année 1456, l'âge où chaque mouvement d'un doigt ou de la main, de la jambe ou de la tête, devient douloureux.

Je suis vieux. J'ai cinquante et six années.

Dieu a rappelé depuis vingt-cinq années Jeanne auprès de Lui et Il m'a laissé en ce monde. Je n'ai reçu de Ses anges aucun conseil, je n'ai entendu aucune voix céleste, et cependant en moi, à chaque battement de mon cœur, je me souviens de Jeanne, j'écoute sa voix.

Et j'ai décidé de tenir la chronique de sa vie.

J'ai été à ses côtés, jusqu'à ce mardi 23 mai 1430, jour le plus sombre de ma vie.

Ils l'ont prise et ils m'ont pris. Ils l'ont brûlée vive et, après seulement quelques jours, ils ont dénoué les liens qui entravaient mes chevilles. On avait payé ma rançon. Ce gentil Charles VII avait été le généreux donateur, au moment même où l'on murmurait qu'il abandonnait Jeanne et les proches compagnons de la Pucelle aux tribunaux de l'Inquisition, à la cruauté, au désir de vengeance des Anglais et des Bourguignons.

Je n'ai pas cru à cette rumeur, puisque, je le confesse aujourd'hui à tous ceux qui me liront, le roi m'ouvrit sa cassette afin que j'y puise les pièces de bon métal d'or et d'argent pour payer ceux qui m'informeraient du déroulement du procès et donc du sort promis à Jeanne.

Telle a été, tant que Jeanne a vécu, ma tâche première. Charles VII, tête baissée, m'écoutait en silence lui rapporter ce que j'avais appris. Parfois sa main droite posée sur son genou tremblait.

Mais il ne parlait que pour me dire de poursuivre.

Quand je lui ai fait le récit du supplice de Jeanne sur la place du Vieux-Marché à Rouen, le mercredi 30 mai de l'an 1431, il a fermé les yeux, et ses traits se sont déformés.

Il s'est levé difficilement et j'ai craint qu'il ne chancelle comme un chevalier dont le corps est percé par un vireton d'arbalète.

« Lorsque je serai roi victorieux, a-t-il murmuré, nous annulerons ce jugement. Et il faudra tenir mémoire juste de la destinée de la Pucelle, telle que Dieu l'a voulue dessiner. »

Je me suis mis à la tâche.

Voici comment se sont déroulés les jours de Jeanne, entre le mardi 23 mai de l'an 1430, où on l'a prise, et le mercredi 30 mai de l'an 1431, où on l'a brûlée vive.

46.

Les hommes qui gardaient Jeanne rôdaient autour d'elle comme des loups affamés que son regard réussissait à tenir à distance.

Ces hommes d'armes, Anglais ou Bourguignons, avaient le visage couturé, l'insulte aux lèvres, la haine au poing. Ils s'approchaient.

Jeanne les toisait et ils s'arrêtaient, portaient la main à leur poignard comme s'ils craignaient que cette Pucelle désarmée, les chevilles entravées, ne bondisse sur eux.

J'ai plusieurs fois, lors des quelques heures que j'ai passées avec elle dans la forteresse de Clairoix où le capitaine Lionel de Wandonne nous avait conduits, croisé le regard de Jeanne.

Il exprimait la détermination, le courage et la compassion. Il était sans colère et sans haine, sans mépris. Et j'y ai lu un étonnement attristé.

Elle croisait les bras, restait immobile, et l'homme d'armes, qu'il fût piéton ou chevalier, lui tournait le dos, s'éloignait en maugréant, en marmonnant des injures qu'il ne lançait à cette diablesse, à cette ribaude, à cette putain que lorsqu'il était loin d'elle.

Le vendredi 26 mai de l'an 1430, Lionel de Wandonne et son seigneur Jean de Luxembourg ont rassemblé sur le terre-plein devant la forteresse de Clairoix les prisonniers qu'ils détenaient.

Pierre d'Arc, le frère de Jeanne, l'écuyer Jean d'Aulon, quelques chevaliers et moi, Guillaume de Monthuy, entourions la Pucelle. Nous étions tous entravés comme des animaux dont on craint les ruades.

Qu'aurions-nous pu tenter ? Nous étions à merci, soumis au bon vouloir du seigneur Jean de Luxembourg et de son capitaine Wandonne. L'un était borgne, le nez tranché, une large balafre cisaillant son visage, l'autre – Wandonne – était aussi défiguré que son seigneur.

C'était comme si le diable s'était acharné sur eux, sculptant leurs traits, pour qu'on les craigne à leur seule vue, pareils à ces monstres tapis à l'entrée des cathédrales, les uns de chair demandant l'aumône, les autres de pierre nous fixant de leurs yeux morts.

Ils s'avancèrent vers Jeanne qui sans se tourner vers moi, murmura qu'elle savait qu'on allait la vendre aux Anglais qui la feraient mourir.

Quand Jean de Luxembourg et Lionel de Wandonne ne furent plus qu'à un pas, elle dit, nous faisant face :

« Ils n'auront pas le royaume ! Messire Dieu ne le veut pas ! Qu'Il vous garde ! »

Des hommes d'armes l'entourèrent et l'entraînèrent, cependant qu'avec leurs lances d'autres routiers nous repoussaient. Je criais : « Que Dieu vous garde aussi ! »

Jeanne se retourna.

Son visage m'apparut lisse et serein. Et près de lui, ceux des hommes d'armes me semblèrent déchirés et grimaçants, noirs.

Le peu qui restait en moi d'espoir se dissipa.

Ces hommes-là, ne pouvaient supporter que Jeanne vive.

Ils étaient innombrables ceux qui voulaient qu'elle meure, même si, par peur et lâcheté, habileté et prudence, ils n'osaient pas clamer leur désir, ou simplement reconnaître qu'ils souhaitaient en finir avec Jeanne. Les Anglais seuls avaient cette brutale franchise : ils voulaient la voir brûler vive, hérétique et sorcière. Et puisque sa mort infamante après condamnation par un tribunal de l'Inquisition attesterait qu'elle avait été une incarnation du diable, le roi Charles VII perdrait cette couronne légitime dont Jeanne l'avait coiffé dans la cathédrale de Reims.

Philippe de Bourgogne exulte. Dès le lendemain de la prise de Jeanne, il écrit aux villes de ses États :

« Par le plaisir de notre Benoît Créateur, la femme appelée Pucelle a été prise, de laquelle prise sera connue comme l'erreur et la folle créance de tous ceux qui aux faits de cette femme se sont rendus enclins et favorables. »

Mais cela ne suffit pas aux professeurs, aux théologiens, aux clercs de l'Université de Paris. J'entends aboyer les chiens du Seigneur, ces frères dominicains, ces grands lévriers tachetés de blanc et de noir.

Ils craignent que Philippe de Bourgogne ne se laisse circonvenir par les gens du roi de France. Ils redoutent plus encore que Jean de Luxembourg, qui détient Jeanne, ne l'échange contre rançon.

Les chiens du Seigneur veulent que les Bourguignons leur livrent Jeanne, afin qu'elle soit jugée car, écrivent-ils, « elle est soupçonnée véhémentement de plusieurs crimes sentant l'hérésie ».

Ils envoient des messagers qui portent lettres et lettres, à la fois déférentes et comminatoires.

« Nous vous supplions de bonne affection, très puissant prince, duc de Bourgogne, et nous prions vos nobles vassaux, que par vous et eux, Jeanne nous soit envoyée sûrement et brièvement, et ainsi avons espérance qu'ainsi ferez comme vrai protecteur de la foi et défenseur de l'honneur de Dieu, que soit amenée prisonnière par-devers nous ladite Jeanne, pour comparaître par-devers nous et un procureur de la Sainte Inquisition. »

Les chiens du Seigneur, les évêques et les inquisiteurs devinent que le duc de Bourgogne et son vassal, possesseur de Jeanne, hésitent.

Ils sont obéissants à notre sainte mère l'Église, ils craignent ses foudres, mais, prudemment, ils diffèrent leur réponse. Jean de Luxembourg veut attendre les offres sonnantes et trébuchantes du roi de France, des Anglais.

Il sait que ces derniers exigent des évêques, de l'Université de Paris, des chiens du Seigneur, qu'ils obtiennent qu'on leur remette Jeanne afin de la juger rapidement. Et ils savent que les clercs de Paris et des villes « anglaises » et bourguignonnes les entendront car ces religieux ont reconnu le roi d'Angleterre pour roi de France. Ils haïssent les Armagnacs, ils ne reconnaissent pas la légitimité de Charles VII, héritier déchu de ses droits sur le royaume des lis.

En jugeant Jeanne, en la condamnant, ils satisferont les Anglais et donneront la preuve de la déchéance de Charles, qui avait fait de cette hérétique, de cette sorcière, de cette homicide, un porte-étendard, le jour du sacre dans la cathédrale de Reims !

Jean de Luxembourg craint que ces chiens du Seigneur et les Anglais ne viennent s'emparer de son butin. Et il fait conduire Jeanne au château de Beaulieu-lès-Fontaines, en Vermandois, à quelques lieues de Noyon.

On l'emprisonne dans la grande tour de cette forteresse, située en pleine forêt.

Jean de Luxembourg la traite avec courtoisie. C'est Jean d'Aulon, l'écuyer de la Pucelle qui la sert. Elle prie avec lui.

Sous bonne escorte elle rend visite à Noyon au duc de Bourgogne et à son épouse Isabelle du Portugal. Et je sais par le récit de Jean d'Aulon, qu'elle ne doute pas des intentions de Dieu.

Il est le protecteur du royaume de France, répète-t-elle. Si Jean d'Aulon s'inquiète, lui dit : « Cette pauvre ville de Compiègne que vous avez beaucoup aimée, sera remise bientôt aux mains et dans la sujétion des ennemis de la France. »

Elle le contredit :

« Non, s'écrie-t-elle, ce ne sera point. Car toutes les places que le Roi du Ciel a réduites et remises en la main et obéissance du gentil roi Charles par mon moyen ne seront point reprises par ses ennemis, tant qu'il fera diligence pour les garder. »

J'admire sa foi. Ne s'interroge-t-elle jamais sur le sens de ce destin que Dieu a choisi pour elle ? Il a voulu qu'elle soit prise. Elle sait – Il sait – que les Anglais qui la réclament la tueront.

Lorsqu'elle tente de s'évader de ce château de Beaulieu-les-Fontaines, qu'elle réussit à enfermer ses gardes dans la tour, et à se glisser entre des pièces de bois, elle est découverte.

Elle n'en conclut pas que Dieu l'a abandonnée, mais qu'Il ne veut pas qu'elle s'évade « pour cette fois ».

Elle ne peut douter de Lui.

Et je prie pour que l'espérance continue à l'habiter.

J'essaie à mots couverts dans les missives que je lui adresse de lui dire que le peuple ne l'a pas oubliée ni reniée. Il la vénère comme une sainte, la plus grande de toutes après la Vierge Marie. On lui dédie des chapelles. On s'agenouille devant son image. Dans toutes les villes françaises on ordonne des prières publiques pour demander à Dieu sa délivrance. On récite à la messe des oraisons pour elle. On se rassemble pour des processions qui parcourent les villes et les champs. Et les clercs du royaume de France marchent en tête, pieds nus.

« Dieu tout-puissant, chante-t-on, daignez écouter les prières de notre peuple ; brisez les fers de la Pucelle qui, en exécutant les œuvres que Vous lui avez commandées, a été et est encore enfermée dans les prisons de nos ennemis. Que Votre compassion et Votre miséricorde divine lui permettent d'accomplir exempte de péril, ce pourquoi Vous l'avez envoyée... »

A-t-elle pu avoir connaissance de cela, de cette ferveur ? Ou de la lettre que l'archevêque d'Embrun, Jacques Gelu, écrit à Charles VII :

« Je vous recommande, que pour le recouvrement de cette fille et pour le rachat de sa vie, vous n'épargniez ni moyen ni argent, ni quelque prix que ce soit, si vous n'êtes pas prêt d'encourir le blâme indélébile d'une très reprochable attitude. »

Que pouvais-je dire de plus au roi, en faveur de Jeanne ? Il me demandait de ne pas l'abandonner. Il m'avait ouvert sa cassette, et l'argent rendait les gardiens de Jeanne bavards.

Mais je savais aussi qu'autour de Charles VII, Georges de La Trémouille l'incitait à la réserve, à un accord avec Philippe de Bourgogne. Et qu'il ne fallait point que Jeanne la Pucelle troublât le jeu par l'incandescence de sa foi. Elle avait interprété son rôle. Qu'elle brûle !

Regnault de Chartres, l'archevêque de Reims, le chancelier du roi, était plus retors. Il avait découvert un berger de Lozère qui lui aussi entendait des voix célestes, et ce jeune « pasteur du Gévaudan » disait ni plus ni moins que la Pucelle.

L'une disparue, un autre arrivait, que certains voulaient utiliser contre Jeanne pour la faire oublier.

Et j'ai été meurtri quand j'ai su que Regnault de Chartres avait rapporté les propos du berger du Gévaudan selon lesquels Jeanne avait été prise « parce qu'elle ne voulait croire aucun conseil et n'en faisait qu'à son plaisir... Elle s'était constituée en orgueil pour les riches habits qu'elle avait pris et parce qu'elle avait fait, non ce que Dieu lui avait commandé, mais sa volonté ».

J'ai, lisant cela, mesuré l'ingratitude humaine, puisque Regnault de Chartres avait connu Jeanne et retrouvé son siège épiscopal de Reims grâce à l'ardeur combattante de la Pucelle.

Comment pouvait-on accorder foi à la parole du jeune berger ? À moins que Regnault de Chartres et quelques autres n'aient soufflé à cet innocent les mots qu'il prononçait.

N'aurait-on pu dire la même chose de Jeanne ?

Le trouble était en moi.

J'appris peu après que le berger avait été capturé par les Anglais, enfoui dans un sac et jeté à la rivière.

Et que Jeanne avait été conduite par Jean de Luxembourg au château de Beaurevoir, situé à une quinzaine de lieues du château de Beaulieu, entre Cambrai et Saint-Quentin.

Jean de Luxembourg n'avait donc pas encore décidé de vendre Jeanne aux Anglais et de la livrer ainsi à l'Inquisition.

J'en remerciai Dieu.

47.

J'ai prié, j'ai espéré, je me suis aveuglé.

J'ai cru que le duc Philippe de Bourgogne et Jean de Luxembourg ne livreraient pas Jeanne aux Anglais pour de l'argent.

Il m'a semblé que Charles VII était indigné de ces transactions entre Pierre Cauchon, illustre clerc de l'Université de Paris, évêque et comte de Beauvais, et Jean de Luxembourg.

Pierre Cauchon était un *Français renié*, un ardent partisan des Anglais. Il vouait Jeanne aux enfers et chaque mot qu'il prononçait était chargé de haine, de fiel, de rancune. Il était conseiller du roi Henri VI, d'Angleterre et de France, chancelier de la reine d'Angleterre et aumônier de France.

Il avait la bourse vide depuis que les habitants de Beauvais avaient choisi de se donner au roi Charles VII. Il n'avait plus de revenus épiscopaux, et comme un valet il était aux gages du régent Bedford.

Les Anglais et les maîtres de l'Université de Paris le harcelaient afin qu'il obtienne livraison de l'hérétique, de la sorcière, cette Pucelle qu'il rendait responsable de ses déboires personnels.

L'Université de Paris lui écrivait :

« Nous voyons avec un extrême étonnement l'envoi de cette femme vulgairement appelée la Pucelle se différer si longuement au préjudice de la foi, et de la juridiction ecclésiastique. »

J'ai cru comprendre – peut-être le souhaitais-je tant que je l'ai imaginé – que Charles VII était décidé à envoyer une ambassade à Philippe de Bourgogne et à Jean de Luxembourg pour leur dire qu'à aucune condition au monde ils ne devaient accepter de livrer Jeanne aux Anglais pour de l'argent. « Qu'autrement il ferait pareil traitement à ceux des leurs qu'il a entre les mains. »

J'avais pris connaissance de la lettre de l'Université de Paris remise le 14 juillet de l'an 1430 par Pierre Cauchon à Philippe duc de Bourgogne.

« Nous craignons fort que par la fausseté et séduction de l'ennemi d'enfer et par la malice et subtilité de mauvaises personnes, vos ennemis et adversaires, qui mettent tous leurs soins à délivrer cette femme par voies obliques, elle ne soit mise hors de votre pouvoir en quelque manière.

« Pourtant, l'Université espère qu'un tel déshonneur soit épargné au Très Chrétien nom de la maison de France et supplie derechef Sa Hautesse le duc de Bourgogne de remettre cette femme soit à l'Inquisiteur du mal hérétique, soit à monseigneur l'évêque de Beauvais en la juridiction spirituelle de qui elle a été prise. »

Pierre Cauchon remettait une autre missive à Jean de Luxembourg, plus longue, plus menaçante.

« Le serment premier de l'ordre de chevalerie est de garder et défendre l'honneur de Dieu, la foi catholique et sa sainte Église. »

Or tout cela avait été offensé, bafoué, déshonoré par cette « femme qui se dit la Pucelle ».

« Ce serait peu de chose que d'avoir fait telle prise s'il n'y était donné suite convenable. »

Il fallait la remettre soit à l'Inquisiteur, soit à notre « très honoré seigneur l'évêque de Beauvais ».

« Ce prélat et cet Inquisiteur soient juges de cette femme en matière de foi et tout chrétien de quelque état qu'il soit est tenu de leur obéir, dans le cas présent sous les peines de droit qui sont grandes. »

Et Pierre Cauchon au nom de l'Université de Paris, en même temps qu'il brandissait la menace d'une excommunication, offrait une rançon de dix mille livres tournois, soit des coffres et des coffres de pièces d'or.

Les Anglais payaient leur proie, cette Pucelle qui les avait combattus pour relever le royaume de France, au nom de Dieu.

Les clercs de l'Université de Paris faisaient mine de ne pas réclamer que l'hérétique.

J'ai eu nausée de leur subterfuge.

Ils croyaient être les chiens du Seigneur. Ils n'étaient que les chiens de l'Anglais qui occupait une bonne part du royaume de France, avec la complicité des Bourguignons.

Et l'Anglais ne voulait pas se contenter de coudre Jeanne dans un sac, et de la noyer. C'était pratique courante que de traiter ainsi les ennemis du royaume d'Angleterre ou les sorciers.

Mais Jeanne devait être jugée, convaincue d'hérésie par un tribunal ecclésiastique qui respecterait les règles des procès de l'Inquisition.

Elle serait solennellement déshonorée par cette lumière de l'Église qu'était l'Université de Paris. Ainsi le soi-disant roi de France, Charles de Valois serait déshonoré avec elle.

Que pouvais-je faire face à cette puissante et implacable alliance du pouvoir de l'Anglais et du pouvoir de l'Église ? J'ai compris et pardonné la prudence de mon roi Charles VII.

J'ai même eu de l'indulgence pour Jean de Luxembourg.

Je n'ai pas été surpris par la brutalité impitoyable de l'Anglais. Mais la duplicité des clercs, de Pierre Cauchon, des maîtres de l'Université de Paris m'a paru être aussi coupable que celle de Judas, livrant le Christ au jardin des Oliviers.

Cependant, pour quelques jours encore l'espérance est restée vivante en moi.

J'apprenais que Jeanne disposait d'une vaste chambre dans la haute et grosse tour donjon du château de Beaurevoir.

Cette construction imposante, située en pleine forêt, appartenait à la lignée des Luxembourg, depuis 1270.

Il ne s'agissait pas d'une forteresse vouée à la guerre, et seulement peuplée de soldats.

L'épouse de Jean de Luxembourg – Jeanne de Béthune – y vivait en compagnie de sa fille, Jeanne de Bar dont le père Robert de Bar avait été tué à Azincourt.

J'avais été de cette bataille, je l'ai dit, et j'imaginais que sa veuve Jeanne de Béthune remariée à Jean de Luxembourg devait se souvenir du massacre de la chevalerie française accompli par les Anglais.

Une troisième Jeanne – Jeanne de Luxembourg – vivait au château de Beaurevoir. C'était la tante de Jean de Luxembourg.

Cette vieille femme avait été dame d'honneur de la reine de France, Isabeau de Bavière, au temps de Charles VI, et elle était la marraine de Charles VII, qu'elle avait vu naître !

Ces « dames de Luxembourg » rendaient visite à la Pucelle dans la tour donjon, la recevaient chez elle.

J'appris qu'elles avaient proposé à Jeanne de lui fournir des vêtements de femme, ceux d'homme étant malséants.

Jeanne refusa. Son conseil, ses voix célestes, Messire Dieu lui avaient dit qu'il n'était pas encore temps d'abandonner ses habits d'homme de guerre.

Mais elle ajouta :

« Si j'avais dû prendre habit de femme je l'aurais fait plus volontiers à votre requête que d'aucune autre femme qui soit en France, excepté ma reine… »

Jeanne la Pucelle savait comme moi que Jeanne de Luxembourg, dont le neveu Jean de Luxembourg attendait l'héritage, avait requis auprès de lui que Jeanne la Pucelle ne fût point livrée aux Anglais. Jeanne n'avait donc pas été jetée au fond d'une fosse ou entourée de haine, enchaînée, persécutée. Un jeune gentilhomme bourguignon, Aymond de Macy, venait souvent lui rendre visite et, épris, elle dut le repousser vivement quand il tenta de lui caresser les seins. Il se porta dès lors garant de sa vertu.

J'ai deviné pourtant que Jeanne, au fil des jours, en dépit de cet entourage bienveillant, était saisie par l'inquiétude.

Elle se souciait du sort des habitants de Compiègne, qu'elle voulait rejoindre pour les défendre contre les Anglais. Les Godons avaient menacé de massacrer tous les habitants depuis l'âge de sept ans quand ils prendraient la ville.

Jeanne apprit ainsi que l'évêque de Beauvais, Pierre Cauchon, harcelait Jean de Luxembourg pour qu'il acceptât la rançon et livrât Jeanne.

J'ai partagé l'angoisse de Jeanne et mon espérance s'est, tel un rêve, dissipée, si bien que je ne comprenais même plus comment j'avais pu lui donner foi.

Il était impossible que Jean de Luxembourg, chevalier de la Toison d'or, fidèle vassal de Philippe de Bourgogne, se dresse contre son prince, contre les Anglais et contre l'Église qui l'avait déjà menacé.

Jeanne avait conclu cela avant que j'en aie la certitude. Elle sut qu'elle serait vendue, livrée.

« J'aime mieux mourir que d'être mise en la main des Anglais », dit-elle.

Je fus désespéré quand j'appris qu'elle s'était jetée du haut du donjon de soixante-dix pieds.

Elle dit qu'elle « saillit ». On la crut morte. Ou bien l'on affirma qu'elle avait réussi à s'enfuir.

Elle a raconté ce qu'elle avait vécu :

« Après que je fus tombée de la tour, je fus pendant deux ou trois jours sans vouloir manger et je fus blessée en ce saut tellement que je ne pouvais manger ni boire, et cependant j'eus réconfort de sainte Catherine qui me dit que je me confesse et demande pardon à Dieu de ce que j'avais sauté et que sans faute ceux de Compiègne dont je craignais qu'ils ne fussent massacrés auraient secours, avant la Saint-Martin d'hiver, 11 novembre.

« Alors j'ai commencé à revenir à la santé et j'ai commencé à manger et bientôt j'ai été guérie. »

Elle était sauve, j'en remercie Dieu qui lui avait pardonné après qu'elle se fut confessée.

Mais je ne pus m'en réjouir.

Qu'allait-il advenir d'elle ?

Une femme, la Pierronne, avait elle aussi entendu des voix célestes. Elle s'en allait répétant par les rues que Jeanne était bonne et disait vrai. La Pierronne assurait avoir vu Dieu, vêtu d'une cape vermeille et d'une longue robe blanche.

Malheureuse Pierronne ! L'Université de Paris jugea qu'elle était possédée par les mauvais esprits.

Le dimanche 3 septembre de l'an 1430, elle fut menée sur le parvis de Notre-Dame, à Paris.

Elle s'obstina dans sa croyance et fut aussitôt livrée au bourreau et brûlée vive.

Comment aurais-je pu ne pas penser au sort réservé à Jeanne, quand j'appris, quelques jours plus tard, que Jean de Luxembourg avait renoncé à la garder au château de Beaurevoir et demandé à Philippe de Bourgogne d'emprisonner Jeanne dans l'une de ses forteresses.

La rançon avait dû être acceptée.

Jeanne était entre les mains de ceux – Pierre Cauchon et ses clercs – qui exécutaient au nom de la sainte Église les ordres des Anglais.

48.

Jeanne avait quitté, sous bonne escorte, le château de Beaurevoir, à la mi-octobre de l'an 1430, accompagnée par le gentilhomme Jean de Pressy, receveur général des Finances de Philippe le Bon.

J'ai rencontré ce vassal fidèle du duc de Bourgogne.

Je sais aussi que Jeanne a plusieurs fois arrêté de chevaucher, en dépit des ordres donnés par les hommes d'armes qui l'entouraient. Elle s'était retournée, avait regardé ce château où elle avait passé quatre mois dans cette tour donjon d'où elle avait, comme elle disait « sailli » – sauté –, cherchant la liberté au risque de sa mort, et n'osant peut-être même pas penser qu'elle voulait, au bout de son désespoir, mettre fin à sa vie.

Et les voix célestes l'avaient convaincue que Dieu lui avait pardonné ce geste sacrilège.

Elle était arrivée à Arras, et elle avait à nouveau tiré sur les rênes de son cheval qui s'était cabré.

Elle avait contemplé les hautes murailles de la ville.

On l'avait conduite au centre de la cité où se dressait le château de La-Cour-le-Comte.

On l'avait traitée avec considération et je tiens de Jean de Pressy qu'elle fut autorisée à recevoir des visiteurs.

Un clerc, Jean Naviel, venu de Tournai, la ville qui depuis toujours était dans l'obéissance au roi de France, lui avait remis une somme de vingt couronnes d'or car elle devait payer sa nourriture de prisonnière.

Des gentilshommes bourguignons – j'ai rencontré plusieurs d'entre eux au fil des années – lui offrirent un habit de femme, afin d'éviter un grand scandale qui lui nuirait quand elle paraîtrait devant ses juges.

Elle refusa, sans éclat, mais d'un ton si déterminé qu'ils comprirent que, puisqu'elle avait revêtu l'habit d'homme par révélation, d'ordre de ses voix célestes, elle tenait à le garder.

Mais ils lui répétèrent ce qu'elle savait, qu'on l'accuserait de sacrilège, et de mauvaises mœurs.

Elle ne répondit pas, et les interrogea sur le sort de la ville de Compiègne.

J'étais au même moment aux côtés du maréchal de Boussac et du comte de Vendôme à la tête de l'armée que le roi avait constituée pour porter secours aux assiégés.

Et ce fut, en ces mois-là, mon seul moment de joie, quand nous forçâmes les Anglais et les Bourguignons à lever le siège. Tous les habitants de la ville, les femmes au premier rang, participèrent aux combats, chassant le Godon et le Bourguignon, s'emparant de l'artillerie du duc de Bourgogne.

Les visiteurs de Jeanne ne lui cachèrent pas leur défaite. Elle se signa. Elle dit que les voix célestes la lui avaient promise et que c'était pour cela que les anges l'avaient retenue dans sa chute de la tour donjon du château de Beaurevoir.

Durant quelques jours, j'ai espéré que, fort de notre victoire, le roi nous commanderait de chevaucher vers Arras, de mettre le siège de la ville et d'obtenir la libération de Jeanne.

Mais la prudence humaine du roi, et peut-être la ruse et le calcul maléfique de certains de ses conseillers, jaloux de l'influence et de la gloire de Jeanne, le conduisirent à ne pas retenir ce projet qu'à genoux je lui avais présenté. Charles VII m'invita, avec douceur, à me relever mais ne dit mot de ce que je venais de lui suggérer.

Il était trop tard pour sauver Jeanne et j'ai tenté d'enfouir mes regrets au fond de moi, en me répétant que Jeanne avait quitté Arras, dès la mi-novembre de l'an 1430.

Et les clercs de l'Université de Paris avaient remercié le « très excellent prince, Henri VI, roi de France et d'Angleterre » d'avoir obtenu livraison, contre dix mille livres tournois, « de Jeanne qui se dit la Pucelle, prisonnière de guerre ».

J'ai en ma possession copie de la lettre adressée à Henri VI.

Lorsque je la relis, la jubilation haineuse qu'elle exprime me soulève encore le cœur.

« Nous avons nouvellement entendu, écrivent les clercs, qu'en votre puissance est rendue à présent cette femme dite la Pucelle, ce dont nous sommes fort joyeux, confiants que, par votre bonne ordonnance, cette femme sera mise en justice pour réparer les grands maléfices et scandales advenus notoirement en ce royaume à l'occasion d'elle, au grand préjudice de l'honneur divin, de notre sainte foi et de tout votre bon peuple. »

Sans plus tarder, ils veulent la juger, la condamner et la remettre au bourreau.

Cela se fera à Rouen, les Anglais l'exigent, car là leurs compagnies d'hommes d'armes sont nombreuses. Ils tiennent rudement la ville et la province normande, malgré les attaques du capitaine La Hire et de ses routiers qui se sont emparés de Louviers.

Jeanne est donc conduite à Rouen, la cité normande.

Elle chevauche entre les hommes d'armes, le visage tourné vers la mer qu'elle voit pour la première fois.

D'Arras, on la mène au château de Durgy, puis au Crotoy dont le château est baigné de tous côtés par la mer.

C'est là, dans la cour, qu'elle aperçoit l'évêque Pierre Cauchon qui vient d'arriver de Rouen, avec des hommes d'armes, archers, chevaliers, et gens de trait chargés de bagages et de ces lourds coffres ferrés, qui contiennent les dix mille livres tournois.

Au Crotoy, les deniers de Judas sont remis aux Bourguignons.

Le sort de Jeanne est scellé.

On conduit Jeanne, en barque, à marée haute du Crotoy à Saint-Valéry-sur-Somme, puis à Dieppe et de là au château de Bouvreuil.

C'est là résidence du comte de Warwick, gouverneur d'Henri VI, ce roi qui n'est encore qu'un enfant sombre enfermé dans les prières. On n'eut pas besoin de traverser la ville de Rouen pour parvenir au château. On poussa Jeanne vers l'une des sept tours. Les meurtrières donnaient sur les champs, un paysage étouffé par le brouillard glacé, en cette veille de Noël de l'an 1430.

49.

Jeanne, ce Noël de l'an 1430, a été enchaînée dans une cage de fer où elle ne pouvait se tenir debout.

Elle venait d'arriver au château de Bouvreuil, construit jadis par le roi Philippe Auguste, grand fondateur du royaume de France.

Le gouverneur comte de Warwick, l'Anglais qui commandait au château, avait sans doute voulu montrer à cette ribaude, vêtue comme un homme, à celle qui se prétendait Pucelle alors qu'elle n'était que la putain des Armagnacs, ce qu'on pouvait lui infliger, ici à Rouen, ville anglaise.

Il fallait fendre d'un grand coup la volonté de cette sorcière, qui avait proclamé qu'il est « licite pour un prisonnier de vouloir s'évader ».

Ici, moi, comte de Warwick, je ne laisserai faire à cette femme aucune de ses diableries !

Qu'on l'attache par le cou, les pieds et les mains ! Qu'on la ferre !

Qu'elle entende la leçon !

Puis qu'on la mène dans sa prison, cette chambre située au premier étage de la septième tour, celle d'où l'on ne voit que le brouillard.

Qu'on obture la plupart des fenêtres !

Qu'on l'enchaîne par la taille, qu'on cadenasse la chaîne, qu'on lie cette chaîne à une poutre, que ses pieds soient pris aussi dans une pièce de bois.

Et que la nuit la chaîne se tende !

Et parce qu'elle est diablesse, que deux hommes d'armes couchent devant sa porte, et que trois autres demeurent dans la pièce.

Qu'on choisisse des hommes de basse condition des « houssepaillers » et s'ils se moquent d'elle, s'ils l'insultent, s'ils la touchent, qu'elle s'en prenne à elle-même, vêtue comme un homme, tout en proclamant qu'elle est pucelle !

Point de lit pour elle, mais une paillasse dans un renfoncement de la pièce, et une autre niche pour s'accroupir.

Il faudra bien qu'à ce moment-là elle retire ses chausses qu'elle tient bien serrées, parce qu'elle craint qu'on ne les lui arrache, et qu'on sache vraiment ce qu'elle cache, cette femme-homme, et si elle est pucelle, nos houssepaillers le lui feront oublier.

Et le comte de Warwick et d'autres gentilshommes, la panse pleine de viande et de vin, s'en viennent voir sans être vus, ce qui se passe dans cette chambre prison au plafond bas.

J'ai la nausée d'écrire cela, et chaque fois que vient Noël, alors qu'on fait ripaille après avoir célébré la fête de la Nativité, je prie pour Jeanne.

Je m'étonne du silence sur ce qu'elle a subi alors que tant de témoins m'ont décrit son calvaire, comment elle fut livrée aux hommes d'armes, qui ont tenté de la forcer et c'est miracle qu'ils n'y soient pas parvenus.

C'est, dit-on, Anne de Bourgogne, épouse du régent anglais et donc duchesse de Bedford, qui ayant appris que des hommes d'armes avaient voulu la violenter, exigea que Jeanne soit soumise à l'examen des matrones afin qu'on sache si elle usurpait ce nom de Pucelle. Et Pucelle elle l'était, alors ordre fut donné aux houssepaillers de ne plus la toucher.

Mais les railleries, ces flots de venin et de désir que les hommes ont dans leur bouche, redoublèrent.

Oui, j'ai la nausée d'écrire cela, car ce ne sont point des centurions païens, des juges du sanhédrin qui lui ont imposé ce calvaire, mais des chrétiens, fidèles de notre sainte mère l'Église, torturant, humiliant et – bientôt – condamnant au bûcher la jeune Pucelle de dix-neuf ans, la pieuse Jeanne, catholique fervente, accusée d'hérésie.

Mais l'évêque Pierre Cauchon et ses aides – comme il y a des aides-bourreaux –, qui l'accusaient de sacrilège, d'offense à Dieu et à son Église, ne la traitaient pas comme une justiciable de l'Inquisition.

Elle aurait dû être gardée par des femmes dans une prison d'Église alors que les Anglais la maintenaient dans leur prison du château de Bouvreuil, sous la surveillance d'hommes d'armes. Elle était pour eux une prisonnière de guerre.

Les hommes d'Église au service des Anglais ont voulu sauver les apparences.

J'ai appris que seuls Pierre Cauchon, évêque, le cardinal de Winchester et deux juges ecclésiastiques – le « promoteur » du procès, Jean d'Estivet, et le vice-inquisiteur Jean Le Maistre – disposeraient de clés pour entrer dans la prison de Jeanne !

Comme si les Anglais avaient décidé de confier Jeanne à d'autres gardiens que leurs hommes d'armes !

Mais ils avaient confiance en Pierre Cauchon.

Alors le 3 janvier 1431, Henri VI par lettres royales ordonna de remettre à l'évêque et comte de Beauvais, ladite Pucelle.

Mais elle était restée prisonnière au château de Bouvreuil, enchaînée, ferrée, prise nuit et jour dans le regard haineux, concupiscent, de ces hommes d'armes anglais qui, s'adressant à elle comme on mord ou on crache, lui promettaient le bûcher.

Et c'est aussi ce qu'ajoutait Henri VI.

Il se réservait, écrivait-il à l'évêque et comte Pierre Cauchon, de reprendre la Pucelle par-devers lui, au cas où elle serait mise hors de cause par la justice ecclésiastique. Que l'évêque Cauchon, que Jean d'Estivet, le « promoteur » du procès, qui devait donc mener l'enquête et veiller au bon déroulement des séances, que Jean Le Maistre, le vice-inquisiteur, et les maîtres en théologie, tel Jean Beaurepère de l'Université de Paris, fourbissent leurs questions, qu'ils respectent à leur guise les règles de la procédure, mais qu'ils sachent bien qu'à la fin, leur sentence devait condamner Jeanne à être brûlée vive.

ONZIÈME PARTIE

« Savez-vous si vous êtes en la grâce de Dieu ? – Si je n'y suis, Dieu m'y mette, et si j'y suis, Dieu m'y garde. Je serais la plus dolente au monde si je savais ne pas être en la grâce de Dieu. »

Réponse de Jeanne à maître Jean Beaurepère,
le samedi 24 février 1431,
lors de la troisième séance de son procès.

50.

Jeanne a-t-elle su, ce mercredi 21 février de l'an 1431, quand elle a comparu pour la première fois devant l'évêque de Beauvais et quarante et un conseillers et assesseurs, que quels que soient ses réponses, sa sincérité, son courage, sa foi, elle serait conduite au terme des séances, au bûcher des hérétiques, des diablesses et des sorcières ?

Elle est entrée, tête et regard droits, les pieds ferrés par une lourde chaîne dans la chapelle du château de Bouvreuil où se tenait cette première séance. Elle avait demandé, avant de comparaître, que des hommes d'Église qui reconnaissaient le roi de France Charles VII fussent adjoints en nombre égal à ceux du parti de l'Angleterre.

Elle avait aussi sollicité le droit d'entendre la messe.

L'évêque Pierre Cauchon avait rejeté ces requêtes et elle s'était assise près de la table où se tenaient les greffiers.

Comment n'a-t-elle pas pu lire dans le regard de ces frères mendiants, de ces chanoines, de ces professeurs de théologie, de ces abbés des grandes abbayes normandes, la réprobation, l'horreur et même la haine ?

Elle était en habit d'homme, les chausses serrées. Elle montrait ses cheveux noirs taillés, effleurant l'oreille. Même les ribaudes qui hantaient les camps de routiers n'osaient s'exhiber ainsi violant tous les usages.

Cet habit, c'était l'étendard de tout ce qu'elle avait osé entreprendre ! Et elle n'avait pu mener à bien ses entreprises sacrilèges qu'avec le secours des démons. Et le diable l'assistait encore, puisqu'elle ne manifestait aucune frayeur, aucune repentance.

Voilà ce que pensaient les hommes d'Église assis en face d'elle.

Je sais maintenant qu'elle entendait chaque jour ses voix célestes et que celles-ci lui avaient promis que le Roi du Ciel la délivrerait, et qu'elle ne devait donc point se soucier de son sort.

Elle était entre les mains de Dieu qui ne l'oubliait pas. Il fallait donc qu'elle soit obéissante aux voix célestes. Et saint Michel et les anges l'arracheraient à ses chaînes, à sa prison.

Elle a confié cela à ces hommes d'Église qui, je l'appris avant même que le procès ne s'ouvrît, lui rendaient visite dans sa prison, grimés, vêtus, l'un comme un prisonnier, l'autre comme un maître cordonnier des marches lorraines. Le premier n'était autre que Jean d'Estivet, le promoteur du procès, et l'autre Nicolas Loiseleur, maître en théologie, clerc à Rouen.

On m'a affirmé que ce Nicolas Loiseleur se présentait parfois vêtu en sainte Catherine, et que dans la pénombre il confessait Jeanne, puis sortant de la prison il dictait aux greffiers ce qu'elle lui avait dit.

D'autres, par un trou percé dans le plancher, observaient Jeanne et l'on assure même que le duc de Bedford assista ainsi à l'examen de virginité auquel son épouse la duchesse de Bedford, en compagnie de quelques matrones, avait soumis la Pucelle.

Comment Jeanne la pieuse, la vertueuse, la jeune fille de

dix-neuf ans aurait-elle pu imaginer cela ? Mais peut-être ces hommes d'Église étaient-ils à ce point persuadés qu'elle était habitée par les démons qu'ils étaient prêts à tout pour extirper ce poison du corps de la sainte Église, et satisfaire ainsi leurs maîtres, les Anglais.

Pierre Cauchon n'avait-il pas dit devant ses conseillers et assesseurs :

« Il vous faut bien servir notre roi. Nous avons l'intention de faire un beau procès contre cette Jeanne. »

Ce mercredi 21 février de l'an 1431, l'évêque Cauchon a demandé à Jeanne de jurer, les deux mains sur les Saints Évangiles, qu'elle répondrait la vérité sur tout ce qui lui serait demandé. Les greffiers ont noté, et j'ai été bouleversé quand j'ai lu la réponse de Jeanne.

Elle était incapable de dissimuler, de mentir.

« Je ne sais sur quoi vous voulez m'interroger, commence-t-elle. Mais vous pourriez me demander telles choses que je ne vous dirais pas. »

J'imagine les murmures, j'entends l'évêque Cauchon insister. Il faut que la Pucelle jure de dire toute la vérité, répète-t-il.

« De mon père et de ma mère, répond-elle, et de ce que j'ai fait après ma venue en France, je jurerai volontiers. Mais des révélations de la part de Dieu, je n'en ai jamais dit ni révélé à personne, hors à Charles, mon roi. Et je n'en révélerai rien, me dût-on couper la tête. »

Des protestations indignées s'élèvent. On dit qu'elle offense la sainte Église.

D'une voix douce qui a frappé tous les témoins qui m'ont fait le récit de cette première séance du procès, Jeanne répondit :

« Avant huit jours, je saurai bien si je dois révéler des choses. »

Puis à genoux, les deux mains sur le missel, elle jure comme on le lui a demandé.

J'admire son art de la *disputatio*, Jeanne est aussi rusée que si elle avait été écolière dans le collège des Arts, mais elle ne cède rien de ce qui relève de sa foi, de ses liens personnels avec Messire Dieu.

Ainsi elle ne veut réciter le Notre-Père qu'en confession. Quand Cauchon lui dit :

« Nous vous interdisons de quitter sans notre permission les prisons qui vous sont assignées dans le château de Bouvreuil, sous peine d'être convaincue du crime d'hérésie », elle hausse le ton :

« Je n'accepte pas votre interdiction, dit-elle. Si je m'évadais, nul ne pourrait me reprocher d'avoir rompu ma foi, car je n'ai jamais donné ma foi à personne. »

Elle n'est pas gardée dans une prison d'Église, mais retenue par des Anglais comme une prisonnière de guerre. Elle se plaint d'être « ferrée ». Cauchon rétorque qu'elle l'est puisqu'elle a tenté de s'évader.

La voix de Jeanne jaillit, forte, presque joyeuse :

« C'est vrai, j'ai voulu m'évader et je le voudrais encore comme c'est permis à tout prisonnier. »

Et comme sa prison n'est pas d'Église, elle ne peut être déclarée hérétique !

Tumulte. Les conseillers et les assesseurs entourent Pierre Cauchon qui tout à coup se dresse, désigne trois hommes d'armes anglais comme commis par l'Église et il leur demande de jurer sur les Évangiles, de lier et d'enfermer cette fille !

Je m'indigne que la vie de Jeanne se joue dans cette farce juridique !

Elle reste sereine et pourtant elle ne peut qu'avoir compris que les mots et le droit ne sont que des paravents.

Jeune fille de France brûlée vive

Il faut qu'elle soit condamnée pour hérésie, alors qu'on la traite comme une prisonnière de guerre.

Les hommes d'armes anglais la saisissent par les bras, l'entraînent et j'entends le bruit que fait la chaîne qui serre ses chevilles, et entrave ses pas.

51.

Moi, Guillaume de Monthuy, en prenant connaissance, jour après jour, du déroulement du procès de Jeanne, j'ai été comme elle enchaîné.

Mon corps était libre, mon âme et mon cœur ferrés.

Je maudissais ceux qui la questionnaient.

Jean Beaurepère, théologien, avait été recteur et chancelier de l'Université de Paris. Il était maître en fourberies, cachant les pièges qu'il tendait à Jeanne sous un ton bienveillant et doucereux.

Jean d'Estivet et Nicolas Loiseleur méritaient d'être enfouis dans un sac et jetés à la Seine. Ils trompaient Jeanne, en se présentant dans sa prison sous le masque. Ils jouaient de sa sincérité.

Jean d'Estivet, le promoteur du procès, était le chien de l'évêque Pierre Cauchon.

Souvent la rage lui mettait la bave à la bouche.

Il pouvait alors perdre toute mesure, saisir l'un des assesseurs au collet, l'accuser d'être trop accommodant avec Jeanne.

N'avait-il pas, ce Jean Massieu, autorisé Jeanne à s'agenouiller sur le parvis de la chapelle, afin qu'elle pût faire révérence, prière et oraison à Dieu ?

Jean d'Estivet hurla, secouant Jean Massieu, doyen de la chrétienté de Rouen :

« Truand, qui te fait si hardi de laisser approcher d'une église cette putain excommuniée ? Je te ferai mettre en telle tour que tu ne verras ni lune ni soleil d'ici à un mois, si tu le fais encore. »

L'évêque Pierre Cauchon flattait ce chien, menait les séances, ordonnait les interrogatoires, assisté à compter du mardi 13 mars de l'an 1431 par Jean Le Maistre, vicaire du Grand Inquisiteur de France, Jean Graverent.

Mais pourquoi celui-ci, qui soutenait l'Anglais et le Bourguignon, n'assistait-il pas au procès, comme si le pape, son maître, n'avait point voulu choisir entre le parti français que Jeanne incarnait et le parti anglais, et ses valets de l'Université de Paris ?

Je m'étonnais aussi du silence de ces hommes d'Église, de ces maîtres en théologie qui avaient fait serment d'obéissance au roi français, Charles VII.

Pourquoi ne faisaient-ils pas entendre leurs voix, eux qui à Poitiers, l'avaient reconnue fille respectueuse de l'Église ? Or ces dominicains, ces évêques, ces professeurs se taisaient, alors que, à Rouen, Jeanne, promise au bûcher, criait sa foi.

Elle avait répondu à un interrogateur qui lui demandait si elle se sentait tenue de confesser pleinement la vérité au pape :

« Je requiers que je sois menée devant lui. Et puis je répondrai devant lui tout ce que je devrai répondre. »

Pourquoi les hommes d'Église du parti français, les professeurs, les docteurs, les maîtres ne demandaient-ils pas que Jeanne soit conduite devant le pape ?

Parce qu'elle n'était que fille de laboureur, naïve et simple croyante qui répondait :

« Pour filer et coudre, je ne crains femme de Rouen. »

Et elle disait cela avec fierté, ajoutant : « Les pauvres gens venaient volontiers à moi, parce que je ne leur faisais point déplaisir. Je les soutenais de mon pouvoir. »

Mais les hommes d'Église, les maîtres et docteurs de l'Université de Paris n'avaient jamais rencontré, entendu la simple fille d'un village lointain, pieuse et courageuse.

Ils furent jusqu'à soixante-deux assesseurs pour l'écouter répondre à quinze interrogatoires, dont chacun durait de trois à quatre heures.

Et durant les vingt-cinq jours de cette instruction de ce « procès d'office », Jeanne dut, pieds ferrés, se rendre sous forte escorte en des lieux différents.

Il y eut la chapelle du château, la salle capitulaire, la chambre du Parlement, toujours au château, mais aussi la chambre de torture, et Cauchon et ses assesseurs l'interrogèrent dans la pénombre de sa prison.

L'évêque Cauchon cherchait-il ainsi à la désorienter, à la troubler et donc à l'affaiblir ?

Jeanne a dû le croire capable des intentions les plus retorses.

Quand, après avoir mangé une carpe que l'évêque lui avait envoyée parce que c'était dimanche de carême, elle fut prise de fièvre, de vomissements, elle dit que ce poisson en était la cause. Et l'indignation qui saisit Jean d'Estivet, chien de l'évêque, ne vaut pas preuve.

Il cria, menaça Jeanne :

« Putain, paillarde, c'est toi qui as mangé des harengs et d'autres choses à toi contraires.

— Je ne l'ai pas fait », répondit Jeanne.

Je ne sais que conclure.

J'ai témoignage de deux médecins, maîtres ès arts de l'Université de Paris, assesseurs au procès, qui furent convoqués par le comte de Warwick :

« Jeanne est souffrante, leur dit-il. Je vous ai mandé pour aviser à la guérir. Le roi Henri VI ne veut pour rien au monde qu'elle meure de mort naturelle. Car il l'a chèrement achetée. Il entend qu'elle ne trépasse que par justice et soit brûlée. Visitez-la avec grand soin et tâchez qu'elle se rétablisse. »

Lorsqu'ils décidèrent, après l'avoir examinée, de la saigner, le comte de Warwick, s'exclama : « Une saignée ? Prenez garde ! Elle est rusée et pourrait bien se tuer ! »

Il eût fallu que le désespoir et l'angoisse, peut-être la peur aussi, qui parfois lui serraient la gorge au point que sa voix faiblissait, l'ensevelissent.

Or elle disait :

« Ceux qui voudront m'ôter de ce monde pourront bien s'en aller avant moi. Il faudra qu'un jour je sois délivrée. Et je sais que mon roi gagnera le royaume de France. »

Où puisait-elle cette espérance ? Dans sa foi ? Dans ce que lui disaient ses voix célestes ?

« Il n'est jour que je ne les entende, répondait-elle à maître Jean Beaurepère. Et elles me font bien besoin. »

Ainsi elle repoussait le doute avec la force de sa foi.

« Je crois fermement ce que mes voix m'ont dit, que je serai sauvée, aussi fermement que si j'y fusse déjà. »

J'ai prié du fond de mon désespoir afin que Jeanne ne fût pas abandonnée par sa foi, ses voix, Messire Dieu.

Sa confiance était si grande qu'elle osait menacer l'évêque Cauchon.

« Vous dites que vous êtes mon juge, lui dit-elle. Je ne sais si vous l'êtes. Mais avisez-vous bien de ne pas juger mal. Car vous vous mettriez en grand danger ; et je vous en avertis afin que si Notre-Seigneur vous en châtie, j'aie fait mon devoir de vous le dire. »

J'imagine l'évêque comte de Beauvais, Pierre Cauchon, entendant une jeune pucelle de dix-neuf ans qui ne sait ni lire ni écrire, qui filait la laine et conduisait les troupeaux à la pâture, oser s'adresser ainsi à lui, le conseiller du roi d'Angleterre.

Et il doit écouter encore Jeanne lui dire :

« Sainte Catherine m'a dit que j'aurai grand secours. Le plus souvent, mes voix me disent que je serai délivrée par grande victoire. Et après, elles me disent "Prends tout en gré, ne te plains pas de ton martyre ; tu t'en viendras enfin au royaume de Paradis." »

Je lisais ces propos plusieurs jours après qu'ils avaient été tenus, et l'émotion qu'ils provoquaient en moi était d'autant plus intense que j'ignorais encore comment les hommes d'Église avaient réagi aux déclarations de Jeanne.

J'apprenais, plus tard, qu'ils étaient indignés, certains exigeant qu'on châtie l'hérétique, car chacune de ses paroles ne pouvait être inspirée que par le démon.

Mais les plus roués des interrogateurs préféraient lui tendre des pièges. Quand ils dresseraient l'acte d'accusation qui après ce procès d'office, servirait de point de départ au procès ordinaire, ils incluraient tous les propos de Jeanne.

Il fallait donc la débusquer, la faire parler plus librement encore afin qu'elle serre à son insu le collet qui l'étranglerait.

« Savez-vous si vous êtes en la grâce de Dieu ? » lui demanda ainsi maître Beaurepère.

Elle devait choisir entre l'aveu de son péché et une sacrilège outrecuidance.

Mais Jeanne était rusée, et sincère à la fois.

« Si je n'y suis, Dieu m'y mette, dit-elle, et si j'y suis, Dieu m'y garde. Je serais la plus dolente au monde si je savais ne pas être en la grâce de Dieu. »

Les gens d'Église n'avaient pu lui reprocher que son habileté diabolique de femme, mais rien dans sa réponse ne pouvait la faire condamner comme hérétique.

C'était le but de l'évêque Cauchon et de ses assesseurs, comme de Jean Le Maistre, le vicaire du Grand Inquisiteur.

On interrogeait Jeanne sur son enfance, sur l'arbre aux fées de son village, sur l'habit d'homme qu'elle portait, sur sa virginité, et sur les voix célestes, saint Michel archange, sainte Catherine et sainte Marguerite.

C'était sur ses visions, et sur les voix célestes, que les interrogateurs insistaient.

Mais Jeanne évitait la trappe, le collet. Elle répétait :

« Je ne vous dirai pas tout. Je n'en ai pas congé… La voix est bonne et digne… De cela je ne suis pas tenue de répondre. »

Mais elle ajoutait en réponse à une nouvelle question :

« La première fois que j'ouïs ma voix, je fis vœu de garder ma virginité tant qu'il plairait à Dieu… »

Et personne ne pouvait douter qu'elle fut pucelle.

À Chinon, à Poitiers et à Rouen, même les bonnes dames et les matrones, après examen, avaient conclu qu'elle était pure.

Lorsque je lisais ses propos, il me semblait la revoir, sur le bord du fossé de l'une des villes que nous avions assiégées. Elle tenait droit son étendard. Les juges le disaient « enchanté », on s'étonnait :

« Pourquoi votre étendard fut-il plus porté en l'église de Reims que ceux des autres capitaines ? »

Elle répondit :

« Il avait été à la peine, c'était bien raison qu'il fût à l'honneur. »

Ainsi, elle ne cédait sur rien.

« Je requiers qu'on me laisse cet habit que je porte et qu'on me laisse ouïr la messe sans le changer », répétait-elle, puisqu'on essayait à nouveau de lui faire renoncer à ses vêtements d'homme. Et, j'en fus persuadé, c'est non seulement parce que ses voix ne le lui avaient pas ordonné, mais parce que ses chausses serrées, ce pourpoint, c'étaient ses habits de chef de guerre. Et elle était persuadée qu'elle mènerait de nouveau l'armée royale à la victoire.

Mais, disait-elle, interrompant l'un de ses interrogateurs : « Je n'ai tué personne ! » Mais elle reconnaissait avoir été en un lieu où des Godons avaient été tués.

Elle s'écriait :

« Que ne partaient-ils de France et n'allaient-ils dans leur pays ! »

Elle n'hésitait pas malgré la colère et les exclamations à annoncer qu'« avant qu'il soit sept années, les Anglais laisseront un plus grand gage qu'ils n'ont fait devant Orléans. Ils perdront tout en France. Ils auront plus grande perdition qu'ils n'ont jamais eue, et cela sera par grande victoire que Dieu enverra aux Français. Je le dis afin que, quand ce sera advenu, on ait mémoire de ce que j'ai dit ».

Je me suis souvenu de la prophétie de Jeanne, lorsque le 12 novembre 1437, j'ai chevauché au côté de notre roi Charles VII, qui faisait son entrée solennelle dans Paris.

Jeanne avait été brûlée vive, il y avait six années et cinq mois.

Elle avait dit : « Avant qu'il soit sept années. »

Mais le roi n'a reconquis Rouen qu'en novembre 1449. Et il est devenu peu avant sa mort en 1431 Charles VII le Victorieux. Il s'est, lui aussi, souvenu de Jeanne puisqu'il a décidé d'ouvrir un procès en nullité de celui de Rouen.

Il ne sera conclu qu'en 1456, vingt-cinq ans après celui qui condamna Jeanne à être brûlée vive le mercredi 30 mai 1431.

J'énonce cet avenir alors que j'ouvre le récit des dernières séances du procès d'office. L'instruction est terminée.

On lit à Jeanne dans sa prison, ce samedi 24 mars de l'an 1431, l'acte d'accusation qui compte soixante-dix chefs de crimes épouvantables contre la foi et notre sainte mère l'Église.

On interroge Jeanne sur chaque article et elle répète les réponses qu'elle a faites déjà au fil des semaines.

La lecture est achevée le mercredi 28 mars de l'an 1431. Et Jeanne obtient selon la coutume un délai pour préparer ses réponses sur certains points.

Le samedi 31 mars, voici que s'avancent dans la prison de Jeanne l'évêque Cauchon et ses assesseurs. Il réclame les dernières réponses de Jeanne.

Elle dit qu'elle est résolue à s'en rapporter à Notre-Seigneur plutôt qu'à l'homme de ce monde.

Ces mots, quand je les ai lus, m'ont brûlé.

Jeanne, en rejetant tous les clercs, qui, comme le pape, sont hommes de ce monde, s'est exposée comme si elle s'avançait sans armure vers les arbalétriers. Et ceux qui l'interrogent et la jugent sont aussi impitoyables que des hommes d'armes anglais.

Elle peut dire :

« Je crois bien en l'Église d'ici-bas… Je crois bien que l'Église militante ne peut errer ni faillir. »

Elle est écoutée sans être entendue parce qu'elle ajoute :

« Quant à mes dits et mes faits je les mets et m'en rapporte entièrement à Dieu qui m'a fait faire ce que j'ai fait. »

Je lis, le relis les missives que m'apportent des courriers téméraires qui traversent la Normandie anglaise.

Jeanne n'a pu ignorer les risques qu'elle a pris.

Elle connaît les Anglais et les hommes d'Église qui sont à leur service.

Elle les côtoie à chaque instant du jour et de la nuit depuis qu'elle est arrivée à Rouen le 24 décembre 1430, veille de Noël.

Et elle prononce ces mots le 31 mars de l'an 1431, veille de Pâques.

Le procès d'office est terminé.

Le procès ordinaire va commencer.

Puis viendra la sentence.

Je sais aujourd'hui qu'il ne reste à Jeanne que deux mois à vivre.

52.

Jeanne, ce mercredi 18 avril de l'an 1431, leur fait face. L'évêque Pierre Cauchon est entré le premier dans la prison enténébrée suivi par une dizaine d'assesseurs, tous docteurs et maîtres en théologie.

Ils se sont réunis la semaine précédente dans la chapelle de l'évêché, afin d'examiner les douze articles qui résument les soixante-dix chefs d'accusation qu'ils avaient communiqués à Jeanne. Ces douze articles-là, qui concluent tous à la « suspicion véhémente d'hérésie », elle ne sera pas appelée à les discuter.

Comment le pourrait-elle ?

Elle ne sait ni lire ni écrire. Elle a refusé d'être assistée, comme vient de le lui proposer l'évêque Cauchon, d'hommes savants et probes pour l'instruire, lui faire comprendre que les hommes d'Église veulent l'exhorter charitablement.

« L'Église, dit Cauchon, ne ferme point son sein à qui lui revient. »

Jeanne est restée couchée sur sa paillasse dans l'un des renfoncements, des niches, qui sont aménagés dans les murs de la prison.

J'ai appris, par la dernière missive que j'ai reçue, qu'elle est malade, en péril de mort, comme si tout à coup son corps s'était brisé d'avoir été comme l'arche d'un pont sur lequel on a trop pesé, et qui tout à coup s'effondre.

Voilà quatre mois que les regards et les propos salaces et injurieux la blessent, qu'elle doit défendre sa vertu, et répondre, enchaînée, aux interrogatoires.

Chaque question est un piège, collet ou trappe.

Elle est seule et ceux qui font mine de vouloir l'aider sont des assesseurs de Cauchon grimés qui lui extorquent des confidences, qu'ils livrent aux greffiers.

Je sais que je n'aurais pas résisté.

Jeanne se dresse encore ce mercredi 18 avril de l'an 1431.

Elle dit à l'évêque :

« Il me semble, vu la maladie que j'ai, que je suis en grand péril de mort. S'il en est ainsi, Dieu veuille faire de moi à son plaisir. Je vous requiers de me faire avoir confession, et le corps de mon Sauveur aussi, et de me mettre en terre sainte. »

Cauchon se penche, bienveillant, prêt semble-t-il à satisfaire la volonté de Jeanne, puis il murmure, qu'il ne le pourrait que si Jeanne se soumettait à l'Église.

Elle se lève, chancelle :

« Si mon corps meurt en prison, dit-elle, je m'attends à vous que vous le fassiez mettre en terre sainte. Si vous ne l'y faites mettre, je m'en attends à Notre-Seigneur. »

Elle se sent proche de la mort mais elle ne cède rien, exténuée mais résolue.

« Quelque chose qui me doive advenir, je n'en ferai ou dirai autre chose que ce que j'ai déjà dit au procès. J'aime Dieu, je le sers et suis bonne chrétienne et voudrais aider et soutenir la sainte Église de tout mon pouvoir. »

On lui répète, le mercredi 2 mai 1431, dans la salle de Parement du château, où elle se trouve en présence de soixante-trois docteurs et maîtres, qu'elle doit se soumettre à l'Église, à notre Saint-Père le pape, au Saint-Concile.

« De cette soumission je ne répondrai autre chose que ce que j'ai déjà fait », dit-elle.

Elle est malade, affaiblie, il faut la briser.

Le mercredi 9 mai, on la traîne jusqu'à la grosse tour du château et on la pousse dans la chambre de torture.

Il faut qu'elle voie, qu'elle sache que si elle ne répond pas à l'exhortation charitable, elle sera abandonnée au bourreau, condamnée à la peine du feu pour son corps, et au feu éternel pour son âme.

Elle doit confesser la vérité, répète l'évêque Cauchon. Et si elle s'obstine, elle sera mise à la géhenne, dont elle voit autour d'elle dans la chambre de torture les instruments. Et les deux accusateurs sont là, prêts à se mettre à l'œuvre.

Elle fait un pas en avant, comme si elle voulait se rapprocher des instruments de torture.

« Vraiment, dit-elle, si vous me deviez faire arracher les membres et faire partir l'âme hors du corps, je ne vous dirais autre chose et, si je vous disais quelque chose, après dirais-je toujours que vous me l'avez fait dire par force. »

Sa voix n'a pas tremblé.

Elle dira qu'elle a vu l'archange Gabriel, que les voix célestes l'ont confortée dans les certitudes.

« Si tu veux que ton Seigneur t'aide, attends-toi de Lui de tous les faits. »

Et les hommes d'Église mesurent sa détermination.

Ils craignent que la Pucelle n'ait reçu du diable le don de résister à la souffrance, de s'enfermer aussi dans un silence diabolique.

Alors, l'évêque Cauchon sursoit à l'application de la géhenne.

Mais il ne renonce pas à faire plier Jeanne. Il soumet les douze articles aux facultés de l'Université de Paris, qui approuvent les chefs d'accusation.

Jeanne est traîtresse, perfide, altérée de sang humain, séditieuse, blasphématrice de Dieu, elle a violé la loi divine.

Trois esprits malins, précisent les maîtres de l'Université de Paris, ont abusé de la crédulité de Jeanne, en se faisant passer pour saint Michel, sainte Catherine et sainte Marguerite. Ils se nomment Bélial, à la perverse beauté, Satan, chef des enfers et Béhémot, lourd et stupide comme un bœuf.

Il faut, ajoutent les professeurs de l'Université de Paris, une nouvelle fois exhorter Jeanne afin qu'elle abjure, et si elle s'y refuse il faut l'abandonner au bras séculier, au bourreau afin qu'elle reçoive le châtiment.

Ce dimanche 13 mai de l'an 1431, Jeanne est dans sa prison, ferrée comme il est de règle, les chevilles prises dans une chaîne accrochée à une poutre. Les gardiens ouvrent la porte, et voici qu'apparaissent le sire Jean de Luxembourg, son frère, évêque de Thérouanne et chancelier d'Angleterre, sir Humphrey, comte de Stafford et connétable de France pour le roi Henri VI, et le comte de Warwick, gouverneur du château.

Ils ont la face cramoisie de ceux qui viennent de ripailler.

Jean de Luxembourg s'approche :

« Jeanne, je suis venu pour vous racheter, si toutefois vous voulez promettre que vous ne vous armerez jamais contre nous. »

La colère brûle encore la gorge quand je relis ces propos d'un fourbe comme si les Anglais et gens d'Église, Warwick et Cauchon, pouvaient ne pas aller jusqu'au bout du procès, alors qu'ils ont déjà préparé le bûcher où Jeanne serait brûlée vive !

« En nom Dieu, vous vous moquez de moi, répond Jeanne, car je sais que vous n'avez ni le vouloir ni le pouvoir. »

Jean de Luxembourg insiste, il veut duper Jeanne « bergère », « paysanne », « femme naïve », la tenter et donc l'affaiblir.

Jeanne se redresse au contraire.

« Je sais bien que ces Anglais me feront mourir, dit-elle. Ils croient après ma mort, gagner le royaume de France. »

Elle est à leur merci, ferrée, le corps épuisé par la maladie et la fatigue de semaines d'interrogatoire. Mais elle les défie.

« Mais quand ils seraient cent mille Godons de plus qu'ils ne sont de présent, ils n'auront pas le royaume. »

Elle n'est qu'une pucelle de dix-neuf ans enchaînée, mais ils la haïssent.

Sir Humphrey, connétable, dégaine son poignard, veut la frapper, parce qu'elle ne cessera de les défier que si elle meurt.

Le comte de Warwick retient le bras de sir Humphrey.

Jeanne doit mourir mais par condamnation d'Église et par le bras séculier du bourreau.

53.

L'évêque Pierre Cauchon et le vicaire inquisiteur Jean Le Maistre, ce samedi 23 mai de l'an 1431, sont entrés dans une chambre proche de la prison de Jeanne.

Ils sont accompagnés de sept docteurs et maîtres, de l'évêque de Noyon et de celui de Thérouanne, qui est Louis de Luxembourg, chancelier d'Angleterre et frère de Jean de Luxembourg.

Pierre Maurice, docteur en théologie et ancien recteur de l'Université de Paris, s'avance vers Jeanne, lui montre l'épais manuscrit qu'il tient à deux mains. Ce sont les douze articles, les chefs d'accusation auxquels l'Université de Paris a adjoint ses remarques.

Pierre Maurice parle d'une voix grave et solennelle.

La Pucelle, dit-il, doit accepter le jugement de l'Église. Elle doit abjurer. Et c'est dans l'attente et l'espoir de cette repentance que Pierre Maurice va lire chacun des douze articles.

Jeanne demeure debout, enchaînée, un sourire éclairant son visage, comme si ces accusations qu'on lui jette à la face ne parvenaient pas à étouffer sa joie intérieure, sa flamme d'espérance.

J'ai rassemblé avec douleur et colère ces accusations, ces dizaines de mots qui concluent chacun des douze articles.

Comment aurais-je pu croire qu'une femme ainsi dénoncée pouvait être épargnée ?

Il fallait si l'on était fidèle à l'Église, aux jugements portés par ses membres les plus illustres, écraser du talon cette vipère, Jeanne démoniaque, Jeanne la Pucelle.

J'ai lu.

Tes affirmations sont des fictions mensongères, procédant d'esprits malins et diaboliques.

Tu es séduisante et pernicieuse.

Tu avances une chose feinte et attentatoire à la dignité des anges.

Ce que tu dis est superstition, divination, présomptueuse assertion, vaine jactance.

Tu es suspecte d'idolâtrie et d'adoration de toi-même et de tes habits, en imitant les usages païens.

Tu es traîtresse, perfide, cruelle.

Tu désires cruellement l'effusion de sang humain.

Tu blasphèmes Dieu en Ses commandements et révélations.

Tu penses mal en prétendant avoir rémission de ton péché.

Tu penses mal touchant le libre arbitre.

Tu penses mal touchant la foi chrétienne.

Tu blasphèmes contre les saintes Catherine et Marguerite.

Tu es idolâtre, invocatrice des démons, errante en matière de foi, téméraire en tes assertions et tu as fait un serment illicite.

Tu es schismatique, mal pensante sur l'unité et l'autorité de l'Église.

Tu es apostate et opiniâtrement errante en matière de foi.

Comment laisser vivre une telle femme, empoisonneuse ?

Comment pourrait-on se contenter d'une abjuration et que vaudrait-elle venant d'une femme idolâtre, et donc hérétique ?

Et pourquoi se soumettrait-elle, elle, inspirée par les démons ?

L'évêque Cauchon et le vicaire inquisiteur Jean Le Maistre l'ont interrogée. Elle était tenue de soumettre ses dits et faits à l'Église.

Elle répondit, interrompant Cauchon qui avait commencé d'évoquer le bourreau, le bûcher :

« Si j'étais en jugement et voyais le feu allumé et les bourrées prêtes et les bourreaux prêts à bouter le feu, et moi étant dans le feu, je n'en dirais autre chose et soutiendrais ce que j'ai dit au procès, jusqu'à la mort. »

La mort.

Ce mot entrait dans son âme comme une lame tranchante.

54.

Jeanne, toute la nuit, fut dévorée par la pensée de la mort.

Les flammes du bûcher qu'elle avait évoquées l'enveloppaient. Elle essayait de les fuir. Elle tirait sur ses chaînes, qui se tendaient, déchiraient ses chairs, brûlaient ses chevilles. Et elle mordait ses lèvres jusqu'au sang pour ne pas hurler. Elle enfonçait son visage dans la paillasse et, quand à l'aube du jeudi 24 mai de l'an 1431, les assesseurs entrèrent dans la prison, elle se recroquevilla, comme si elle avait voulu disparaître, serrant ses bras autour de ses jambes repliées.

Je sais que pour la première fois de sa vie elle avait peur. Elle savait que ce jeudi 24 mai, elle allait être « prêchée », qu'on allait la conduire dans le quartier de Bourg-l'Abbé, proche du château.

Il lui faudrait une nouvelle fois répondre aux accusateurs, qui lui demanderaient de choisir entre la mort par le feu et l'abjuration.

Elle ne savait plus et ne put échapper à la poigne brûlante de la frayeur.

Maître Jean Beaurepère et maître Nicolas Loiseleur l'entourèrent quand elle marcha, escortée par des hommes d'armes, vers cette charrette, qui la mènerait, dans ce quartier de Bourg-l'Abbé au cimetière de Saint-Ouen.

Les assesseurs, à chaque pas, puis à chaque tour de roue, lui chuchotaient qu'il ne tenait qu'à elle d'être sauvée.

« Prenez l'habit de votre sexe, et faites ce qu'on décidera. Autrement vous êtes en péril de mort. Dites que vous soumettez tous vos faits et dits à notre sainte mère l'Église et en particulier aux juges ecclésiastiques. Si vous faites ce que je vous dis il vous en arrivera tant bien et aucun mal. Vous serez mise entre les mains de l'Église. »

Elle avait vu la foule qui avait envahi le cimetière de Saint-Ouen.

Les hommes d'armes anglais se tenaient au pied des deux tribunes qu'on avait dressées.

Sur la plus grande, autour de Pierre Cauchon, l'évêque, et de Jean Le Maistre, le vicaire inquisiteur, elle avait vu les seigneurs évêques, les prieurs des grandes abbayes, le comte de Warwick, les assesseurs. Sur l'autre tribune, il y avait le chanoine de Rouen Guillaume Érard, maître de l'Université de Paris, chargé de prêcher Jeanne, de l'exhorter, afin qu'elle abjure, soumette sa vie à la sainte Église, échappe ainsi au bûcher.

Et maître Beaurepère entendit Jeanne murmurer, au moment où elle descendait de la charrette :

« Ainsi ferai-je. »

L'angoisse, le désespoir, la peur des flammes, la terrible et interminable agonie qu'avait été cette dernière nuit, la vue de cette foule, parmi laquelle les hommes d'armes anglais formaient comme une chaîne de cuir et de fer, et ces hommes d'Église – de son Église – les plus illustres, les plus savants, lui avaient fait prononcer ces mots.

Qui pourrait lui jeter la première pierre ?

Le Christ sur la Croix ne s'est-il pas tourné vers Dieu, le doute le faisant crier : « Seigneur, pourquoi m'as-tu abandonné ? »

Et Jeanne, comme le Christ, comprenait qu'il lui fallait affronter la mort, seule. Et elle avait peur.

Elle était en habit d'homme et maître Guillaume Érard la montrait du doigt à la foule, en s'écriant :

« Or Jeanne que voici, tombant d'erreur en erreur et de crime en crime, s'est séparée de l'unité de notre sainte mère l'Église et a scandalisé en mille manières le peuple chrétien. »

Elle baissait la tête.

Elle l'écoutait dire qu'elle était sorcière, hérétique, schismatique, et que le roi qui la protégeait encourait les mêmes reproches. Il n'y avait jamais eu en France de monstre comme celui qui s'était manifesté en Jeanne.

Elle avait trompé, abusé la noble maison de France !

Il avait une nouvelle fois tendu le bras vers elle.

« C'est grande pitié et c'est à vous, Jeanne, que je parle, et je vous dis que votre roi est hérétique et schismatique. »

Elle a trouvé la force de se redresser, de répondre à Guillaume Érard et d'oublier un instant sa peur, cette foule, ces hommes d'armes, ces dignitaires de son Église.

Elle a défendu son roi de France.

« Par ma foi, messire, a-t-elle dit à Érard, révérence gardée, je vous ose bien dire et jurer, sous peine de ma vie, que c'est le plus noble chrétien de tous les chrétiens et qui le mieux aime la foi de l'Église et n'est point tel que vous dites. »

On lui ordonna de se taire, mais la force lui était revenue, et elle répondait à Érard qui l'exhortait d'abjurer :

« Les dits et faits que j'ai faits, je les ai faits de par Dieu ! Je veux être menée au pape, qu'il m'interroge. »

Je sais que souvent dans les procès d'inquisition l'appel au pape suffit à suspendre la procédure.

Mais Jeanne eut beau répéter : « Je m'en rapporte à Dieu et à notre Saint-Père le pape », on continua de l'admonester, et pour la troisième fois elle refusa d'abjurer.

Alors, l'évêque Pierre Cauchon commença à lire la sentence, cependant qu'autour de Jeanne les clercs lui répétaient d'abjurer, de prendre habits de femme :

« Faites ce que l'on vous conseille et vous serez sauve et délivrée de prison. »

Elle chancelait. Les chaînes ne lui avaient jamais paru aussi lourdes. Les accusations de l'évêque étaient autant de flèches qui entraient en elle et la déchiraient.

Elle voyait la charrette près de laquelle se tenait le bourreau. Tout à coup, elle cria, les mains jointes, qu'elle voulait obéir à l'Église.

Et l'évêque Pierre Cauchon, cessa de lire la sentence.

Les clercs soumettaient à Jeanne la lettre d'abjuration, cette cédule qu'ils lui lisaient, qu'elle devait signer, ne fût-ce qu'en y apposant une croix.

La foule s'indignait, les hommes d'armes anglais, leurs capitaines insultaient les clercs. Les assesseurs furent bousculés.

Cauchon fut pris à partie sur la tribune et cria qu'on le lui paierait.

« Le roi a bien mal dépensé avec vous », lui lança un Anglais.

Le comte de Warwick s'indignait. Jeanne échappait aux Anglais qui l'avaient payée cher.

« Seigneur, n'ayez souci, nous la rattraperons bien ! » lui répondit-on.

Jeanne hésitait encore à reconnaître qu'elle abjurait.

On lui lisait la cédule. Elle tentait de se dérober.

« Que la cédule soit lue par l'Église et par les clercs aux mains desquels je dois être placée, disait-elle. Si leur avis est que je doive signer et faire ce qui m'est dit, je le ferai volontiers. »

Guillaume Érard lui lança :

« Faites-le maintenant sinon vous serez brûlée aujourd'hui même ! »

Elle baissa la tête, écouta Jean Massieu, l'huissier et le doyen de la communauté chrétienne de Rouen, lui relire le texte de la cédule. Et elle devait répéter les mots les uns après les autres.

Le texte était court.

Elle s'en remettait au jugement de l'Église et s'engageait à ne plus porter ni armes, ni habits d'homme, ni les cheveux rasés, sous peine d'accusation de relapse.

Les témoins m'ont dit que Jeanne, en écoutant, en répétant, en traçant la croix sur la cédule – et certains assurent qu'elle avait commencé par dessiner un cercle ! –, riait, comme si elle voulait tourner en dérision ce texte qui l'engageait, qui recelait une lourde menace, car si elle était « relapse » après avoir abjuré, si ainsi elle s'obstinait à porter des vêtements d'homme, il n'y aurait plus besoin de procès pour la décréter hérétique, relapse, et la conduire au bûcher.

Mais elle riait, ivre d'angoisse, de désespoir, de fatigue.

Dans la foule on criait :

« C'est pure truferie, Jeanne n'a fait que se moquer ! »

L'évêque Cauchon lisait la sentence, qui condamnait « finalement et définitivement Jeanne à la prison perpétuelle avec le pain de douleur et l'eau d'angoisse de telle sorte que là tu pleures tes fautes et n'en commettes plus qui soient à pleurer ».

Jeanne, d'une voix forte, au moment où l'évêque Cauchon achevait sa lecture et alors que les Anglais s'indignaient, cria :

« Or ça, entre vous, gens d'Église, menez-moi à vos prisons et que je ne sois plus entre les mains des Anglais. »

Et Pierre Cauchon lança :

« Menez-la où vous l'avez prise ! »

Elle retournait au château, à sa prison, entourée de soldats anglais qui l'insultaient, lui promettaient de la saillir.

On l'avait donc trompée !

Cependant, quand le vicaire inquisiteur et plusieurs docteurs et maîtres lui rendirent visite en sa prison anglaise, elle dit qu'elle acceptait de mettre la robe que venait de lui faire porter la duchesse de Bedford.

Elle respectait les engagements qu'elle avait pris, en abjurant.

Puis les clercs se retirèrent.

Elle était une jeune femme de dix-neuf ans portant robe, mais toujours enchaînée, ferrée. Et les soldats anglais l'entouraient et riaient.

DOUZIÈME PARTIE

« Évêque, je meurs par vous. »

Jeanne à l'évêque comte de Beauvais
Pierre Cauchon,
le mercredi 30 mai 1431.

55.

Ont-ils voulu violer Jeanne, ces hommes d'armes qui la haïssaient ?

Cette sorcière venait d'échapper au bûcher par la traîtrise des hommes d'Église. Le roi Henri VI les payait grassement, mais ils étaient de cœur avec les Armagnacs ! Et l'hérétique les avait ensorcelés.

La rage s'était emparée de ces soldats.

Ils insultaient et menaçaient les assesseurs, les docteurs, ces maîtres, ces sermonneurs.

Et comment ne pas imaginer que ces hommes d'armes aient commencé de violenter Jeanne ? Et peut-être était-ce cela qu'attendaient l'évêque Pierre Cauchon et le vicaire inquisiteur, et de nombreux maîtres et docteurs.

Ils avaient obtenu en promettant à Jeanne une prison d'Église, qu'elle abjurât, qu'elle s'engageât à revêtir des habits de femme.

Puis cela acquis, ils la renvoyaient à sa prison, à ces Godons, comme une proie qu'on jette à une meute.

Et pour défendre sa vertu, comment cette Pucelle n'aurait-elle pas revêtu ses habits d'homme ?

On dit que, au cours de la nuit, un milord anglais se serait introduit dans la prison et aurait embrassé Jeanne et essayé de la violer.

Des témoins ont aussi prétendu que les Anglais avaient dérobé les vêtements féminins donnés à Jeanne, ne laissant dans un sac que sa tenue masculine.

À elle de choisir : femme en robe et violée, ou femme vêtue en homme et relapse et brûlée !

Je crois monseigneur l'évêque comte de Beauvais capable de ces pensées fourbes.

Il avait obtenu l'abjuration en place publique de Jeanne. Ses maîtres et ses docteurs avaient pu condamner Charles de France comme schismatique et hérétique. Il restait à satisfaire les Anglais qui voulaient brûler Jeanne.

Il suffisait pour cela de la renvoyer dans sa prison, et d'attendre qu'elle se parjure, devienne ainsi relapse et donc hérétique et vouée aux flammes.

C'est le dimanche 27 mai – trois jours seulement après l'abjuration – que la rumeur s'est répandue.

« Jeanne a repris l'habit d'homme », a-t-on répété.

On a dit que les hommes d'armes anglais ont menacé de leurs coutelas, de leurs haches, les maîtres et les docteurs, les assesseurs qui ont voulu se rendre auprès de Jeanne.

Ils y renoncent et ce n'est que le lendemain matin, lundi 28 mai, que quelques docteurs entrent dans la prison de Jeanne, en compagnie de Cauchon et de Le Maistre, le vicaire inquisiteur.

Elle est là, le visage tourmenté, des sanglots secouant son corps. Elle paraît souffrir, hoquetant, se tordant les mains.

Elle est vêtue de l'habit d'homme : tunique, gippon et robe courte, un chaperon couvrant sa tête rasée.

Elle répond aux questions d'une voix coupée de sanglots, et parfois elle retrouve un ton ferme et assuré :

« J'ai repris l'habit d'homme de ma volonté, sans nulle contrainte, dit-elle. J'aime mieux l'habit d'homme que de femme. Il m'est plus licite de le reprendre et avoir habit d'homme, étant entre les hommes, que d'avoir habit de femme. Je l'ai repris parce qu'on ne m'a point tenu ce qu'on m'avait promis, c'est à savoir que j'irais à la messe et recevrais mon Sauveur et qu'on me mettrait hors de fers.

« J'aime mieux mourir que d'être aux fers. »

Elle ne cache rien.

On lui avait promis prison d'Église, prison gracieuse « et que j'aie une femme ».

« Alors je serai bonne et ferai ce que voudra l'Église. »

Mais cela Cauchon ne peut l'accorder. Il la questionne sur ses voix. Elle reconnaît que depuis son abjuration elle les a entendues.

Avant le jeudi de l'abjuration elles lui avaient prédit « ce que je fis ce jour-là ».

Maintenant elles disent :

« C'est grande pitié de la trahison que je consentis en faisant l'abjuration et révocation pour sauver ma vie, et que je me damnais pour sauver ma vie. De peur du feu, j'ai dit ce que j'aie dit. »

Elle répète :

« Et tout ce que j'ai fait ce jeudi, c'est de peur du feu. Ce qui était en la cédule de l'abjuration, je ne l'entendais point. Et j'aime mieux faire ma pénitence en une fois, c'est à savoir à mourir. »

Elle l'avouait, elle était relapse.

« On pouvait l'abandonner à la justice séculière. »

Et Pierre Cauchon ajouta :

« En priant la justice séculière d'agir avec douceur. »

Comme si les flammes pouvaient être « douces » à un corps. Comme si les Anglais avaient pu tolérer que Jeanne ne soit pas traitée avec la rigueur cruelle que l'on doit aux sorcières, relapses, hérétiques.

Et Cauchon assigna Jeanne à comparaître le mercredi 30 mai sur la place du Vieux-Marché de Rouen.

Le lundi 28 mai de l'an 1431, sortant de la prison de Jeanne, monseigneur l'évêque de Beauvais, Pierre Cauchon, était allé vers le comte de Warwick qui l'attendait en compagnie de quelques Anglais dans la cour du château.

L'évêque, selon deux témoins, avait la mine réjouie.

Il dit à Warwick :

« *Farewell*, faites bonne chère. »

Puis il ajouta en riant :

« C'est fait ! Elle est prise. »

Je n'ai pas le cœur à dire ce que j'ai ressenti apprenant cela.

56.

Ce mercredi 30 mai de l'an 1431, ils sont entrés dans la prison de Jeanne.

Elle regarde ces deux jeunes frères prêcheurs, maigres et pâles, les yeux brillants de cette fièvre qu'est l'émotion. L'un se nomme Martin Ladvenu et l'autre Isembard de La Pierre. Un troisième frère, plus jeune encore, Jean Toutmouillé, les assiste. Son corps frêle est parcouru de frissons.

Ils viennent annoncer qu'elle doit mourir aujourd'hui et que la veille, trente-neuf docteurs en théologie, maîtres, assesseurs, ont conclu que la Pucelle devrait, avant de monter au bûcher, répondre à un ultime interrogatoire. Trois seulement ont conclu qu'elle pouvait être livrée, sans qu'elle ait à répondre à des questions, à la justice séculière.

Jeanne écoute le frère Martin Ladvenu lui dire cela, cette mort si proche, avant midi.

J'entendis les cris de Jeanne. C'est l'espoir insensé qu'on égorge.

Elle griffe son crâne rasé, elle pleure, elle secoue ses chaînes.

« Hélas ! s'écrie-t-elle, me traitera-t-on aussi horriblement et cruellement qu'il faille que mon corps net et entier, qui ne fut jamais corrompu, soit aujourd'hui consumé et réduit en cendres ? Ah, j'aimerais mieux être décapitée sept fois que d'être ainsi brûlée !

« Le feu, le feu !

« Hélas ! Si j'eusse été en la prison ecclésiastique à laquelle je m'étais soumise, et que j'eusse été gardée par les gens d'Église, non par mes ennemis et adversaires, il ne me fût pas si misérablement arrivé malheur.

« Oh ! j'en appelle devant Dieu, le grand juge, des grands torts qu'on me fait. »

Ils commencent à l'interroger.

C'est pure cruauté !

Quoi qu'elle dise elle ne peut échapper aux flammes. Mais on la harcèle. On veut que Jeanne avoue que les voix l'ont trompée, qu'elles ne sont pas la manifestation de bons esprits, mais au contraire qu'elles procèdent du mal.

« Soit bons, soit mauvais, murmure-t-elle, ils me sont apparus. »

Voici qu'entrent monseigneur l'évêque de Beauvais et le vicaire inquisiteur.

Elle hurle, le bras tendu désignant Pierre Cauchon :

« Evêque, je meurs par vous. »

Il ne se trouble pas.

« Ah, Jeanne, prenez tout en patience, vous mourrez parce que vous n'avez pas tenu ce que vous nous aviez promis et que vous êtes retournée à votre premier maléfice. »

Elle baisse la tête.

Il s'approche. Il faut pour que la victoire soit complète qu'elle dénonce ses voix célestes.

« Or ça, Jeanne, demande l'évêque, vous nous avez toujours dit que vos voix vous promettaient votre délivrance, et vous voyez maintenant comment vous êtes déçue. Dites-nous maintenant la vérité. »

Elle murmure :

« Vraiment je vois bien qu'elles m'ont déçue. »

L'évêque et le vicaire inquisiteur sortent de la prison.

Je les vois qui marchent d'un pas rapide, voûtés, les mains jointes comme s'ils voulaient dissimuler leur jubilation, cette exaltation qui leur donne envie de clamer qu'ils ont vaincu l'hérétique, piétiné Jeanne, cette Pucelle ribaude, cette sorcière orgueilleuse, cette putain des Armagnacs.

Ils l'ont forcée à abjurer, à se renier.

Ils l'ont prise au collet.

Son âme a été réduite en cendres. Son corps doit l'être à son tour.

Que lui reste-t-il, à Jeanne ?

Elle s'agrippe à la foi, à Dieu, la seule espérance qu'on lui ait laissée, après qu'on a brisé, l'une après l'autre, ses certitudes et qu'elle n'est plus qu'un corps pantelant, démembré, écorché.

Elle veut être entendue en confession puis recevoir le corps de Jésus-Christ, supplie-t-elle.

Martin Ladvenu consulte monseigneur l'évêque. L'huissier Massieu court chercher la réponse épiscopale.

Il revient, haletant, le regard perdu.

Monseigneur l'évêque, comte de Beauvais, a dit :

« Qu'on lui donne la communion et tout ce qu'elle demandera ! »

Horreur !

Martin Ladvenu tombe à genoux comme si la réponse de l'évêque avait été un coup de hache, frappant ses reins.

Il vient de comprendre que ce long procès, ces interrogatoires, cette abjuration, cette condamnation pour relapse n'avaient qu'un seul but : tuer Jeanne.

Martin Ladvenu l'entend en confession. Il faut que tout cela ait un sens.

« Croyez-vous encore à vos voix ? interroge-t-il.

— Je crois seulement en Dieu, et ne veux plus ajouter foi à ces voix qui m'ont ainsi déçue », dit-elle.

Il est bouleversé, emporté par le doute. Peut-être eût-il voulu qu'elle résiste, qu'elle affirme sa croyance aux voix célestes. Elle reçoit pieusement le sacrement de l'Eucharistie. Elle prie, elle pleure. Elle se repent.

Il est malheureux, honteux de cette victoire, agenouillé au côté de Jeanne.

Les hommes d'armes les forcent à se relever, à se diriger vers la charrette qui attend dans la cour du château.

Au moment de quitter sa prison, Jeanne se tourne vers le chanoine Pierre Maurice qui les a rejoints.

« Maître Pierre, où serai-je ce soir ?

— N'avez-vous pas bonne espérance dans le Seigneur ? murmure Pierre Maurice, et sa voix est couverte par les cris du capitaine qui commande l'escorte.

— Oui, dit Jeanne, Dieu aidant, je serai en paradis. »

Je sais seulement que ce mercredi 30 mai de l'an 1431 peu avant midi, Jeanne, jeune fille de France, a été, place du Vieux-Marché, à Rouen, brûlée vive.

TREIZIÈME PARTIE

« Nous sommes tous perdus car c'est une bonne et sainte personne qui a été brûlée. »

Jean Tressart, secrétaire du roi d'Angleterre
après avoir assisté au supplice de Jeanne,
le mercredi 30 mai 1431.

57.

La voix de Jeanne hurlant dans le feu ce nom de Jésus, jusqu'à ce que les fumées l'étouffent et que les flammes la dévorent, je l'entendrai toujours.

Voilà vingt-cinq années qu'on l'a brûlée vive, et ma souffrance reste béante, comme si j'étais encore en ces premiers jours du mois de juin de l'an 1431, quand ceux qui l'avaient vue brûler, place du Vieux-Marché à Rouen, racontaient, affligés, gémissants, sanglotants et honteux, ce qu'ils avaient vu et entendu.

Ils avaient lu l'écriteau cloué au sommet du pieu, auquel elle était attachée.

« Jeanne qui s'est fait nommer la Pucelle, menteresse, pernicieuse, abuseresse du peuple, devineresse, superstitieuse, blasphémeresse de Dieu, présomptueuse, infidèle à la foi de Jésus-Christ, vanteresse, idolâtre, cruelle, dissolue, invocateresse de diables, apostate, schismatique et hérétique. »

Chacun de ces mots dont je connais la fausseté s'enfonce en moi comme un poison, me déchire pareil à un vireton d'arbalète.

Mais il y a blessure plus profonde encore.

Monseigneur évêque comte de Beauvais, Pierre Cauchon, s'est avancé :

« Nous décidons que toi, Jeanne, membre pourri dont nous voulons empêcher que l'infection ne se communique aux autres membres, tu dois être rejetée de l'unité de l'Église, dit-il. Tu dois être arrachée de son corps, tu dois être livrée à la puissance séculière, et nous te rejetons, nous t'arrachons, nous t'abandonnons, priant que cette même puissance séculière, en deçà de la mort et de la mutilation des membres, modère envers toi sa sentence. »

Mais le bourreau ne l'a pas étranglée, comme il l'a fait souvent avec d'autres condamnées, afin d'éviter la lente asphyxie, par les fumées et les morsures cruelles des flammes.

Pas de pitié pour celle qui implore « Jésus, Jésus », celle qui a dit, alors que le bourreau l'attache au pieu du bûcher :

« Ah ! Rouen, Rouen, j'ai grand-peur que tu n'aies à souffrir de ma mort. »

On veut qu'elle souffre !

Elle a vaincu à Orléans et à Patay, elle a négligé la puissance des gens d'Église, elle a choisi qu'un roi français soit sacré à Reims, elle a semé la peur parmi les hommes d'armes anglais qui ont tremblé devant elle et ses « diableries ». Alors il faut se venger, l'humilier jusqu'au-delà de la mort.

J'ai lu ce qu'écrit dans son journal un bourgeois de Paris, ennemi des Armagnacs et de Jeanne.

Lorsque la tête de Jeanne fut affaissée, que les fumées l'eurent étouffée, raconte-t-il, « le feu fut tiré en arrière et la Pucelle fut vue de tout le peuple, toute nue, et tous les secrets qui doivent être en femme, pour ôter les doutes du peuple. Et quand ils l'eurent assez et à leur gré vue toute morte liée au pieu, le bourreau remit le feu grand sur sa pauvre charogne ».

Mais j'ai su, dès ce mois de juin de l'an 1431, que ses juges, ses bourreaux, continuaient à avoir peur d'elle.

On m'a rapporté les propos de maître Jean Tressart, secrétaire du roi d'Angleterre, qui en larmes, répétait :

« Nous sommes tous perdus car c'est une bonne et sainte personne qui a été brûlée. »

Le comte de Warwick, après le supplice, donne l'ordre de jeter les cendres de Jeanne dans la Seine, car il faut que rien ne demeure d'elle, ni le cœur, ni les entrailles que le bourreau peine à brûler, ni une seule esquille car le plus petit des fragments d'os peut devenir relique.

Ils sont inquiets et fébriles, les Anglais, les gens d'Église, les Bourguignons et autres complices.

La chancellerie du roi d'Angleterre s'adresse à tous les princes de la chrétienté, puis aux prélats, aux ducs, comtes et autres nobles et cités du royaume de France.

Elle fait connaître le châtiment de « cette femme qui se faisait appeler Jeanne la Pucelle, qui s'était, il y a deux ans et plus, contre la loi divine et l'état de son sexe féminin, vêtue en habit d'homme, chose à Dieu abominable… ».

Ils affirment mais ils tremblent.

J'ai appris que le 12 juin de l'an 1431, monseigneur l'évêque de Beauvais avait obtenu du roi d'Angleterre pour lui-même, les évêques, Louis de Luxembourg et Jean de Mailly, et ses principaux assesseurs, des « lettres de garantie ».

« En parole de roi, précisent-elles, s'il advient que l'une quelconque des personnes qui ont besogné au procès soit mise en cause pour ce procès ou ses dépendances… nous aiderons et défendrons, ferons aider et défendre en jugement et au-dehors ces personnes à nos propres coûts et dépens. »

Ils pensent à leur bourse, ces évêques et ces maîtres en théologie !

Mais d'autres, des frères prêcheurs, sont si touchés qu'ils ne peuvent oublier ce qu'ils ont vu et entendu.

Le notaire du procès, Guillaume Manchon, refuse de signer une pièce que lui présente l'évêque Cauchon, et dans laquelle l'évêque et certains des assesseurs attestent que Jeanne a renié ses voix, ce qu'elle n'a jamais fait au cours du procès, mais seulement dans sa prison, et face aux frères prêcheurs.

Le notaire Manchon qui n'a pas été témoin de ce « reniement » de Jeanne ne cède pas à monseigneur l'évêque de Beauvais. Il ne signera pas.

Plus tard il me confiera ce qu'il a éprouvé après le supplice de Jeanne.

« Jamais je ne pleurai tant pour chose qui m'advint et par un mois après, ne m'en pouvais bonnement apaiser.

« D'une partie de l'argent que j'avais eu au procès, j'achetai un petit missel que j'ai encore, afin que j'eusse cause de prier pour elle. »

Je prie pour Jeanne.

Et vingt-cinq années après qu'elle a été brûlée vive, je l'entends et la vois « corps net et entier qui ne fut jamais corrompu ».

58.

Je n'ai jamais douté de la mort de Jeanne.

Comment l'aurais-je pu ?

J'avais suivi pas à pas son calvaire.

J'avais recueilli les témoignages des hommes d'armes qui l'avaient côtoyée dans sa prison, des greffiers, des notaires, des frères prêcheurs qui l'avaient accompagnée jusqu'à la frontière de l'au-delà.

Ils avaient noté ses propos, ils l'avaient entendue en confession. Ils lui avaient présenté, alors que les premières flammes s'élevaient, une croix, afin que son dernier regard soit pour ce Jésus martyr dont elle criait le nom.

Et cependant, plusieurs fois, au cours de ces vingt-cinq dernières années, j'ai été tenté d'oublier tout ce que je savais de son agonie et de sa mort, pour croire qu'elle était revenue.

J'avais tant besoin de l'espérance qu'elle représentait, de la foi qu'elle incarnait, de son obstination à vouloir que se relève le royaume de France, que j'écoutais tous ceux qui juraient l'avoir revue.

Cette jeune femme-là, qui prétendait être Jeanne la Pucelle, se nommait Claude des Armoises.

Les frères de Jeanne, Jean et Pierre, assuraient avoir reconnu leur sœur.

Les habitants d'Orléans l'avaient accueillie, honorée, fêtée. C'était dans l'été de l'an 1439. On expliquait qu'à Rouen, sur la place du Vieux-Marché, les Anglais avaient brûlé vive une autre femme en « semblance de Jeanne ».

Cette pucelle-là, comme notre Jeanne, était femme de guerre. Elle avait pris du service auprès du maréchal de France, Gilles de Rais, qui lui avait confié le commandement de ses hommes d'armes.

Or je savais qu'on soupçonnait Gilles de Rais de dépecer les enfants de ses seigneuries, d'organiser dans ses châteaux de Tiffauges et de Machecoul des orgies noires, vouées aux démons.

Et pourtant il me fallait faire appel à toutes les forces de mon âme pour que je refuse de me joindre à ceux qui saluaient le retour de Jeanne la Pucelle.

Et puis un jour, mais des années après, la dame des Armoises fut jugée et condamnée à l'exposition publique à Paris, le Paris reconquis par Charles VII et prêchée, devant le peuple.

« Je fus à Rome, avoue-t-elle, en habit d'homme, je fis comme soldat la guerre du Saint-Père Eugène, et, dans cette guerre, je fus homicide par deux fois. »

On ne la roua ni ne la brûla. Elle ne fut point poursuivie comme hérétique, et elle vécut paisible et honorée à Metz, auprès du chevalier des Armoises.

Mais son imposture avait duré quatre années, de l'an 1436 à l'an 1440, et j'avais failli m'y laisser prendre !

Alors, j'ai jugé sans sévérité ceux qui – les frères de Jeanne, des conseillers de Charles VII, les gens du peuple d'Orléans – crurent reconnaître dans Claude des Armoises, Jeanne la Pucelle.

Ils avaient besoin d'elle, pour combler ce vide d'espérance que la mort de Jeanne avait creusé en eux, ou pour bénéficier de leur parenté, ou renforcer leur politique, ou croire au royaume de France.

Jean d'Arc et du Lys fut et resta prévôt de Vaucouleurs, et son frère Pierre du Lys, noble lui aussi, devint seigneur de l'Ile-aux-Bœufs en Loire, devant Orléans. On dit qu'elle a de bons et gras herbages.

Et les conseillers du roi Charles VII purent, avec cette Pucelle ressuscitée, faire oublier que le roi avait laissé brûler celle qui avait délivré Orléans et l'avait conduit dans la cathédrale de Reims.

Quant à moi, Guillaume de Monthuy, fidèle à la mémoire de Jeanne, et me souvenant que j'avais commencé ma vie de chevalier sur le plateau boueux du grand massacre d'Azincourt, je fis serment d'être de toutes les batailles, afin, comme avait dit Jeanne, de bouter l'Anglais hors de France.

Je connus la défaite à Louviers, ce 28 octobre 1431, quand les Anglais, que la mort de Jeanne avait exaltés, reprirent la ville aux hommes d'armes français. Et j'étais au côté de La Hire ce jour-là.

Je fus humilié lorsque, le 16 décembre de l'an 1431, Henri VI, roi d'Angleterre et de France, fut couronné à Paris.

Et je n'eus de cesse que fût remplie la mission que Jeanne n'avait pu réussir, rendre Paris au roi de France.

J'entrais, chevauchant près de Charles VII, dans Paris le 12 novembre de l'an 1437, et je vis tous ces maîtres en théologie, ces docteurs, ces recteurs de l'Université de Paris, venir lui rendre hommage.

Parmi ceux-là, et les plus serviles envers le roi de France, je reconnaissais ceux qui avaient fait allégeance à Henri VI, et avaient condamné Jeanne à Rouen.

Et lorsque Charles VII est entré à Rouen le 10 novembre de l'an 1449, lorsque nous eûmes défait la chevalerie anglaise à Formigny le 15 avril 1450 – Azincourt ! Azincourt enfin vengé –, lorsque nous eûmes reconquis le Maine, la Normandie et l'Aquitaine, ces maîtres de l'Université de Paris reconnurent que Dieu avait choisi Charles VII et dès lors que Jeanne la Pucelle ne pouvait avoir été condamnée.

Et ils prétendirent que le jugement inique de Rouen était l'œuvre de deux hommes, monseigneur l'évêque comte de Beauvais, Pierre Cauchon, et son âme damnée le promoteur du procès d'office, Jean d'Estivet.

L'un et l'autre avaient eu la sagesse de mourir.

On pouvait les accabler et ouvrir le procès en nullité de la condamnation de Jeanne.

59.

Un procès ne pouvait rendre la vie à Jeanne ni même donner à son cadavre une sépulture.

Ses ennemis, ses bourreaux non seulement l'avaient souillée avec les mots du mensonge et de l'infamie, mais encore ils avaient dispersé ses cendres.

Ils voulaient que ne restent d'elle que les accusations dont ils l'avaient accablée.

Il fallait, je le souhaitais, je l'espérais, qu'un second procès en annulation de sa condamnation lui restitue dans l'ordre humain cet honneur et sa foi que ses juges avaient niés et brûlés.

Les hommes, je le savais, n'avaient pas pouvoir de ressusciter. Mais ils devaient rendre vie à la vérité de Jeanne, à son espérance.

C'est pour cela que j'ai suivi jour après jour ce procès que Charles VII, qu'on n'appelait plus que le Victorieux, avait décidé d'ouvrir.

J'ai lu, mon regard voilé par l'émotion, la lettre que, le 15 février de l'an de grâce 1450, Charles VII adressait à son conseiller Guillaume Bouillé.

Je venais d'avoir cinquante ans. J'avais, depuis Azincourt,

combattu les Anglais presque chaque jour, et souvent côtoyé le roi, les princes et leurs conseillers.

J'avais chevauché près de Jeanne.

Je savais que les intentions des hommes sont souvent troubles et qu'il faut accepter leur duplicité.

Et Jeanne avait été aussi brûlée vive parce que les hommes ne supportent pas, du fond de leur mauvaise foi, que la vérité et la pureté s'incarnent dans une vie.

Je comprenais donc que Charles VII désirait rendre à Jeanne ses vertus parce qu'il ne voulait pas que l'on continue de penser et de dire qu'il avait été conduit à Reims, au sacre, par une hérétique que l'Église avait condamnée.

Quant aux hommes de cette Église, ils voulaient, puisque Charles VII était victorieux, faire oublier les condamnations qu'ils avaient prononcées contre Jeanne et contre le roi français.

Et j'ai vu les plus acharnés à exiger qu'elle fût brûlée, devenir les plus résolus aujourd'hui à obtenir annulation des sentences du premier procès, celles-là même qu'ils avaient écrites.

À quoi servirait de citer les noms de ces maîtres et docteurs de l'Université de Paris ?

Ils voulaient effacer qu'ils avaient servi le roi anglais, maintenant vaincu.

L'Université de Paris était donc aux pieds de Charles VII le Victorieux.

Et d'autant plus que le Saint-Père, le pape Calixte III, voulait que les royaumes de France et d'Angleterre, et leurs grands rois catholiques, se réconcilient afin de mener croisade contre les Turcs.

Le pape acceptait donc un procès en annulation, mais qui ne serait pas moyen d'accuser les Anglais.

Heureusement, Dieu avait rappelé à lui Pierre Cauchon et Jean d'Estivet, hommes d'Église et Français. Ils seraient les vils et ténébreux coupables de l'infamie. Et leurs assesseurs d'alors seraient leurs accusateurs.

Tel était l'ordre humain.

Mais la lettre de Charles VII, sonnait juste, comme paroles de vérité. Car, sous la gangue de la fourberie, on peut entendre le son pur d'une cloche de bronze.

Charles VII écrivait :

« Comme jadis Jeanne la Pucelle a été prise et appréhendée par nos anciens ennemis et adversaires les Anglais, et amenée en cette ville de Rouen, contre laquelle ils ont fait faire tel procès par certaines personnes à ce commises et députées par eux ; dans lequel procès ils ont fait et commis plusieurs fautes et abus, tellement que moyennant ce procès et la grande haine que nos ennemis avaient contre elle, ils la firent mourir iniquement et contre raison, très cruellement.

« Pour ce nous voulons savoir la vérité dudit procès et la manière dont il a été conduit et procédé. »

J'ai su que le légat du pape, Guillaume d'Estouteville, et le Grand Inquisiteur Jean Bréhat dressaient des listes de témoins, qu'ils entendraient au fil des mois, à Rouen, à Paris, à Domrémy, à Vaucouleurs et à Orléans.

Ces témoins étaient gens de mon âge, compagnons d'enfance de Jeanne ou capitaines comme Jean le Bâtard d'Orléans, comte de Dunois. Et les assesseurs, les frères prêcheurs, les docteurs en théologie, les huissiers et les notaires vinrent proclamer toute la peine qu'ils avaient eue à participer au procès contre Jeanne.

Je n'étais pas surpris. J'étais un vieil homme. Mais je ne voulais pas mêler ma voix à ce chœur.

Et c'est pour cela que dans la solitude qui peu à peu m'ensevelit, j'écris cette chronique, cette vie de Jeanne.

Et puis je chevauchais encore, en homme d'armes à Formigny le 15 avril 1450, où nous tuâmes trois mille sept cent soixante-quatorze chevaliers anglais, et capturâmes à rançon mille cinq cents autres.

Je fus aussi de la bataille de Castillon, le 17 juillet 1453, où mourut John Talbot, qui avait guerroyé contre Jeanne, à Orléans et dans les pays de Loire.

La mort apportait sa conclusion implacable aux affaires des hommes.

Demeuraient vivants l'émotion, l'amour, la foi.

Restait le souvenir de Jeanne.

Le 7 novembre 1455, Isabelle Romée, la mère de Jeanne, se présenta sur le parvis de Notre-Dame, pour déposer cette requête auprès des trois seigneurs d'Église que le pape Calixte III avait désignés pour préparer ce second procès.

La vieille paysanne soutenue par ses deux fils, Pierre et Jean, avançait entourée d'habitants d'Orléans.

Elle s'agenouilla devant les évêques de Paris et de Coutances et Jean Jouvenel des Ursins, archevêque de Reims.

Puis Isabelle Romée fit lire sa requête. Lorsque j'en pris connaissance, l'émotion et le souvenir m'étouffèrent.

« J'avais une fille, née en légitime mariage, que j'avais munie dignement des sacrements de baptême et de confirmation et avais élevée dans la crainte de Dieu, le respect et la tradition de l'Église autant que le permettaient son âge et la simplicité de sa condition, si bien qu'ayant grandi au milieu des champs et des pâturages, elle fréquentait beaucoup l'Église et recevait chaque mois après due confession le sacrement de l'Eucharistie malgré son jeune âge, et se livrait aux jeûnes et oraisons avec grande dévotion et ferveur pour les nécessités alors si grandes où le peuple se trouvait et auxquelles elle compatissait de tout son cœur… »

Je ne sais quel clerc, quel moine prêcheur avait écrit cette lettre, mais, comme celle de Charles VII le Victorieux, elle aussi sonnait juste.

Elle dénonçait « le procès perfide, violent et inique, sans l'ombre de droit » sans « qu'aucun secours n'ait été donné à l'innocence » de Jeanne.

Et ses ennemis l'ont condamnée de façon damnable et criminelle et l'ont fait mourir cruellement par le feu.

La foule, me dit-on, avait envahi la nef de Notre-Dame, contraint les seigneurs de l'Église à se réfugier dans la sacristie. Ils promirent à Isabelle Romée que le procès serait tenu, et rendrait justice à Jeanne.

C'est à Rouen, le 7 juillet 1456, que solennellement on déchira au cimetière de Saint-Ouen, puis le lendemain place du Vieux-Marché, un exemplaire de la sentence du premier procès devant la foule.

L'archevêque de Reims, Jean Jouvenel des Ursins, prit la parole dans la grande salle du palais archiépiscopal de Rouen.

« Nous disons, prononçons et déclarons que lesdits procès et sentence entachés de dol, calomnie, d'iniquité, de contradictions, d'erreurs manifestes en fait et en droit, y compris l'abjuration, les exécutions et toutes leurs conséquences, ont été, sont et seront nuls, invalides, sans valeur et sans autorité. »

Les hommes, fussent-ils d'Église, ne pouvaient aller plus loin.

Mais Jeanne, jeune fille de France d'à peine dix-neuf ans, avait été brûlée vive.

Et cette plaie saigne à jamais.

P.-S. Béatifiée en 1909, Jeanne d'Arc fut canonisée par le pape Benoît XV, le 9 mai 1920, et la même année le Parlement français décida qu'une fête nationale célébrerait, le deuxième dimanche de mai, la Pucelle d'Orléans, symbole du patriotisme français.

TABLE

Jeune fille de France brûlée vive

DU MÊME AUTEUR

Romans

Le Cortège des vainqueurs, Robert Laffont, 1972.
Un pas vers la mer, Robert Laffont, 1973.
L'Oiseau des origines, Robert Laffont, 1974.
Que sont les siècles pour la mer, Robert Laffont, 1977.
Une affaire intime, Robert Laffont, 1979.
France, Grasset, 1980 (et Le Livre de Poche).
Un crime très ordinaire, Grasset, 1982 (et Le Livre de Poche).
La Demeure des puissants, Grasset, 1983 (et Le Livre de Poche).
Le Beau Rivage, Grasset, 1985 (et Le Livre de Poche).
Belle Époque, Grasset, 1986 (et Le Livre de Poche).
La Route Napoléon, Robert Laffont, 1987 (et Le Livre de Poche).
Une affaire publique, Robert Laffont, 1989 (et Le Livre de Poche).
Le Regard des femmes, Robert Laffont, 1991 (et Le Livre de Poche).
Un homme de pouvoir, Fayard, 2002 (et Le Livre de Poche).
Les Fanatiques, Fayard, 2006 (et Le Livre de Poche).
Le Pacte des Assassins, Fayard, 2007 (et Le Livre de Poche).
La Chambre ardente, Fayard, 2008.
Le Roman des rois, Fayard, 2009 (et Le Livre de Poche).
Caïn et Abel, le premier crime, Fayard, 2011.

Suites romanesques

LA BAIE DES ANGES :

I. *La Baie des Anges*, Robert Laffont, 1975 (et Pocket).
II. *Le Palais des Fêtes*, Robert Laffont, 1976 (et Pocket).
III. *La Promenade des Anglais*, Robert Laffont, 1976 (et Pocket). (Parue en un volume dans la coll. « Bouquins », Robert Laffont, 1998.)

LES HOMMES NAISSENT TOUS LE MÊME JOUR :

I. *Aurore*, Robert Laffont, 1978.
II. *Crépuscule*, Robert Laffont, 1979.

LA MACHINERIE HUMAINE :

La Fontaine des Innocents, Fayard, 1992 (et Le Livre de Poche).
L'Amour au temps des solitudes, Fayard, 1992 (et Le Livre de Poche).
Les Rois sans visage, Fayard, 1994 (et Le Livre de Poche).
Le Condottiere, Fayard, 1994 (et Le Livre de Poche).
Le Fils de Klara H., Fayard, 1995 (et Le Livre de Poche).
L'Ambitieuse, Fayard, 1995 (et Le Livre de Poche).
La Part de Dieu, Fayard, 1996 (et Le Livre de Poche).
Le Faiseur d'or, Fayard, 1996 (et Le Livre de Poche).
La Femme derrière le miroir, Fayard, 1997 (et Le Livre de Poche).
Le Jardin des Oliviers, Fayard, 1999 (et Le Livre de Poche).

BLEU BLANC ROUGE :

I. *Mariella*, XO Éditions, 2000 (et Pocket).
II. *Mathilde*, XO Éditions, 2000 (et Pocket).
III. *Sarah*, XO Éditions, 2000 (et Pocket).

LES PATRIOTES :

I. *L'Ombre et la Nuit*, Fayard, 2000 (et Le Livre de Poche).
II. *La flamme ne s'éteindra pas*, Fayard, 2001 (et Le Livre de Poche).
III. *Le Prix du sang*, Fayard, 2001 (et Le Livre de Poche).
IV. *Dans l'honneur et par la victoire*, Fayard, 2001 (et Le Livre de Poche).

MORTS POUR LA FRANCE :

I. *Le Chaudron des sorcières*, Fayard, 2003 (et J'ai Lu).
II. *Le Feu de l'enfer*, Fayard, 2003 (et J'ai Lu).
III. *La Marche noire*, Fayard, 2003 (et J'ai Lu). (Parus en un volume, Fayard, 2008.)

L'EMPIRE :

I. *L'Envoûtement*, Fayard, 2004 (et J'ai Lu).
II. *La Possession*, Fayard, 2004 (et J'ai Lu).
III. *Le Désamour*, Fayard, 2004 (et J'ai Lu).

LA CROIX DE L'OCCIDENT :

I. *Par ce signe tu vaincras*, Fayard, 2005 (et J'ai Lu).
II. *Paris vaut bien une messe*, Fayard, 2005 (et J'ai Lu).

Politique-fiction

La Grande Peur de 1989, Robert Laffont, 1966.
Guerre des gangs à Golf-City, Robert Laffont, 1991.

Histoire, essais

L'Italie de Mussolini, Librairie académique Perrin, 1964, 1982 (Marabout ; coll. « Texto », Tallandier, 2011).
L'Affaire d'Éthiopie, Le Centurion, 1967.
Gauchisme, Réformisme et Révolution, Robert Laffont, 1968.
Histoire de l'Espagne franquiste, Robert Laffont, 1969.
Cinquième Colonne, 1939-1940, Éditions Plon, 1970, 1980 ; Éditions Complexe, 1984.
Tombeau pour la Commune, Robert Laffont, 1971.
La Nuit des longs couteaux, Robert Laffont, 1971, 2001 (coll. « Texto », Tallandier, 2010).
La Mafia, mythe et réalités, Seghers, 1972.
L'Affiche, miroir de l'histoire, Robert Laffont, 1973, 1989.

Le Pouvoir à vif, Robert Laffont, 1978.
Le XXe Siècle, Librairie académique Perrin, 1979.
La Troisième Alliance, Fayard, 1984.
Les idées décident de tout, Galilée, 1984.
Lettre ouverte à Robespierre sur les nouveaux muscadins, Albin Michel, 1986.
Que passe la justice du roi, Robert Laffont, 1987 ; Éditions Complexe, 2011.
Les Clés de l'histoire contemporaine, Robert Laffont, 1989, Fayard, 2001 (et Le Livre de Poche éd. mise à jour, 2005).
Manifeste pour une fin de siècle obscure, Odile Jacob, 1989.
La gauche est morte, vive la gauche, Odile Jacob, 1990.
L'Europe contre l'Europe, Éditions du Rocher, 1992.
Jè. Histoire modeste et héroïque d'un homme qui croyait aux lendemains qui chantent, Stock, 1994 (et Mille et Une Nuits).
L'Amour de la France expliqué à mon fils, Le Seuil, 1999.
Fier d'être français, Fayard, 2006 (et Le Livre de Poche).
L'Âme de la France : une histoire de la nation des origines à nos jours, Fayard, 2007 (J'ai Lu, 2 volumes).
La Grande Guerre (préface à...), XO Éditions, 2008.
Histoires particulières, CNRS Éditions, 2009.

RÉVOLUTION FRANÇAISE :

I. *Le Peuple et le Roi*, XO Éditions, 2009.
II. *Aux armes, citoyens !*, XO Éditions, 2009.

Dictionnaire amoureux de l'Histoire de France, Plon, 2011.

Biographies

Maximilien Robespierre, histoire d'une solitude, Librairie académique Perrin, 1968 (et Pocket, et Tempus, 2008).
Garibaldi, la force d'un destin, Fayard, 1982.
Le Grand Jaurès, Robert Laffont, 1984, 1994 (et Pocket, et coll. « Bouquins », Robert Laffont, 2011).
Jules Vallès, Robert Laffont, 1988 (et coll. « Bouquins », Robert Laffont, 2011).
« Moi, j'écris pour agir. » Vie de Voltaire, biographie, Fayard, 2008.

NAPOLÉON :

I. *Le Chant du départ*, Robert Laffont, 1997 (et Pocket).
II. *Le Soleil d'Austerlitz*, Robert Laffont, 1997 (et Pocket).
III. *L'Empereur des rois*, Robert Laffont, 1997 (et Pocket).
IV. *L'Immortel de Sainte-Hélène*, Robert Laffont, 1997 (et Pocket).

DE GAULLE :

I. *L'Appel du destin*, Robert Laffont, 1998 (et Pocket).
II. *La Solitude du combattant*, Robert Laffont, 1998 (et Pocket).
III. *Le Premier des Français*, Robert Laffont, 1998 (et Pocket).
IV. *La Statue du Commandeur*, Robert Laffont, 1998 (et Pocket).

ROSA LUXEMBURG :

Une femme rebelle, vie et mort de Rosa Luxemburg, Fayard, 2000.

VICTOR HUGO :

I. *Je suis une force qui va !*, XO Éditions, 2001 (et Pocket).
II. *Je serai celui-là !*, XO Éditions, 2001 (et Pocket).

LES CHRÉTIENS :

I. *Le Manteau du soldat*, Fayard, 2002 (et Le Livre de Poche).
II. *Le Baptême du roi*, Fayard, 2002 (et Le Livre de Poche).
III. *La Croisade du moine*, Fayard, 2002 (et Le Livre de Poche).

CÉSAR IMPERATOR, XO Éditions, 2003 (et Pocket).

LES ROMAINS :

I. *Spartacus, la révolte des esclaves*, Fayard, 2006 et J'ai Lu.
II. *Néron, le règne de l'antéchrist*, Fayard, 2006 et J'ai Lu.
III. *Titus, le martyre des Juifs*, Fayard, 2006 et J'ai Lu.
IV. *Marc Aurèle, le martyre des chrétiens*, Fayard, 2006 et J'ai Lu.
V. *Constantin le Grand : l'empire du Christ*, Fayard, 2006 et J'ai Lu.

LOUIS XIV :

I. *Le Roi-Soleil*, XO Éditions, 2007 (et Pocket).
II. *L'Hiver du grand roi*, XO Éditions, 2007 (et Pocket).

UNE HISTOIRE DE LA DEUXIÈME GUERRE MONDIALE

I. *1940, de l'abîme à l'espérance*, XO Éditions, 2010.
II. *1941, le monde prend feu*, XO Éditions, 2011.
III. *1942, le jour se lève*, XO Éditions, 2011.
IV. *1943, le souffle de la victoire*, XO Éditions, 2011.

Conte

La Bague magique, Casterman, 1981.

En collaboration

Au nom de tous les miens de Martin Gray, Robert Laffont, 1971 (et Pocket).

Composé par Nord Compo Multimédia
7, rue de Fives, 59650 Villeneuve-d'Ascq

Cet ouvrage
a été achevé d'imprimer
sur Roto-Page
par l'Imprimerie Floch
à Mayenne en décembre 2011.

N° d'édition : 2104/04. – N° d'impression : 81218
Dépôt légal : octobre 2011

Imprimé en France